本书为国家社会科学基金项目（批准号：16BTY040）结项成果

本书受陕西师范大学优秀学术著作出版资助

供给侧结构性改革与
中国体育产业结构优化研究

张金桥 著

中国社会科学出版社

图书在版编目(CIP)数据

供给侧结构性改革与中国体育产业结构优化研究／张金桥著. -- 北京：中国社会科学出版社，2024.11.
ISBN 978-7-5227-4315-8

Ⅰ．G812

中国国家版本馆 CIP 数据核字第 2024XM9439 号

出 版 人	赵剑英
责任编辑	吴丽平　胡安然
责任校对	王　垚
责任印制	李寡寡

出　　版	中国社会科学出版社
社　　址	北京鼓楼西大街甲 158 号
邮　　编	100720
网　　址	http://www.csspw.cn
发 行 部	010-84083685
门 市 部	010-84029450
经　　销	新华书店及其他书店
印　　刷	北京明恒达印务有限公司
装　　订	廊坊市广阳区广增装订厂
版　　次	2024 年 11 月第 1 版
印　　次	2024 年 11 月第 1 次印刷
开　　本	710×1000　1/16
印　　张	19.5
字　　数	309 千字
定　　价	108.00 元

凡购买中国社会科学出版社图书，如有质量问题请与本社营销中心联系调换
电话：010-84083683
版权所有　侵权必究

序

体育产业作为过去及未来一个时期内国家大力推进的产业，是中国经济转型发展的重要阵地之一，在取得长足发展的同时，其本身还存在着诸多结构性问题。而 2015 年底明确提出的"供给侧结构性改革"，作为习近平新时代中国特色社会主义经济思想的重要组成部分，作为当前和今后一个时期经济发展和经济工作的主线，为体育产业提供了由供给侧为切入点，发挥市场在资源配置中的决定性作用，激活微观主体能动性，提高全要素生产率与供给品质，调整优化供给结构诸多发展要素的环境与政策基础。

在此背景下，陕西师范大学体育学院张金桥教授，历时近五年，通过走访调查以及查考大量中外相关文献资料，从供给侧结构性改革视角，厘清了 1978 年以来中国体育产业结构的演变与优化进程，探寻了体育产业结构存在的问题，对其结构变迁作出了基本判断。与此同时，以供给侧结构性改革为主线，提出了今后一个时期优化体育产业结构应该着力解决的问题及相应的战略路径。研究具有较高理论价值和现实意义。

张金桥教授是我国体育人文社会学界熟知的一位学者，大学期间所学专业为经济管理，后在硕士、博士阶段分别就读体育人文社会学和体育教育训练学专业，在专业学习之余对历史研究又有一定的兴趣。经济学、体育学和史学的多元知识结构及学科背景，为其长期深耕于体育产业、体育史研究领域奠定了坚实的基础。近年来，先后主持国家社会科学基金项目、教育部人文社会科学研究项目、国家体育总局决策咨询研究项目等省部级以上研究项目近10项；在《体育科学》《北京体育大学学报》等高水平学术期刊发表论文40余篇；以第一完成人身份获陕西省哲学社会科学优秀成果三等奖1项，陕西省高校人文社会科学优秀成果二等奖1项、三等奖3项。凭其丰富的知识积累、科研阅历和优秀的学术功底，张金桥教授先后被聘任中国体育科学学会体育史分会委员、陕西省体育科学学会常务理事兼体育史专业委员会主任委员等学术职务。也同时为《供给侧结构性改革与中国体育产业结构优化研究》一书的研究和撰写奠定了坚实的基础。

综观本书的整体纲目设计和研究内容，我认为作者提出的以下三个方面的研究结论，是读者在阅读时应予以关注的。

其一，通过梳理体育产业供给侧结构性改革在认识与实践中存在的误区，归纳出了体育产业供给侧结构性改革的行动逻辑：体育产业供给方面存在的结构性问题，需要通过结构性改革，优化体育产业结构来解决；要以推动体育产业高质量发展和转型升级，作为改革的核心目标；要以全要素创新，打造优质体育产业生态，作为改革的手段；要将推动体育产业制度创新和体育治理方式现代化，作为改革的保障。

其二，在广泛走访调查与资料分析的基础上，将体育产业结构演变分为了萌芽起步阶段（1978—1992年）、探索发展阶段（1992—2010年）、快速发展阶段（2010年至今）。在对各阶段发展状况及整个结构变迁历程进行梳理的基础上，从供给侧结构性改革的视角，形成了对中国体育产业结构优化的基本认识：一是要在坚持供给侧结构性改革这条主线不动摇，同时注重需求侧管理，把供给侧改革和需求侧管理有效结合起来；二是要处理好政府和市场的关系，管好政府有形之手，解放市场无形之手，发挥市场在资源配置中的决定性作用；三是要正确认识体育服务业和体育用品业的比例关系，着力补强补大体育服务业，同时保持体育用品业的适度增速，并将重心转移到对质的追求上；四是要充分认识体育产业将是我国经济转型发展的重要阵地之一，在发展中必须坚持把社会效益放在首位，社会效益和经济效益相统一。

其三，总结归纳了供给侧结构性改革背景下体育产业结构优化的战略路径：处理好政府和市场关系，激活体育产业结构优化的内生动力；创新驱动，培育体育消费新增长点，是体育产业结构优化的重要抓手；以"体育+""+体育"，促进跨界融合，拓展体育产业新业态；厘清各区域发展体育产业的要素禀赋，科学布局产业发展，促进区域结构的优化。

总之，运用供给侧结构性改革的相关理论和政策导向，分析体育产业结构优化问题，提供一套系统的中国体育产业结构演化和现状的分析资料，并结合体育产业的特性，建立一个逻辑自洽、富有解释力的理论框架，提出体育产业结构优化的战略路径，是本书的价值所在，也是张金桥教授贡献给学术界的颇有特色的一项成果。无论从资料价值还是学术价值上，本书均堪称一部体育产业研究领域的力作，值得一读。

承蒙作者的信任，有幸在本书付梓之前得以通览全文，受益很大，也希望更多关注体育产业发展的学者和朋友们能够在阅读本书时分享这份乐趣。

是为序。

崔乐泉

2024年1月28日于北京

目　录

第一章　选题依据与研究思路 …………………………………（1）

　第一节　选题背景与研究价值 ……………………………………（1）

　　一　选题背景 ……………………………………………………（1）

　　二　研究价值 ……………………………………………………（2）

　第二节　学术史梳理及研究动态 …………………………………（3）

　　一　关于供给侧结构性改革和产业结构优化的研究 …………（3）

　　二　国外关于体育产业与供给侧相关的研究动态 ……………（5）

　　三　国内关于体育产业与供给侧结构性改革相关的

　　　　研究动态 ……………………………………………………（9）

　第三节　研究思路与方法 …………………………………………（38）

　　一　本课题研究的基本思路 ……………………………………（38）

　　二　具体研究方法 ………………………………………………（38）

第二章　体育产业供给侧结构性改革的认识与实践逻辑 ………（40）

　第一节　体育产业供给侧结构性改革认识与实践中的

　　　　　若干误区 …………………………………………………（40）

　　一　误区一：仅仅将供给侧结构性改革作为"口号"，

　　　　而无实质内容 ………………………………………………（41）

　　二　误区二：将供给侧结构性改革等同于传统意义上的

　　　　调结构 ………………………………………………………（41）

三 误区三：体育产业供给侧结构性改革就是集中
力量扩大供给 ………………………………………（44）
四 误区四：体育产业结构高级化就是提升体育
服务业占比 …………………………………………（44）
五 误区五：体育产业供给侧结构性改革是以
自由市场作为唯一治理模式 ………………………（45）
第二节 体育产业供给侧结构性改革的行动逻辑 ……………（46）
一 现实需求：体育产业供给方面存在结构性问题 ………（46）
二 改革目标：推动体育产业高质量发展和转型升级 ……（48）
三 改革手段：以全要素创新创造优质的体育产业
生态 ……………………………………………………（49）
四 改革保障：体育产业制度创新和体育治理方式
现代化 …………………………………………………（50）

第三章 中国体育产业结构的演变、优化及存在的问题
——侧重于供给侧的调查与资料分析 ……………（54）

第一节 萌芽起步阶段的体育产业结构（1978—
1992年）…………………………………………………（55）
一 弥补经费不足成为发展体育产业的初始动力 …………（55）
二 体育体制改革加速体育产业的萌发 ……………………（57）
三 体育用品制造业得到初步发展 …………………………（58）
四 该阶段体育产业结构的主要特征 ………………………（59）
第二节 探索发展阶段的体育产业结构（1992—
2010年）…………………………………………………（60）
一 体育产业政策中对结构优化问题的关照度
越来越高 ………………………………………………（61）
二 体育产业规模不断扩大，但对国民经济的贡献
还偏小 …………………………………………………（62）

三 体育产业形成多业态共同发展趋势，但结构仍
不尽合理……………………………………………………（65）
四 该阶段体育产业结构的主要特征 ……………………（72）
第三节 快速发展阶段的体育产业结构（2010年至今）……（73）
一 全面深化改革和供给侧结构性改革成为体育产业
政策的指导思想 ………………………………………（74）
二 体育产业结构日益优化，体育产业体系日益健全 ……（81）
三 体育产业结构仍有较大优化空间，供给侧发力
仍显不足 ……………………………………………（118）
四 该阶段体育产业结构的主要特征 ……………………（129）
第四节 关于体育产业结构优化进程的若干基本认识
——侧重于供给侧结构性改革的视角 ………………（130）
一 如何认识供给侧和需求侧在体育产业结构优化
进程中的地位 ………………………………………（130）
二 如何认识体育产业结构优化进程中政府和
市场的关系 …………………………………………（134）
三 如何认识体育服务业和体育用品业的比例关系 ……（136）
四 如何认识体育产业在国民经济和社会发展中的
地位 …………………………………………………（138）

附：第三章部分基础数据（数据来源：国家体育总局、
国家统计局）……………………………………………（141）

第四章 供给侧结构性改革背景下体育产业结构优化的
战略路径 ………………………………………………（145）
第一节 激活优化体育产业结构的内生动力：处理好
政府和市场的关系 ……………………………………（145）
一 供给侧结构性改革与政府职能转变的关系 …………（147）

二 供给侧结构性改革对体育产业发展中的政府职能
转变提出的要求……………………………………（149）
三 中国体育产业发展中政府职能履行存在的问题………（155）
四 供给侧结构性改革背景下中国体育产业发展中
政府职能的转变策略………………………………（164）

第二节 体育产业结构优化的重要抓手：创新驱动，
培育体育消费新增长点……………………………（176）
一 推动体制创新，激发市场活力……………………（176）
二 以创新驱动体育用品及相关产品制造的转型升级，
加强品牌建设………………………………………（179）
三 以创新驱动体育产业业态拓展，拉大体育产业
体系框架……………………………………………（182）
四 深度研究4-1：出口技术复杂度视角下中国体育
用品及运动服饰业发展研究………………………（183）

第三节 体育产业结构转型的新思路：促进跨界融合，
拓展体育产业新业态………………………………（198）
一 以"体育+"为要素核心，促进体育和其他产业的
融合发展……………………………………………（198）
二 以"生活+"为重要支撑，不断实现人民对美好
体育生活的向往……………………………………（200）
三 以"互联网+"为引导，提升体育产业的创新力和
生产力………………………………………………（202）
四 以"+体育"为助推，提升体育产业在国民经济
中的地位……………………………………………（202）
五 深度研究4-2：体育内容产业价值链的构建与
增值…………………………………………………（203）
六 深度研究4-3：体育夜间经济与消费研究…………（226）

七　深度研究4-4：重构、挑战与应对——
　　　　"互联网+"与体育产业的发展 …………………（248）
第四节　促进区域结构优化：厘清生产要素禀赋，
　　　　科学布局优势产业 ……………………………（260）
　　一　厘清区域要素禀赋及发展特点，确定区域体育产业
　　　　主导业态 ………………………………………（260）
　　二　发挥联动优势，促进区域协同发展 ……………（270）

第五章　结论与研究展望 ……………………………………（272）
第一节　研究结论 …………………………………………（272）
　　一　体育产业供给侧结构性改革的行动逻辑和应避免的
　　　　认知误区 ………………………………………（272）
　　二　侧重于供给侧结构性改革视角：对中国体育产业
　　　　结构变迁的基本判断 …………………………（273）
　　三　供给侧结构性改革背景下体育产业结构优化的
　　　　战略路径 ………………………………………（276）
第二节　研究展望 …………………………………………（277）

参考文献 ………………………………………………………（279）

第一章 选题依据与研究思路

第一节 选题背景与研究价值

一 选题背景

供给侧结构性改革是以习近平同志为核心的党中央在综合分析世界长周期和中国经济新常态的基础上，对中国经济发展思路和工作着力点的重大调整，是实现中国经济从高速度增长阶段向高质量发展阶段转变的必然选择①，自 2015 年底正式提出后，成为习近平新时代中国特色社会主义经济思想的重要组成部分。党的十九大将"深化供给侧结构性改革"提升为建设现代化经济体的"第一举措"。2021 年 7 月，分析研究当前经济形势和经济工作的中央政治局工作会议上强调，要坚持稳中求进工作总基调，完整、准确、全面贯彻新发展理念，深化供给侧结构性改革，加快构建新发展格局，推动高质量发展②。党的二十大报告中进一步提出："我们要坚持以推动高质量发展为主题，把实施扩大内需战略同深化供给侧结构性改革有机结合起来……"③

---

① 韩保江：《"供给侧结构性改革"的政治经济学释义——习近平新时代中国特色社会主义经济思想研究》，《经济社会体制比较》2018 年第 1 期。
② 《中共中央政治局召开会议 分析研究当前经济形势和经济工作 中共中央总书记习近平主持会议》，《人民日报》2021 年 7 月 31 日第 1 版。
③ 习近平：《高举中国特色社会主义伟大旗帜 为全面建设社会主义现代化国家而团结奋斗——在中国共产党第二十次全国代表大会上的报告》（2022 年 10 月 16 日），《人民日报》2022 年 10 月 26 日第 1—3 版。

供给侧结构性改革是适应中国经济新常态的必然要求，本质上要求优化产业结构，推动经济增长方式转变。体育产业作为过去及未来一个时期内国家大力推进的产业，是中国经济转型发展的重要阵地之一。但在中国体育产业结构中，还存在着体育健身休闲和体育竞赛表演等本体产业比重严重偏低，能够引领消费的精品建设滞缓；用品业缺乏自主创新，中低端产品产能过剩；区域优势发挥不明显；在体育产业的各个供给端中，只有体育用品等少数行业形成了较为完整的产业链等问题。故，2014年在《国务院关于加快发展体育产业促进体育消费的若干意见》中明确提出了要改善产业结构、优化产业布局、促进产业融合、丰富市场供给。总体而言，体育产业结构中的诸多问题，都亟须从供给侧入手，发挥市场在资源配置中的决定性作用，激活微观主体的能动性，提高全要素生产率，提高供给品质，调整优化供给结构。

在此背景下，侧重于从供给侧结构性改革的视角，厘清1978年以来中国体育产业结构演变、优化进程，探寻体育产业结构存在的问题，对中国体育产业结构变迁做出基本判断，在此基础上，以供给侧结构性改革为主线，提出今后一个时期优化体育产业结构应该着力解决的问题及相应的战略路径，具有重要的理论意义和现实意义。

二 研究价值

（一）学术价值

运用供给侧结构性改革的相关理论和政策导向，分析体育产业结构优化问题，提供相关研究的崭新切入点，丰富体育产业结构研究的理论面向。

在供给侧结构性改革的相关理论基础上，结合体育产业的特性，建立一个逻辑自洽、富有解释力的体育产业结构优化研究的理论框架。

（二）应用价值

提供一套系统的中国体育产业结构演化和现状的分析资料，为政府及相关组织决策提供依据。

配合供给侧结构性改革，提出体育产业结构优化的战略路径，为政府及相关组织决策提供政策建议。

第二节 学术史梳理及研究动态

一 关于供给侧结构性改革和产业结构优化的研究

（一）供给侧结构性改革相关理论问题的研究动态

中央提出供给侧结构性改革后，学术界掀起了对供给学派、新供给主义、凯恩斯主义等西方经济学理论以及里根、撒切尔等经济政策的讨论。其实，20世纪80年代，国内就有学者引介供给学派的理论。在中央明确提出供给侧结构性改革之前，学界已经开始将对供给学派的研究和中国经济发展结合起来，例如贾康、苏京春①立足于中国的研讨展望，对"供给侧"学派进行评价；刘霞辉②以中国视角探讨了供给侧的宏观经济管理。这些讨论对于更深入地理解供给侧结构性改革有所助益，但应明确，中国的供给侧结构性改革着力提高供给体系质量和效率，增强经济持续增长动力，推动社会生产力水平实现整体跃升，这和西方供给学派通过减税和减少政府对经济生产的干预，以此达成对资产阶级的"正向刺激"和无产阶级的"负向刺激"，从而实现资本积累的恢复与重建的改革路径有着云泥之别。讨论中国的供给侧结构性改革，应更多地从中国特色社会主义政治经济学中寻找理论支撑。

2016年以来，国内关于供给侧结构性改革的著述颇丰，涉及研究领域包括：对供给侧结构性改革的政策解读；从习近平新时代中国特色社会主义思想出发，讨论供给侧结构性改革的理论体系；供给侧

---

① 贾康、苏京春：《探析"供给侧"经济学派所经历的两轮"否定之否定"——对"供给侧"学派的评价、学理启示及立足于中国的研讨展望》，《财政研究》2014年第8期。

② 刘霞辉：《供给侧的宏观经济管理——中国视角》，《经济学动态》2013年第10期。

结构性改革的理论追溯与探析；如何推进供给侧结构性改革（宏观、中观、微观）；不同领域、不同产业（如文化、体育、教育、旅游、交通、健康、金融等）的供给侧结构性改革问题；供给侧和需求侧的关系问题……成果呈现形式有著作、论文、研究报告、访谈记录等。既有纯理论的研究，也有纯实证性的研究，更多的是理论和实证相结合的研究。关于供给侧结构性改革的成果太多，限于篇幅，本报告不再一一列出。

（二）产业结构演化与优化方面的学术史梳理

产业结构的演化与优化方面，国外学者非常注重产业的聚集与演化，即产业在区域层面的结构性问题的研究。例如，Krugman[1]提出了"中心—外围"区域产业结构模型。Ellison 和 Glaeser[2]，Dumais、Ellison 和 Glaeser[3]分析了产业聚集的动态过程和自然资源在区域产业分工中的作用。Lmbs 和 Wacziarg[4]分析了区域产业分工演变的阶段。这类研究的一个共同特征是将产业聚集、转移和结构变动视为自然演化过程，可称为自然演化型产业结构变迁研究。这一分析范式下的产业结构，实际上不存在优化调整问题，基于工业化国家经验来分析政府如何通过产业政策加速产业升级，快速实现本国工业化，可称为政府干预型产业结构变迁研究。在这方面，日本学者的研究最有代表性。筱原三代平在1955年提出了动态比较费用论，认为后进国家通过制定合适的产业政策，使原来具有比较劣势的产业随着部分要素禀赋的变化可能成为比较优势产业。Akamatsu[5]等学者的研究发展了上

---

[1] Krugman, P., "Increaing Returns and Economic Geography" *Journal of Political Economy*, No. 2, 1991, pp. 483 – 489.

[2] Ellison, G. and E. L. Glaese, "The Geographic Concentration of Industry: Does Natural Advantage Explain Agglomeration?" *The American Economic Review*, No. 2, May 1999.

[3] Dumais, G., G. Ellison, E. L. Glaeser, "Geographic Concentration as a Dynamic Process" *The Review of Economics and Statistics*, No. 2, May 2002.

[4] Lmbs, J., and Wacziarg R., "Stages of Diversi-fication" *The American Economic Review*, No. 1, March. 2003.

[5] Kamatsu, K., "Historical pattern of economic Growth in Developing Coutries" *Developing Economies*, Vol. 1, No. 1, 1962, pp. 3 – 25.

述理论，认为后发国家的产业发展在赶超先进国家时，产业结构的变化呈雁行形态。Kojima①等提出了边际产业转移理论，认为对外直接投资应从本国已处于或即将处于比较劣势的产业开始。国外学者还对动态外部性与产业结构优化关系进行了研究，经典理论有：MAR②外部性、Jacobs③外部性、Porter④外部性等。其中，MAR和Porter外部性来自产业内，Jacobs外部性来自产业间；此外，MAR外部性认为垄断有利于创新和经济发展，而Jacobs和Porter外部性则认为区域竞争刺激企业的创新从而促进了经济增长。

  国内学者对产业结构优化与调整的研究成果较为丰富，主要研究面向有：中国经济发展中的产业分工、区域间转移和结构升级问题，20世纪80年代即有相关成果发表；区域产业结构与区域聚集发展问题，此领域研究始于20世纪80年代末；如何通过产业政策来促进产业结构的优化升级，推动产业成长和经济发展，从20世纪90年代初开始，研究逐渐增多；关于自然资源供给短缺和环境可持续发展条件下的中国产业结构升级，这是近十年来兴起的一个新的研究领域。由于该方面的文献量太大，有价值的研究也汗牛充栋，故本报告为篇幅计，对文献不再一一列出。

二　国外关于体育产业与供给侧相关的研究动态

  在WOS网站（Web of Science）以关键词"Sports industry"（体育产业）或"Sports market"（体育市场）关联"Supply side"（供给侧）进行检索，在检索到的文献中，关联性较强的结果均为国内学者研究中国体育产业供给侧结构性改革的研究成果，这应属于国内研究

---

① Kojima, K., "The Flying Geese Model of Asian Economic Development: Origin, Theoretical Extensions and Regional Policy Implications" *Journal of Asian Economics*, No. 11, 2000.
② Marshall, A., *Principles of Economics*, London: Mac Millan, 1920.
③ Jacobs, J., *The Economy of Cities*, New York: Vintage, 1969.
④ Porter, M., "The Competitive Advantage of Nations" *Harvard Businiess Review*, No. 3, 1990.

成果；而国外学者对"供给侧结构性改革"这一课题研究较少。

供给侧结构性改革是党中央基于中国经济发展的现实提出的，它是社会主义制度下适应中国经济发展的客观规律的产物。而国外，无论是古典经济学、凯恩斯主义、萨伊定律和供给学派，均是在资本主义社会的经济背景下提出的。并且，"供给侧结构性改革"一词，中国与外国的语言表达、文化背景均有较大差异，仅有极少数国外学者在学术论文当中研究了"供给侧结构性改革"这一课题。但是，国外一些国家和地区在体育产业的发展过程中，也曾出现过产业结构失衡、就业结构失衡、需求结构失衡、供给结构失衡等方面的问题，我们可以借鉴发达国家的发展经验，总结出体育产业发展的一般规律，为中国体育产业的发展提供现实的借鉴经验。

（一）创新驱动与体育产业服务升级

国外学者在该领域的研究主要集中在服务创新、技术创新、管理模式创新、商业模式创新等几个维度。体育通常强调服务创新，因为与其他行业相比，它具有与强烈情感体验和高水平社会互动相关的独特元素 Smith AC Stewart B[①]。服务创新通常包括使用信息系统来提高效率，其中包括为服务创新创造新机会的数字技术[②]。此外，服务生态系统是创新过程的重要组成部分，因为它们涉及促进变革所需的架构[③]。服务创新有四个主要维度：概念、接口、交付系统和技术（Hertog）[④]。在体育运动中，这个概念可以包括观看比赛或与球队互动的新方式。体育赛事的传递可以通过手机应用程序或体育场馆现场来完成。这使

---

① Smith A C, Stewart B, "The special features of sport: A critical revisit" *Sport Management Review*, No. 1, 2010, pp. 1 – 13.

② Lusch, R. F., Vargo. S. L., "The service-dominant logic of marketing: Dialog, debate, and directions" *Jornal of the Academg of Marketing Science*, 2006, 6 (3). 281 – 288.

③ Fishenden, J., Thompson M., "Digital Government, Open Architecture, and Innovation: Why Public Sector IT Will Never Be the Same Again" *Journal of Public Administration Research and Theory*, No. 4, 2013, pp. 977 – 1004.

④ Hertog, Den P, "Knowledge-Intensive Business Services as Co-Producers of Innovation" *International Journal of Innovation Management*, No. 4, 2000, pp. 491 – 528.

得整合实时得分等技术创新对体育观众和消费者非常重要。全面服务创新包括向新用户提供新服务①。许多形式的全面服务创新以一种前所未有的方式融入了新技术。全方位服务创新的一个例子是 FIFA 足球或电子游戏比赛,这些比赛为以前没有参加过的人提供了一种新的体育形式。这使得一项运动的创新能力成为其长期竞争力和可持续性的关键决定因素②。管理创新是组织成功的重要组成部分,因为它能够带来持续竞争力的改进,确保新想法进入市场③。管理创新关注组织的内部环境,包括提高效率的流程和技术④;商业模式创新涉及使用不同于当前管理技术的不同战略方法⑤。

(二) 大数据分析与体育产业供给侧的价格决策

利用大数据中的宝贵知识正成为当今快速变化的商业环境中竞争的基础(Kache 和 Seuring)⑥。例如,长期以来,研究人员一直关注体育定价,因为它是消费者决定参加游戏和购买产品的核心决定因素之一(Drayer&Rascher, 2012)⑦,并且是一个跨多个学科的主题,包括营销、经济学和消费者行为。大数据为专注于定价的研究者提供了一个机会,它使人们能够在更精细的层面上检查消费者对价格的反应。传统的审

---

① Walker, R. M., "An Empirical Evaluation of Innovation Types and Organizational and Environmental Characteristics: Towards a Configuration Framework" *Journal of Public Administration Research & Theory*, No. 4, 2008, pp. 591 – 615.

② Newell, S., Swan, J., "Professional Associations as Important Mediators of the Innovation Process" *Science Communication*, No. 4, 1995, pp. 371 – 387.

③ Nieves, J., & Segarra-Ciprés, M., "Management innovation in the hotel industry." *Tourism Management*, 2015, pp. 51 – 58.

④ Vaccaro, I. G., Jansen, J., Bosch, F., et al., "Management Innovation and Leadership: The Moderating Role of Organizational Size" *Journal of Management Studies*, No. 1, 2012, pp. 28 – 51.

⑤ Markides, C., "Disruptive Innovation: In Need of Better Theory" *Journal of Product Innovation Management*, No. 1, 2006.

⑥ Kache F, Seuring S., "Challenges and opportunities of digital information at the intersection of Big Data Analytics and supply chain management" *International Journal of Operations & Production Management*, No. 1, 2017, pp. 10 – 36.

⑦ Shapiro, S. L., Drayer. J., "A New Age of Demand-Based Pricing: An Examination of Dynamic Ticket Pricing and Secondary Market Prices in Major League Baseball" *Journal of Sport Management*, No. 6, 2012, pp. 532 – 546.

查体育价格的方法经常将其视为静态，门票价格通常在赛季开始之前就已经确定①。因此，在一个季节内没有显著波动。以这种方式，已经纳入门票价格的研究通常使用最低的价格或平均价格来考虑消费者的运动兴趣和价格之间的关系②。然而，随着各组织使用的票务定价方法的进步，包括可变票务定价③、价格分散④和动态票务定价⑤⑥，了解消费者对价格的反应已经成为一个更加动态和复杂的过程。

（三）体育产业的供应链管理

体育用品行业的特点是生产量大，消费水平高，产品生命周期短，造成高处置率和高浪费。体育产品的制造通过基于层级的供应链和复杂的物流系统分布在全球。而且越来越多的学者呼吁将供应商视为客户⑦，要求更好地组织供应商以利用价值链供应端的巨大竞争优势。越来越多的组织被迫处理供应链中更为复杂的问题，无论是在供应商的数量上还是在其不同的特点上。在许多情况下，新兴经济体的体育用品制造商面临着有限的金融资源，缺乏熟练劳动力和机械，以及缺乏海外市场信息⑧。全球体育用品制造商在发展中国家的附属公

---

① Fort, R., "Inelastic sports pricing" *Managerial & Decision Economics*, No. 2, 2004, pp. 87 – 94.

② Coates, D., Humphreys, B. R., "Ticket Prices, Concessions and Attendance at Professional Sporting Events" *International Journal of Sport Finance*, No. 3, 2007, pp. 161 – 170.

③ Rascher, D. A., Mcevoy, C. D., Nagel, M. S., et al., "Variable Ticket Pricing in Major League Baseball" *Mpra Paper*, No. 3, 2007, pp. 407 – 437.

④ Gong, H., Watanabe, N. M., Soebbing, B. P., et al., "Do Consumer Perceptions of Tanking Impact Attendance at National Basketball Association Games? A Sentiment Analysis Approach" *Journal of Sport Management*, No. 3, May 2021, pp. 254 – 265.

⑤ Drayer, J., Shapiro, S. L., Lee, S., "Dynamic Ticket Pricing in Sport: An Agenda for Research and Practice" *Sport Marketing Quarterly*, No. 3, 2012, pp. 184 – 194.

⑥ Yan, G., Watanabe, N. M., Shapiro, S. L., et al., "Unfolding the Twitter scene of the 2017 UEFA Champions League Final: social media networks and power dynamics" *European Sport Management Quarterly*, No. 4, 2019, pp. 419 – 436.

⑦ Sheth, J. N., Sharma, A., "Supplier relationships: Emerging issues and challenges" *Industrial Marketing Management*, No. 2, 1997, pp. 91 – 100.

⑧ Ghauri, P., Lutz, C., Tesfom, G., "Using networks to solve export-marketing problems of small-and medium-sized firms from developing countries" *European Journal of Marketing*, No. 5, 2003, pp. 728 – 752.

司能够为当地企业提供资源，以获得生产技能、管理知识和技术进步。诸如耐克和锐步这样的公司通过提供大量的制鞋知识来管理新兴经济体的分包商，包括培训非熟练工人，协助设备更换，以及监督质量控制，使分包商达到行业规范和质量标准[1][2]。全球品牌的外包已成为分包商提高整体生产能力和效率的坚实基础，使他们能够满足所需的质量和设计，以出口和在国际市场竞争[3]。

（四）对国外相关研究状况的评述

供给侧结构性改革是基于中国社会主义建设的现实而提出的，在国外，并无完全对应的概念，因此，直接契合中国"供给侧结构性改革内涵"而讨论体育产业发展，及结构优化问题的研究少见报道，在国际刊物上发表的关联度比较高的论文大多来自国内学者。但长期以来，国外学者对供给侧也投入了较多的关注，以笔者从国内学者常用的 WOS 网站搜索结果来看，国外学者与体育产业供给侧相关的研究，多集中在创新驱动、大数据分析、要素禀赋优化、供应链管理等方面。虽然，国外的"供给侧"和中国的"供给侧"，无论视角，还是最终目的都有较大差异，但国外的这些研究视角，也是中国与体育产业相关的供给侧结构性改革研究中会经常接触的课题。因此，国外的相关研究对本课题有一定的借鉴价值。

三　国内关于体育产业与供给侧结构性改革相关的研究动态

供给侧结构性改革于 2015 年底提出后，与体育产业供给侧结构性改革相关研究开始出现并逐渐增多，涌现出一批具有代表性的成

---

[1] Gereffi, G., Memedovic, O., "The Global Apparel Value Chain: What Prospects for Upgrading by Developing Countries?" *Social Science Electronic Publishing*, 2003.

[2] Rosenzweig, P. M., *International Sourcing in Athletic Footwear: Nike and Reebok*, Cambridge: Harvard Business School, 1994.

[3] Ghauri, P., Lutz, C., Tesfom, G., "Using networks to solve export-marketing problems of small and medium-sized firms from developing countries" *European Journal of Marketing*, No. 5, 2003, pp. 728 – 752.

果。需要考虑到的是，如果仅对体育产业供给侧结构性改革的相关文献进行梳理，信息量将会有限，在本书的研究中，有必要对体育产业结构、高质量发展等相关成果进行梳理，尤其是体育产业结构的研究与本研究有着直接的关系，将重点进行综述；另外，体育产业内部各业态与体育产业供给侧结构性改革也有着必然的联系，本研究也将对体育产业内部各业态的研究成果进行梳理。

（一）体育产业高质量发展研究

2019年9月，《国务院办公厅关于促进全民健身和体育消费推动体育产业高质量发展的意见》提出：激发体育市场活力，推动体育产业成为国民经济支柱性产业；坚持创新，引导和推动中国体育产业发展，拓展中国体育产业高质量发展新空间。近年来，关于体育产业高质量发展的研究受到学界的高度关注。

徐开娟等[1]指出从推动项目产业、重点区域体育产业、体育产业新空间、体育产业内容创新和运营升级4方面着手，推动体育产业高质量发展。任波、戴俊[2]基于"质量和效益为中心"的视角，分析中国体育产业高质量发展的困境、理清逻辑，并提出发展路径。质量中心视角下体育产业发展的困境在于体育产业结构不合理、"体育+""+体育"不成熟、体育市场主体活力不强、体育产业政策体系不健全；效益中心视角下体育产业高质量发展的困境在于经济效益和社会效益，具体表现在体育产业规模和对经济的贡献度、有效供给和对大众消费的激发度。李荣日、刘宁宁[3]从政府、市场及产业政策3方面阐明体育产业高质量发展的逻辑走向，就政策、制度、实施层面提出对策。

---

[1] 徐开娟等：《我国体育产业高质量发展的路径与关键问题》，《上海体育学院学报》2019年第4期。
[2] 任波、戴俊：《中国体育产业高质量发展：困境、逻辑与路径——基于"质量和效益为中心"的视角》，《体育与科学》2020年第2期。
[3] 李荣日、刘宁宁：《理论框架与逻辑通路：我国体育产业高质量发展研究》，《天津体育学院学报》2020年第6期。

邵继萍、王丽萍[①]基于产业耦合视角下，从产业、企业、政策层面分析金融支持体育产业的理论机制，提出金融支持体育产业发展的路径。王子朴，朱亚成（2018）[②]体育产业是体育强国建设的重要内容，在体育强国建设背景下，体育产业迎来了新的机遇和挑战，应着力做好体育产业战略顶层设计、夯实体育产业地位和作用、深化体制机制改革、促进体育产业融合发展、完善体育产业政策。赵勇[③]基于社会主要矛盾的变化、建设体育强国的目标、经济高质量发展的要求等，对体育产业提出了新的要求，明晰体育产业发展的目标、方向、环境。任波、黄海燕[④]以补短板为视角，认为体育产业的内在诉求表现在满足人民需要、深化供给侧改革、增加就业、推动体育产业高质量发展，从管理体制、运行机制、市场化、多元主体分析体育产业短板的原因，基于此，提出体育产业发展的路径选择。

（二）体育产业结构相关的研究

以"体育产业结构"为关键词搜索，可见有关体育产业结构的相关研究最早见于 1994 年，随着时代的进步，体育产业不断发展，相关研究的逐步深入，体育产业的内涵由最初的体育产业内部各行业的结构，逐渐丰富多元，既包含体育产业内部各行业，体育产业在国民经济中发挥的作用，又包含体育产业的供给和需求、产值、就业、投资等，体育产业结构的研究不断丰富，成果丰硕。基于现有研究，不难看出，中国体育产业结构不合理是研究的共识。有关于体育产业结构的研究成果众多，本研究仅选取部分有代表性且对本研究具有重要借鉴价值的文献进行梳理。

---

① 邵继萍、王丽萍：《推进体育产业发展的金融支持机制、路径与对策——基于产业耦合视角》，《西安体育学院学报》2018 年第 2 期。
② 王子朴、朱亚成：《新时代中国体育强国建设中的体育产业发展逻辑》，《北京体育大学学报》2018 年第 3 期。
③ 赵勇：《新时代中国体育产业发展战略路径和对策措施研究》，《体育文化导刊》2018 年第 3 期。
④ 任波、黄海燕：《基于补短板视角下我国体育产业发展的内在诉求与路径选择》，《天津体育学院学报》2019 年第 3 期。

1. 体育产业结构现状研究

张中江、田祖国①阐述了体育产业结构对体育产业发展的重要性。丛湖平②对体育产业结构及体育产业的特征进行分析。林玲、彭连清③明确体育产业结构的概念及其含义，将体育产业划分为产值、就业、投资、需求等4种基本结构形态。林玲、彭连清④指出需求、供给、贸易、社会结构是影响体育产业结构演变的因素。杨倩⑤从增长速度、产业贡献率、产业结构分析中国体育产业结构，数据表明：现阶段，体育产业结构不平衡；产业内部协调沟通不足；产业结构效益低下。

朱汉义⑥认为了解体育消费情况是准确确定体育产业结构的前提，提出以体育用品业作为基础产业，健身休闲业作为主导产业。蔡朋龙、王家宏等（2021）⑦进行体育产业结构网络分析，指出体育产业结构的复杂特征表现在"整体""单点""亚结构"3个层次：体育产业已形成小世界网络，但整体产业之间联系不紧密；不同产业部门具有不同的位置和作用；体育产业结构网络中存在局部聚集特征。

安俊英、杨倩等⑧根据2006—2015年体育产业相关数据，利用灰色系统理论，建立模型，分析结果显示：体育产业总规模将达到"十

---

① 张中江、田祖国：《新世纪调整我国体育产业结构的几点看法》，《体育学刊》2000年第6期。
② 丛湖平：《试论体育产业结构及产业化特征》，《浙江大学学报》（人文社会科学版）2000年第4期。
③ 林玲、彭连清：《体育产业结构的几个理论问题探讨》，《天津体育学院学报》2004年第2期。
④ 林玲、彭连清：《体育产业结构的发展演变：理论与实证分析》，《成都体育学院学报》2004年第4期。
⑤ 杨倩：《基于统计数据的我国体育产业结构及其效益分析》，《天津体育学院学报》2012年第1期。
⑥ 朱汉义：《从我国体育消费看体育产业结构的现实选择》，《中国体育科技》2006年第3期。
⑦ 蔡朋龙、王家宏、方汪凡：《基于复杂网络视角下中国体育产业结构特征研究》，《中国体育科技》2021年第3期。
⑧ 安俊英、杨倩、黄海燕：《基于灰色系统理论的我国体育产业结构预测研究》，《天津体育学院学报》2017年第5期。

三五"目标；体育产业对国民经济的贡献度持续上升；体育产业全员劳动生产率逐年提高；体育用品业仍是体育产业的支撑产业；体育服务业发展速度快；体育产业内部结构逐渐优化。

体育产业结构不合理、发展不平衡是众多学者的共识。任波等[①]从产值结构（外部和内部）、就业结构（外部和内部）、投资结构（增量和存量）、需求结构（供需）来说明体育产业结构不合理的现状。任波等（2019）[②]阐明体育产业发展不平衡的现状，且存在结构性矛盾：体育产业发展不平衡不充分与人民日益增长的美好生活需要之间的矛盾、体育产业在国民经济中发挥作用不强与体育强国建设之间的矛盾、体育产业结构不合理与新时代体育产业转型升级之间的矛盾、体育产业与相关产业融合不高与健康中国建设之间的矛盾、体育产业经济效益和社会效益未有效发挥与体育产业高质量发展之间的矛盾。

2. 体育产业结构优化路径研究

体育产业结构优化过程中，需要市场和政府通力合作，共同发挥效用。刘远祥、孙冰川等[③]重点强调体育产业结构调整过程中政府行为的必要性，政府行为应涵盖体育产业发展规划制定、营造良好环境、合理配置资源、加大科技投入、加强法治建设。刘远祥、田雨普[④]提出体育产业结构优化的最优模式是"强政府—强市场"的组合模式。任波[⑤]分析体育产业的内外部结构，认为体育产业结构的合理化和高级化需要通过市场机制和政府作用两者共同作用，在此过程

---

① 任波等：《中国体育产业结构的内涵解析与供给侧优化》，《北京体育大学学报》2018年第4期。

② 任波等：《新时代我国体育产业结构性矛盾与优化路径》，《体育文化导刊》2019年第3期。

③ 刘远祥、孙冰川、田雨普：《优化我国体育产业结构的政府行为分析》，《成都体育学院学报》2008年第4期。

④ 刘远祥、田雨普：《政府与市场博弈下的体育产业结构优化》，《山东体育学院学报》2009年第4期。

⑤ 任波：《中国体育产业结构的形成机理、演进逻辑与优化策略》，《沈阳体育学院学报》2018年第4期。

中，市场通过价格机制和供求机制起决定性作用，政府通过监管和调控发挥促进作用。体育产业结构优化从深化体制改革、完善体育产业政策、确立主导产业着手。

基于大型赛事背景下提出中国体育产业结构的优化路径。陈艳林[1]提出中国体育产业的现状是比重低、结构不合理、关联性低，北京奥运会的举办促进了竞赛表演业、健身娱乐业、其他服务业的发展；对体育用品业提出了更高的要求，加速体育产业的市场化。后奥运时代推动体育产业结构优化应大力发展群众体育、竞赛表演业、体育中介业；提高体育用品业的创新能力；加快体育人才培养；明确政府定位。

赵继明[2]基于消费和需求的角度，指出中国体育本体产业存在发展缓慢，产业结构不平衡，产业关联度低等问题，提出了重点产业发展、市场导向、非均衡协调的发展战略，以优化中国体育产业结构。

针对体育产业的发展，对体育产业内部各行业提出建议，以达到优化体育产业的目标。黄海燕、杨丽丽[3]对体育产业的专业化、多样化、效益进行定量分析，提出大力发展体育服务业、提高体育用品业的技术创新力、提高体育产业结构效益、发展地区优势产业、改善体育产业内部要素结构的建议。刘盼盼（2013）[4]指出体育产业结构不合理，作为主导产业的竞赛表演业和健身休闲业发展相对滞后。

从体育产业结构的评价和优化组合提出体育产业结构优化路径。黄海燕[5]从所有制结构、行业结构、层次结构、区域结构、市场结构

---

[1] 陈艳林：《后奥运时期我国体育产业结构优化的思考》，《武汉体育学院学报》2009年第5期。
[2] 赵继明：《我国体育产业结构优化的战略选择》，《统计与决策》2010年第4期。
[3] 黄海燕、杨丽丽：《我国体育产业结构的综合定量与优化分析》，《体育科学》2011第11期。
[4] 刘盼盼：《中国体育产业结构优化研究》，《河南师范大学学报》（自然科学版）2013年第3期。
[5] 黄海燕：《我国体育产业结构评价与优化对策》，《武汉体育学院学报》2014年第4期。

对体育产业结构进行评价，提出转变政府职能、加快服务业发展、优化产业布局、加强行业规范化的对策，以优化体育产业结构。任波、黄海燕①认为体育产业结构的优化涵盖产值结构优化、就业结构优化、供给结构优化、需求结构优化，进一步分析体育产业结构优化机制；理清体育产业结构优化逻辑；提出体育产业结构优化路径。

除宏观上对体育产业的研究，也不乏微观层面的实证研究。叶宋忠②通过对体育与养老产业融合推进体育产业结构升级及政府规制和市场机制促进体育产业结构升级进行实证分析，提出健全体育与养老产业融合体系、发挥政府对体育与养老产业融合的规制作用、完善市场机制的建议。

与文化产业、旅游产业相比较，体育产业结构的现状、优化路径研究。任波、黄海燕③指出中国体育产业与文化产业、旅游产业相比较，其产值、就业、供给、需求等结构不合理。分析体育产业结构的目标、要求、方向、重点，提出优化路径。

通过建立模型，分析体育产业的现状，并提出体育产业结构优化路径。李国、孙庆祝④指出在2006—2016年间，体育产业结构发生变迁，但各业态之间仍有较大差异，需不断优化体育产业结构，通过建立VAR模型，指出形态、规模是影响体育产业短期发展的重要因素，体育产业的合理化和高级化对体育产业的长期发展至关重要。应着重提升体育产业规模，夯实体育产业结构优化基础；重视体育产业结构优化过程中的阶段性特征及相对性特征；完善体育产业政策，以推动体育产业向合理化和高级化发展，促进体育产业结构优化。杨军、李

---

① 任波、黄海燕：《中国体育产业结构优化的机制、逻辑与路径》，《首都体育学院学报》2020年第5期。

② 叶宋忠：《体育与养老产业融合对体育产业结构升级影响的实证研究》，《武汉体育学院学报》2019年第5期。

③ 任波、黄海燕：《中国体育产业结构的现实审视、内在诉求与供给侧优化》，《成都体育学院学报》2021年第2期。

④ 李国、孙庆祝：《新时代我国体育产业结构优化效益的VAR模型分析》，《山东体育学院学报》2019年第5期。

秋利[1]从产值、就业、投资、需求结构层面分析中国体育产业结构，设计体育产业关联程度模型，进行产业波及效应研究，提出提升各部门关联性、优化体育产业结构的建议。

3. 体育产业结构政策研究

产业政策对于体育产业的发展起着重要作用，是为了优化资源配置、弥补市场失灵、增强产业竞争力制定的有关产业发展的一系列政策总和。

周小洪等[2]分析了中国体育产业结构政策，阐明了体育产业的政策目标和手段，探讨了体育产业结构的政策走向。陈林祥[3]认为体育产业结构可以通过就业、投资、需求、产值结构体现，提出以健身娱乐业作为主导产业，带动整个体育产业升级，重点扶持竞赛表演业与体育培训业，适当降低体育用品业市场准入标准。杨倩[4]利用灰色关联理论，分析中国体育产业结构系统，分析发现，健身休闲业与国民经济关联度最高，竞赛表演业与国民经济关联度不高，提出不同的体育产业细分部门采取不同的产业政策。张文健等[5]依据关联方式分类法，将体育产业结构分为核心层（竞赛表演、健身休闲）、外围层（体育场馆、体育彩票）、相关层（体育用品）3个层次。体育产业政策应逐渐从中央落实到地方、城市普及农村；从总则到细则。刘远祥、孙冰川等[6]明确体育产业政策在弥补市场失灵、保护幼小产业、主导产业选择及赶超方面的重要作用。目前，中国体育产业政策在实践过程中存在缺乏科学性、目标模糊、内容不清晰、内容趋同、体系

---

[1] 杨军、李秋利：《体育产业结构现状与波及效应研究——基于产业关联角度》，《广州体育学院学报》2020年第6期。

[2] 周小洪等：《体育产业结构政策初探》，《武汉体育学院学报》1994年第1期。

[3] 陈林祥：《我国体育产业结构与产业布局政策选择的研究》，《体育科学》2007年第3期。

[4] 杨倩：《我国体育产业结构优化的灰色关联分析》，《上海体育学院学报》2011年第6期。

[5] 张文健等：《我国体育产业结构政策导向研究》，《成都体育学院学报》2012年第9期。

[6] 刘远祥、孙冰川、韩炜：《促进体育产业结构优化的政策研究》，《山东体育学院学报》2017年第1期。

不健全、法律效力层次低的问题。

4. 体育产业结构比较

通过与其他国家，如美国、日本、韩国等，进行体育产业结构的对比研究，提出启示和建议。

余保星、屈建华[1]对比体育产业发达国家，为中国体育产业结构调整提出建议。

张瑞林[2]厘清体育产业结构及各子行业，分析中国及美、日、韩体育产业结构的现状，认为需求结构、供给结构、科学技术及国际经济关系是影响体育产业结构优化的因素，市场和政府是体育产业结构优化的两大主体，进而提出优化中国体育产业结构的对策。

任波、戴俊[3]从产业缘起、结构和政策对中美体育产业进行对比研究，认为优化体育产业结构应从完善体育产业政策、市场和政府共同作用、优先发展体育竞赛表演业和体育健身娱乐业3方面着手。任波、戴俊等[4]认为中、美体育产业内、外部结构的差异原因在于缘起差异、消费文化差异、体育管理体制差异、经济发展水平差异及政府发挥作用差异，得出中国优化体育产业结构的启示：培育体育消费、推进体育管理体制改革、发展体育主导产业、完善体育产业政策。

任波[5]通过对中日两个体育产业结构内外部的比较研究，从缘起、体育管理体制及体育产业政策3方面分析中日体育产业差异的成因，提出中国体育产业应大力发展主导产业、推进体育管理体制改革、完善体育产业政策。

---

[1] 余保星、屈建华：《知识经济时代国家体育产业结构调整刍议》，《武汉体育学院学报》2001年第6期。

[2] 张瑞林：《我国体育产业结构的优化研究》，《体育学刊》2011年第2期。

[3] 任波、戴俊：《我国体育产业结构优化研究——基于中美比较的视角》，《体育文化导刊》2017年第6期。

[4] 任波、戴俊、徐磊：《我国体育产业结构优化研究——基于中美比较的借鉴与启示》，《沈阳体育学院学报》2017年第3期。

[5] 任波：《中日体育产业结构比较研究》，《体育文化导刊》2018年第4期。

5. 体育产业结构实证研究

体育产业结构优化对就业影响的实证研究。夏铭娜、徐开娟等[①]通过实证研究，发现随着体育产业结构优化，体育服务业的就业弹性较高，体育用品业吸纳就业能力逐渐降低，甚至出现负面影响，体育产业结构优化会产生"就业破坏"。认为应充分发挥结构升级带来的就业效应；兼顾解决"就业破坏"；建立就业保障机制，进一步释放中国体育产业就业潜力。

中国东部地区体育产业结构实证研究。车建平、杨帅[②]指出广州体育产业的发展处于全国前列，但相比北京、上海等中心城市略显不足，广州体育产业结构现状：广州体育产业各子产业类别齐全；已形成多元化投资格局；体育用品制造业优势明显；体育竞赛表演业和健身娱乐业弱小；产业产品结构发展不均衡；体育场地发展速度快、数量多，但人均占地少、分布不均衡，开放度低。杜江、董传升等[③]以全运会的举办对沈阳体育产业结构创新为研究切入点，提出区域体育产业结构优化创新路径。何胜保（2016）[④]指出京津冀都市圈体育产业发展受经济、政治、社会和科技因素影响，结构演变经历了形成、困惑、探索发展、快速发展4个阶段。利用灰色系统理论，分析京津冀都市圈体育产业与经济发展耦合关联度从高到低依次为：媒介业、经纪业、健身休闲业、彩票业、用品业、竞赛表演业。唐炜[⑤]基于分工视角对京津冀地区体育产业同构现象进行实证分析，并提出建议。

---

① 夏铭娜、徐开娟、黄海燕：《我国体育产业结构升级的就业效应——基于向量误差修正模型的实证分析》，《上海体育学院学报》2020年第10期。
② 车建平、杨帅：《广州市体育产业结构实证研究》，《广州体育学院学报》2007年第2期。
③ 杜江、董传升、张贵敏：《基于大型体育赛事的区域体育产业结构创新优化——以第十二届全运会为例》，《沈阳体育学院学报》2014年第2期。
④ 何胜保：《"京津冀都市圈"体育产业结构演化与经济增长的耦合关联研究》，《首都体育学院学报》2016年第1期。
⑤ 唐炜：《京津冀区域体育产业结构优化配置：基于产业同构的实证研究》，《天津体育学院学报》2018年第2期。

中国中部地区体育产业结构实证研究。杨锋、黄北翔等[①]对湖南省体育产业结构现状进行实证分析，梳理存在的问题，并提出优化路径。杨锋、黄北翔等[②]以湖南、湖北两省为例，从体育用品业、健身休闲业、体育传媒业、体育彩票业、体育旅游业分析中国中部地区体育产业结构，明晰发展中存在的问题，提出体育产业结构优化策略。刘月花、成民铎等[③]通过分析发现，山西省体育产业总体规模偏小，结构不合理、体育消费水平不高，基于山西省现实状况，提出体育产业发展的结构政策建议。

中国西部地区体育产业结构实证研究。胡承洪、程林林等[④]构建体育产业结构灰色评价模型，分析四川省体育产业结构，研究发现：四川省初步形成体育产业结构体系，但产业结构比例失衡、呈现趋同化。赵富学、程传银等[⑤]利用经济学分析工具，对西藏体育产业结构进行定量分析，提出科学规划体育产业结构布局；积极引导省内、省外资参与体育产业发展；发展西藏特色体育产业；规划体育产业发展层次，推进有序发展；引领西藏体育产业快速升级等建议。

区域体育产业结构优化的实证研究中，体育产业内部各行业结构不合理是学者们研究的共识，也有发展同质化的现象出现，对于区域体育产业的发展来说，在不断优化体育产业结构的同时，打造区域特色同样不可忽视。

[①] 杨锋、黄北翔、江广和：《体育产业结构及优化对策的研究——以湖南省为例》，《广州体育学院学报》2012年第2期。

[②] 杨锋、黄北翔、江广和：《我国中部地区体育产业结构现状及优化策略研究——以湘、鄂两地为例》，《成都体育学院学报》2012年第1期。

[③] 刘月花、成民铎、梁艳江：《体育产业结构及政策选择的研究：以山西省为例》，《首都体育学院学报》2012年第3期。

[④] 胡承洪、程林林、张永韬：《体育产业结构灰色评价模型与结构优化战略的探讨——以四川省为例》，《成都体育学院学报》2012年第6期。

[⑤] 赵富学、程传银、格桑卓玛：《"体育援藏"进程中西藏体育产业结构综合定量与优化研究》，《西安体育学院学报》2017年第1期。

(三) 供给侧结构性改革背景下体育产业相关研究

1. 供给侧结构性改革视角下体育产业发展研究

2015年10月，中国共产党第十八届中央委员会第五次全体会议提出，优化劳动力、资本、土地、技术、管理等要素，释放新需求，创造新供给，学者们针对体育产业供给侧改革中，如何优化劳动力、资本、土地、技术、创新等问题进行了探讨。

在供给侧结构性改革背景下，设立体育银行的设想被提出。李格非[①]认为中国体育产业进一步发展的基本方针是稳增长、调结构，在此基础上，首次提出设立体育产业银行的设想，即政策性银行和商业性银行。随后，汪雄等[②]就体育产业银行设置进行探讨，认为"创新"发展理念的提出、体育产业供给侧改革的推进、体育产业发展的巨大潜力、体育产业结构有待转型升级、全民健身公共服务体系有待改善为体育产业银行的设立提供了机遇，同时，体育产业银行设立也面临诸多挑战。

顺应当前供给侧结构性改革的发展趋势，供给侧改革视角下体育产业发展的研究大都从困境和优化路径展开，且形成了体育产业无效供给和有效供给不足的共识。

李博[③]基于新供给经济学视角，指出无效供给和有效供给不足是中国体育产业发展存在的问题，认为在供给侧改革下，应减少无效供给、增加有效供给、把握供给侧改革机遇，以推进体育产业发展。顾志平、江新华[④]指出，中国体育产业发展面临无效供给常态化、有效供给不足的问题，提出增加有效供给、营造良好的创新创业环境、引

---

① 李格非：《供给侧结构性改革与中国体育产业发展》，《武汉体育学院学报》2016年第4期。

② 汪雄等：《供给侧改革视野下我国体育产业银行设置的初步探讨》，《山东体育学院学报》2019年第1期。

③ 李博：《"供给侧改革"对我国体育产业发展的启示——基于新供给经济学视角》，《武汉体育学院学报》2016年第2期。

④ 顾志平、江新华：《基于供给侧改革的体育产业发展策略研究》，《广州体育学院学报》2018年第4期。

导体育消费者转变消费观念、加强人才培养的建议。沈克印、吕万刚[①]以"马拉松热"为研究切入点,基于供给侧结构性改革的视角,认为城市马拉松赛的供给模式应该是政府、市场和社会组织的多元供给模式,体育产业的供给不足和无效供给是中国体育产业发展的困境,深化体育产业供给侧改革,应深化体育机制改革、实施创新驱动发展战略、优化体育产业结构、培育多元供给主体。张秋珍、陈百强[②]指出中国体育产业发展存在规模偏小、结构不合理、成熟度不高、市场发育不充分、体育品牌竞争力不强的问题,提出优化体育产业结构、加快体育市场化、提升品牌核心竞争力、拓宽体育产业领域、推动体育金融创新来推进体育产业供给侧改革。

供给侧改革背景下,体育产业面临转型的新问题,刘亮、付志华等[③]指出中国体育产业面临数量与质量的双重问题,阐述"四个全面""经济新常态""互联网+"及"新型城镇化"为体育产业在制度、结构、跨界、需求方面提供新的发展空间,并提出从培育体育市场、体育体制改革、引导体育消费及人才培养4方面着手促进体育产业发展。

郭惠杰、陈国瑞[④]基于PEST(政治、经济、社会、技术)分析福州体育产业发展环境,明晰福州体育产业面临结构失衡、竞争激烈和路径依赖的挑战,提出从政策引领、资源统筹、协同创新、开放合作、人才培养层面来促进福州体育产业发展。

2. 供给侧结构性改革视角下体育产业结构及优化研究

合理的产业结构是衡量体育产业发展状况的重要标准,体育产业结构调整及优化表现在体育产业在国民经济中作用的发挥及体育产业

[①] 沈克印、吕万刚:《供给侧结构性改革与体育产业发展:城市"马拉松热"引发的思考》,《山东体育学院学报》2017年第5期。

[②] 张秋珍、陈百强:《供给侧结构性改革视角下体育产业发展探讨》,《经济问题》2017年第11期。

[③] 刘亮、付志华、黎桂华:《供给侧改革视角下我国体育产业发展的新空间及动力培育》,《首都体育学院学报》2017年第1期。

[④] 郭惠杰、陈国瑞:《供给侧结构性改革视阈下的福州体育产业发展研究》,《福建师范大学学报》(自然科学版)2018年第3期。

内部各业态结构的合理化，合理化的产业结构对体育产业的发展具有决定性作用。2016 年，国家体育总局下发《体育发展"十三五"规划》，指出重点优化体育产业结构，着力扩大体育消费、拉动经济增长、转变发展方式，为经济新常态提供支撑和动力。

王鹏[①]指出体育产业结构优化在满足人民需要、推动体育产业成为新的经济增长点及促进体育产业发展方面的必要性，认为体育产业结构优化应处理好政府与市场的关系、发挥体育产业政策作用、发挥体育社会组织作用、促进体育产业与其他产业的融合发展。赖光金[②]认为体育产业结构调整以供给侧结构性改革为指导思想，从国民经济发展与体育产业内部结构；体育用品业的转型升级、大力发展服务业、大数据挖掘体育信息进行。

林海、程万青[③]在供给侧结构性改革背景下，采用定性和定量的方法对东北地区体育产业结构进行评价。从人力资源和制度、体育场馆、体育政策和经费、体育市场开发；三省体育产业专业性、多样性及产业增值进行分析，指出产业发展单一、结构不平衡，未形成规模效应，缺乏市场竞争、人才资源的流失的问题。

3. 供给侧结构性改革视角下体育产业供需矛盾问题研究

供给侧结构性改革的重点是利用劳动力、土地、资本、创新等要素，来提高供给质量，以增加有效供给，推进结构性改革。2014 年，提出将发展体育产业、促进体育消费纳入国民经济和社会发展规划，但目前，中国体育产业仍然面临着供需失衡的困境。黄道名、周民等[④]指出中国体育产业规模和结构稳步提升、趋于均衡，同时，中国体育

---

① 王鹏：《供给侧改革背景下我国体育产业结构优化研究》，《现代营销》（经营版）2019 年第 1 期。
② 赖光金：《论供给侧结构性改革背景下体育产业结构调整方向》，《老区建设》2017 年第 8 期。
③ 林海、程万青：《供给侧改革背景下体育产业结构评价及优化策略研究——以东北地区为例》，《沈阳体育学院学报》2018 年第 3 期。
④ 黄道名等：《"供给侧改革"视域下我体育产业的供给困境与治理对策》，《中国体育科技》2018 年第 2 期。

产业整体上仍存在产业结构（劳动力、土地、资本、创新）和体系（产品、供应链、服务和保障）不合理的困境。任波、黄海燕[①]研究指出，中国体育产业的供需矛盾主要体现在人民日益增长的体育需求与体育服务产品供给之间的矛盾、产业人才需求与体育人力资源供给之间的矛盾、体育市场需求与运动项目供给之间的矛盾、"放管服"改革需求与制度供给之间的矛盾、政策需求与政策供给之间的矛盾。

4. 供给侧结构性改革视角下体育产业跨界融合研究

毛燕平、王志文[②]从体育产业跨界融合的视角进行分析，认为体育产业的跨界融合能够为体育产业发展调整体育产业结构提高体育产品有效供给、生成新业态倒逼体育产业结构调整、产业融合带动市场行为变化提供动力。

刘远祥、孙冰川[③]指出体育产业供给数量、质量、效率存在一定问题，使之不能满足居民体育消费需求，居民体育跨界消费成为新的消费趋势，提出推进体育跨界融合发展的建议。

体育特色小镇是体育产业跨界融合发展的产物，体育特色小镇供给侧改革代表性的成果有：沈克印、杨毅然[④]指出体育特色小镇对体育产业供给侧的作用体现在实现产业转型升级、扩大有效供给、促进产业融合等方面，供给侧改革背景下体育特色小镇应着力于做好科学规划、明确产业定位、优化资源配置、加强产业融合、重视动态评估。罗翔、沈洁[⑤]指出体育特色小镇的建设和规划与供给侧结构性改革紧密相关，从供给侧改革的角度分析体育特色小镇存在的问题。特

[①] 任波、黄海燕：《供给侧改革视角下我国体育产业的供需矛盾与消解路径》，《天津体育学院学报》2020年第3期。

[②] 毛燕平、王志文：《供给侧改革背景下体育产业跨界融合研究》，《体育文化导刊》2019年第5期。

[③] 刘远祥、孙冰川：《体育产业供给侧改革的动因与路径研究》，《山东体育学院学报》2019年第6期。

[④] 沈克印、杨毅然：《体育特色小镇：供给改革背景下体育产业跨界融合的实践探索》，《武汉体育学院学报》2017年第6期。

[⑤] 罗翔、沈洁：《供给侧结构性改革视角下特色小镇规划建设思路与对策》，《规划师》2017年第6期。

色小镇发展的新思路在于突出自身特色、重视产业发展、以人为本、完善公共服务。范尧等[1]指出体育特色小镇推进供给侧改革中在产业结构、创新驱动、企业社会责任、投资结构等方面取得了不错的成绩，从生产性服务市场供给、知识产权保护、传统文化利用和政策评估制度建设等方面提出相应建议，从而进一步推进体育特色小镇建设。

（四）体育产业供给侧改革

供给侧改革是在经济新常态背景下进行的，对于体育产业的发展具有重要的指导和现实意义，中华人民共和国成立以来，中国体育产业不断发展，也取得了巨大的成就，但仍然面临着供给失衡、产业结构不合理等问题，需要通过供给侧改革来优化体育产业结构，促进体育产业的合理化和高级化。体育产业供给侧改革是从体育产业的供给端出发，从机制、制度、创新等方面，通过改革的方式优化和调整体育产业结构，以扩大有效供给，优化体育产业资源配置，实现体育产业健康发展。此方面研究中，理论界着重探讨体育产业供给侧改革的路径选择。体育产业供给侧改革的路径选择是学者们研究的重点内容，切入点各有不同：一是体育产业供给侧改革的方向研究；二是体育产业结构的供给侧改革研究；三是体育产业各行业的供给侧改革研究。

1. 体育产业供给侧改革的方向研究

体育产业供给侧改革的方向方面。殷俊海[2]认为体育产业的供给侧改革是指针对中国体育产业的现状，以体育产业供给侧为切入点，主要方略在于减少体育产业的无效供给，增加有效供给，实现体育产业动力机制的创新，实现体育产业的跨越式发展。

沈克印[3]认为，推进体育产业供给侧改革是新时代的新要求和新

---

[1] 范尧等：《体育特色小镇推进供给侧改革的成绩、经验、问题与策略》，《沈阳体育学院学报》2020年第5期。
[2] 殷俊海：《体育产业供给侧改革的方向》，《中国体育报》2016年4月22日第6版。
[3] 沈克印：《论新时代中国社会主要矛盾与体育产业供给侧改革》，《体育学研究》2019年第5期。

使命，提出体育产业供给侧改革的方略。要以"人民为中心"为价值导向；以"创新、协调、绿色、开放、共享"的新发展理念为指引；以"巩固、增强、提升、畅通"的方针做好政策落实；优化体育产业结构；提高人力、资本、土地、制度、创新等要素创新。

沈克印、吕万刚①认为推进体育产业供给侧结构性改革能有效解决体育产业发展过程中的问题，以"强政府—强市场"结合为行为逻辑，以优化劳动力、土地、资本、制度4个要素为核心工作，从体制改革、产业融合、产业创新、产业结构等具体实践方面推进体育产业供给侧改革。

黄文宾②指出体育产业供给侧的未来发展需要从管理、服务、创新、人才等方面深化供给侧结构性改革；从传承优秀传统体育项目、强化体育产业价值理念等方面完善供给侧的价值体系；从资源配置的宏观调控、相关体育公益机制的完善等方面落实供给侧的分配正义。

任波、黄海燕③从高质量发展的角度探讨供给侧改革背景下体育产业改革的相关问题。明晰高质量发展视角下体育产业供给侧改革的困境，从政府、市场、社会、产业四方面阐述高质量发展背景下体育产业供给侧结构性改革的内在逻辑，提出在高质量发展背景下体育产业供给侧改革的路径。

2. 体育产业结构的供给侧改革研究

体育产业结构的供给侧改革相关研究较多，代表性成果有：沈克印、吕万刚④认为应对有效供给不足和无效供给是体育产业供给侧结构性优化和改革的现实要求，基于"创新、协调、绿色、开放、共

---

① 沈克印、吕万刚：《体育产业供给侧改革：投入要素、行动逻辑与实施路径——基于社会主要矛盾转化研究视角》，《中国体育科技》2020年第4期。
② 黄文宾：《美好生活视阈下体育产业供给侧的改革与善化研究》，《伦理学研究》2020年第6期。
③ 任波、黄海燕：《体育产业供给侧改革的内在逻辑与实施路径——基于高质量发展的视角》，《上海体育学院学报》2021年第2期。
④ 沈克印、吕万刚：《体育产业供给侧结构性改革：学理逻辑、发展现实与推进思路》，《武汉体育学院学报》2016年第11期。

享"的新发展理念提出推进产业供给侧改革的路径。

沈克印、吕万刚①指出体育产业供给和需求不平衡是体育产业供给侧结构性改革的逻辑起点，从体制机制、场地设施、专业人才、社会投资和创新驱动5个要素来实施体育产业的供给侧改革。

戴平②指出体育产业总体规模小、结构不合理、供给不足是体育产业供给的短板所在，提出了增加体育产业投资、加强人才培养、重视体育设施发展、改革体育产业供给体系质量的建议。

任波、戴俊等③认为中国体育产业供给侧结构性矛盾主要表现为：体育产业发展不平衡不充分与人民群众多样化体育需求；体育产业质量和效益不高与体育资源配置；体育产业结构不合理与体育有效供给；体育产业政策供给不充分与政策供给；体育市场主体活力和创造性不强与市场主体地位的发挥。体育产业的供给侧改革应从政策供给、制度供给、产品供给和资本要素供给4方面着手，即完善政策体系、深化"放管服"改革、以运动项目为核心推动体育产业高质量发展、培养多元体育市场主体。

任波、戴俊等④从产值结构、就业结构、供给结构和需求结构分析中国体育产业结构的现状，指出产值结构与就业结构不合理、供给结构与需求结构不匹配、内部各要素配置不合理、存在供需矛盾，提出体育产业供给侧结构性改革的要求、目标、方向和重点。

付群、王萍萍等⑤指出中国体育产业发展的结构性失衡问题表现在产业结构、供需结构、区域结构、消费结构，从人力、资本、场

---

① 沈克印、吕万刚：《体育产业供给侧改革的现实诉求与实施策略——基于资源要素的视角》，《西安体育学院学报》2017年第6期。
② 戴平：《体育产业供给侧改革的理论思考与基本设想》，《北京体育大学学报》2017年第8期。
③ 任波、戴俊、黄海燕：《中国体育产业供给侧结构性矛盾与改革路径》，《天津体育学院学报》2018年第5期。
④ 任波、戴俊、黄海燕：《中国体育产业结构的形塑逻辑与供给侧改革路径》，《天津体育学院学报》2019年第1期。
⑤ 付群、王萍萍、陈文成：《挑战、机会、出路：我国体育产业供给侧结构性改革研究》，《天津体育学院学报》2019年第1期。

地、政策、技术 5 个要素出发，提出完善体育人才供给、推动市场主体理性投资、推进场地建设统筹规划、保持体育政策持续稳定、促进体育技术转型升级的建议。

任波、黄海燕[①]的研究表明，中国体育产业中产值、就业、需求及供给的结构存在失衡问题，其经济体制、体育发展战略、大众需求等方面制约着体育产业结构优化升级。提出应从处理好政府与市场关系出发，对体育产业结构政策进行完善，以推进体育产业供给侧改革。

3. 体育产业各行业的供给侧改革研究

根据《体育产业统计分类（2019）》，体育产业涵盖 11 个大类，37 个中类，71 个小类，学界在对体育产业发展整体进行研究的同时，也将视角投向体育产业各具体行业。有从体育竞赛表演业、体育健身休闲活动、体育场馆服务、体育用品及制造业来分析体育产业供给存在问题的研究（邢金明、刘波等）[②]；更多的是以各具体的分类为研究对象进行的研究，涵盖体育旅游、体育场地场馆、竞赛表演业、公共体育服务、体育用品业、运动康复产业、冰雪产业、体育休闲产业、体育人才培养、体育新闻传播、"体育+"等。

（1）体育旅游供给侧改革方面

尤来菊等（2017）[③]发现大众对于体育旅游的需求日益高涨，苏州也具备体育旅游发展的潜在市场，基于苏州市体育旅游的现状，探讨苏州体育旅游供给侧改革的路径。

（2）体育场地场馆供给侧改革方面

张伟、朱焱[④]通过研究发现，辽宁省机关、企事业单位的体育场

[①] 任波、黄海燕：《我国体育产业结构性失衡与供给侧破解路径》，《体育学研究》2020 年第 1 期。

[②] 邢金明、刘波、欧阳井凤：《体育产业供给侧改革路径研究》，《体育文化导刊》2017 年第 10 期。

[③] 尤来菊等：《苏州发展体育旅游供给侧改革路径探讨》，《广州体育学院学报》2017 年第 2 期。

[④] 张伟、朱焱：《供给侧视角下辽宁省机关、企事业单位体育场地开放现状及致因分析》，《南京体育学院学报》（社会科学版）2017 年第 1 期。

地数量多,但多数不对外开放,主要制约因素包含安全、管理制度、观念等。江广和①对陕西省高校体育场馆的供给侧改革进行研究,指出陕西省高校体育场馆发展存在的问题,从供给、结构、体制三方面分析陕西省高校体育场馆发展的影响因素,并提出改革策略。曹江、李寿邦②认为加速中国体育场馆供给侧改革的关键点在于破解目前体育场馆的供需矛盾并逐步提高场馆运营与管理,完善相关制度建设。

(3)竞赛表演业供给侧改革方面

张俊珍等③在供给侧结构性改革背景下,以陕西省为例,通过运用复合DEA和Malmquist全要素生产率指数方法分析竞技体育资源配置效率,提出以体制创新、以机制与制度创新、以共建、共管与共享原则促进竞技体育资源配置效率提高。

石继章、邵凯④致力于厘清中国职业篮球联赛的供需矛盾,基于冲突理论视角,提出中国篮球职业联赛供给侧改革的路径:完善供给制度;优化职业联赛供给侧调控结构;提高职业赛事管理水平;培育健康的职业赛事体系。

李丰荣、龚波⑤分析中国职业足球供给侧和需求侧的现状,基于新经济学理论审视中国职业足球供给侧改革选择动因,提出中国职业足球改革的路径和对策。邵凯、施万君等⑥依据供给侧权力将中国职业足球的发展划分为4个阶段:错位(1994—2004年)、越位(2004—2012年)、失位(2012—2015年)、归位(2015年之后),基于新公共

---

① 江广和:《陕西高校体育场馆供给侧改革研究》,《体育文化导刊》2017年第6期。

② 曹江、李寿邦:《全民健身视域下体育场馆供需矛盾研究》,《体育文化导刊》2019年第1期。

③ 张俊珍等:《供给侧结构性改革背景下竞技体育资源配置与利用的实证研究》,《体育学研究》2020年第4期。

④ 石继章、邵凯:《冲突理论视角下中国职业篮球供给侧改革——以2015—2016赛季CBA总决赛为例》,《沈阳体育学院学报》2016年第6期。

⑤ 李丰荣、龚波:《中国职业足球"供给侧改革"的理论源流、选择动因与路径研究》,《武汉体育学院学报》2017年第12期。

⑥ 邵凯、施万君、范政:《新公共服务理论视域下中国职业足球供给侧改革研究》,《沈阳体育学院学报》2016年第3期。

服务理论提出中国职业足球改革路径。

潘磊、方春妮[1]针对中国马拉松赛事供给不平衡的现实困境，先从现实诉求、国际规律、战略要求等3个方面分析中国马拉松赛事供给侧结构性改革的时代背景，厘清中国马拉松赛事供给侧结构性改革的内涵及重点任务，最后提出从重塑赛事发展环境、促进赛事供需平衡、激发赛事发展动力3个路径展开中国马拉松赛事供给侧结构性改革。

（4）公共体育服务供给侧改革方面

李明[2]明晰当前PPP公共体育服务项目国家治理、地方治理的现实困境，认为PPP公共体育服务项目供给侧改革的优化应从国家治理、地方治理及PPP项目治理3方面共同着手。李兵[3]认为供给侧改革是体育公共服务发展的必然趋势，体育公共服务发展面临的冲突在于城乡和地区之间的资源分配、政府主导与商业化的博弈、系统管理和需求多样化的冲突。基于善治理念，提出体育公共服务的供给侧改革策略。丁智鹏[4]认为元治理理论下，责任模糊与利益冲突、体育公共服务供给和治理主体协同与合作机制缺失、体育社会组织发展基础薄弱是体育公共服务供给侧改革的困境所在。巩庆波等[5]基于供给侧和矛盾的理论和观点，以体育价值、政策、参与为视角，分析高校公共体育价值认同与实现、高校公共体育政策制定与执行、体育参与促进与学生的体育参与行为之间的矛盾，基于此，提出高校公共体育在政策制度、价值理念与体育参与促进3方供给侧改革的路径。

---

[1] 潘磊、方春妮：《我国马拉松赛事供给侧结构性改革的时代背景、重点任务与现实进路》，《北京体育大学学报》2020年第6期。

[2] 李明：《从制度安排到实践运行：PPP公共体育服务项目国家治理的供给侧改革与实施路径》，《天津体育学院学报》2016年第6期。

[3] 李兵：《基于善治理论的体育公共服务供给侧改革研究》，《南京体育学院学报》（社会科学版）2016年第4期。

[4] 丁智鹏：《元治理视角下体育公共服务供给侧改革研究》，《广州体育学院学报》2019年第1期。

[5] 巩庆波等：《"健康中国2030"背景下高校公共体育供给侧改革研究——以体育价值、政策、参与为视角》，《西安体育学院学报》2019年第4期。

郑丽、张勇[①]指出中国农村公共体育服务的需求体现在对体育设施服务、体育组织服务及体质监测的服务3方面，而农村公共体育服务供给的现实状况是体育经费不足、体育场地设施不足、体育服务供给结构失衡，基于协同理论，提出中国农村公共体育服务供给侧改革的路径。何元春、秦宇婷等[②]明晰中国农村公共体育服务供给侧改革的目标和重点是扩大有效供给、优化供给结构、加强供给主体的发展和培育、优化制度环境，基于重点领域突破。熊禄全、张玲燕等[③]指出农村公共体育服务供需矛盾的关键在于供需错位，无效供给过剩和有效供给不足，认为供给侧改革是缓解供需矛盾的必然选择，从供给到需求，共同推动农村公共体育服务的创新和改革。

张康平[④]指出全民健身公共服务供给侧结构性问题表现为服务制度和场地设施不足，推进全民健身公共服务供给侧改革的路径在于创新供给制度、加强场地设施供给、完善组织建设。刘亮、王惠[⑤]指出中国当前公共体育资源配置的主要矛盾是供需矛盾，认为供给侧改革是消解矛盾的关键。公共体育资源供给改革的路径为市场"无形之手"、政府"有形之手"、社会"自治之手"共同发挥作用。刘亮、刘元元[⑥]指出体育资源非均衡的现状表现为区域差异、省际差异、城乡差异，主要成因是体制、机制、政策，认为应该通过供给侧改革，

[①] 郑丽、张勇：《农村公共体育服务供给侧改革协同治理路径研究》，《沈阳体育学院学报》2016年第3期。

[②] 何元春、秦宇婷、何吉：《我国农村公共体育服务供给侧改革研究》，《武汉体育学院学报》2017年第9期。

[③] 熊禄全、张玲燕、孔庆波：《农村公共体育服务供给侧改革治理的内在需求与路径导向》，《体育科学》2018年第4期。

[④] 张康平：《全民健身公共服务供给侧结构性改革研究》，《体育文化导刊》2016年第11期。

[⑤] 刘亮、王惠：《供给侧改革视角下我国公共体育资源供需矛盾的消解与改革路径》，《武汉体育学院学报》2016年第4期。

[⑥] 刘亮、刘元元：《公平视角下我国体育资源非均衡现状及"供给侧"致因分析》，《西安体育学院学报》2016年第3期。

调节体育资源的分配问题。吴秀云、赵元吉等[①]指出公共体育服务存在问题主要体现在供不及需、有效供给不足、供非所需、供给机制脱节。通过扩大公共体育服务供给、弥补公共体育服务供给短板、健全公共体育服务的需求表达机制、优化公共体育服务供给体制机制等推进公共体育服务供给侧改革。

梁勤超、李源等[②]提出通过社区体育公共空间供给侧改革来化解社区体育公共空间供需矛盾的现状，但同时，有效供给社区体育公共空间还需要不断地努力和尝试。梁勤超、石振国等[③]指出中国城市社区体育在新时代面临着城市社区体育供给不平衡不充分与社区民众日益增长的体育需求的新矛盾。体育公共空间作为城市社区体育开展的重要组成部分，其供给不足、供给结构不合理及空间需求相对滞后等制约着新时代城市社区体育发展。

(5) 体育用品业供给侧改革方面

梁枢、王益民[④]梳理中国体育制造业供给的困境在于劳动密集不再是核心竞争力、低端产能无法匹配中高市场需求，基于此，认为体育制造业应逐步向匹配中高端需求及生产服务化转型，提出基于O2O模式的体育制造业发展路径。张燕中、李江等[⑤]以"中国制造2025"为背景，指出中国体育用品制造业表现出价格低、数量大、创新性低、处于产业链低端的现状，认为应该从生产领域加强供给、加大科技创新和人力资本投入、转变增长方式着手，推进体育用品

---

① 吴秀云、赵元吉、刘金：《供给侧结构性改革下公共体育服务供需矛盾及其调和路径》，《体育文化导刊》2020年第1期。

② 梁勤超、李源、石振国：《供给侧改革视域下社区体育公共空间供需矛盾及其化解》，《天津体育学院学报》2017年第3期。

③ 梁勤超、石振国、李源：《我国城市社区体育公共空间供给侧结构性改革研究》，《西安体育学院学报》2020年第2期。

④ 梁枢、王益民：《"互联网+"视域下体育制造业供给侧改革研究——O2O商业模式的开发与应用》，《体育与科学》2016年第4期。

⑤ 张燕中、李江、王静：《"中国制造2025"背景下体育用品制造业供给侧结构性改革思考》，《体育与科学》2017年第3期。

制造业的供给侧结构性改革。王宏、梁枢[①]指出中国体育用品协同创新需要在经济关系协调保障、知识产权利益保障、政府关于体育科技公共服务平台建设3方面提供法律保障，提出提高体育用品协同创新的法律保障效力的建议：明确原则、加强部门联动、梳理相关法律条款。

王聃[②]厘清体育用品业的动力系统，分析需求侧与供给侧演化增长的动力机制，基于此，提出实践路径：优化区域竞争环境，打造网络营销平台；重视技术和制度创新，实现供需平衡；对社会群体进行市场调研，差异化供给策略；优化体育用品市场资本结构，重视人才培养。范尧[③]指出中国体育用品业供给侧结构性失衡，表现在供给缺位和供需错位，提出"双创"（大众创业、万众创新）、"双化"（城市化、产业优化）、"双减"（结构性减税、减少行政审批）、"双到位"（政府、市场）的调和途径。

刘志勇、李碧珍等[④]阐述福建体育用品制造业转型的紧迫性，提出提升福建体育用品制造业增值能力的措施：引导福建体育用品制造业向高端转型、打造具有影响力和竞争力的企业和品牌、健全体育产业激励创新机制、优化体育产业发展环境、进一步拓展国际市场。

（6）运动康复产业供给侧改革方面

蔡旭东、刘亚娜等[⑤]提出运动康复产业供给侧改革应着力于建立和完善人才培养体系、建立行会和职业认定体系、吸引资本、注重科技创新。

---

① 王宏、梁枢：《我国体育用品供给侧协同创新的法律保障研究》，《山东体育学院学报》2017年第4期。

② 王聃：《我国体育用品业需求侧与供给侧演化增长的动力机制与实践路径》，《天津体育学院学报》2016年第6期。

③ 范尧：《供给侧改革背景下体育用品供需困境与调和》，《体育科学》2017年第11期。

④ 刘志勇等：《服务型制造：福建体育用品制造业供给侧改革路径研究》，《福建师范大学学报》（哲学社会科学版）2016年第5期。

⑤ 蔡旭东、刘亚娜、赵焕刚：《运动康复产业供给侧结构性改革研究》，《北京体育大学学报》2017年第6期。

（7）冰雪产业供给侧改革方面

程文广、刘兴①认为中国大众冰雪健身需求薄弱，原因是文化底蕴薄弱、风险系数高、重视程度不够、成本较高，从辽宁、吉林、黑龙江、北京、河北的滑雪场和滑冰场运行情况分析中国大众冰雪健身供给的现状，认为影响中国大众冰雪供给的因素集中在冰雪资源、场地设施、冰雪产业、冬季项目布局4方面，进而提出中国大众冰雪健身供给侧的路径选择。叶文平②从人才、基础设施与服务、设备及装备说明冰雪体育产业结构发展的现状，提出从劳动力（人才）、土地（场地设施和服务供给）、创新（工匠精神和冰雪装备品牌）3个要素着手优化冰雪体育产业结构。

（8）体育休闲产业供给侧改革方面

刘振坤③明晰体育休闲产业面临投资风险大、与公共体育设施的协调措施缺乏、产业发展不全面的问题，基于供给侧改革，提出体育休闲产业的发展对策，为体育休闲产业提供良好的发展环境。

（9）体育人才培养供给侧改革方面

谭龙杰、马增妍④认为体育人才存在供给与需求不平衡的问题，主要表现在数量不足、高素质人才缺乏、高校体育人才教育与系统性不足，基于供给侧改革，提出制订合理的人才培养目标、引导学生树立正确的就业观念、完善课程体系、注重实践教学、注重评价体系的建议。

（10）体育新闻传播供给侧改革方面

王凯、陈明令⑤厘清现行体育新闻传播教育图景：培养目标设定

---

① 程文广、刘兴：《需求导向的我国大众冰雪健身供给侧治理路径研究》，《体育科学》2016年第4期。

② 叶文平：《供给侧改革背景下我国冰雪运动产业结构的瓶颈及其优化策略》，《南京体育学院学报》（社会科学版）2017年第4期。

③ 刘振坤：《供给侧改革背景下体育休闲产业发展路径研究》，《广州体育学院学报》2019年第2期。

④ 谭龙杰、马增妍：《体育产业供给侧改革视野下体育人才培养的途径》，《广州体育学院学报》2021年第1期。

⑤ 王凯、陈明令：《体育新闻传播的特征、人才能力要求与体育新闻传播教育供给侧改革——基于奥运传播的观察》，《南京体育学院学报（社会科学版）》2017年第2期。

的时代感不强；专业课程融合欠缺；教学策略实施的实践性不足。提出体育新闻传播教育供给侧改革应从教育理念、课程体系、校内外协同着手。高红梅、刘东建[①]从生产、技术和战略3个要素分析里约奥运会的新闻供给，得出相应的启示：在生产层面，扩大生产链，提高新闻质量，关注用户需求；在技术层面，加大信息投入，丰富体育新闻供给，削减用户使用成本；在战略层面，优化资源配置，增加有效供给。

（11）体医融合供给侧改革方面

董宏、戴俊等[②]指出，目前中国共有4种体医融合服务模式：体育俱乐部模式、医院健康指导中心模式、社区体质监测中心模式、产学研医合作模式。这4种体医融合服务模式存在市场配置失衡、供给矛盾凸显、行业协作壁垒及民众表达机制不畅通的问题，针对问题，提出相对应的解决路径。高千里等[③]指出中国体医融合处于初级水平，从全民健身与"健康中国"、产业融合和社会治理等多元视角出发，针对体医融合健康服务中供给的质量、体系、结构中存在的问题，提出体医融合理论研究与实践结合、完善治理体系、推动体医健康服务供给智慧化、产业化发展等优化策略。

（五）其他领域供给侧结构性改革中提及体育的相关研究

1. 服务业

2015年11月19日，国务院接连下发了《国务院办公厅关于加快发展生活性服务业促进消费结构升级的指导意见》（国办发［2015］85号）和《国务院关于积极发挥新消费引领作用加快培育形成新供给新动力的指导意见》，首次从政策层面将体育纳入生活性服

[①] 高红梅、刘东建：《试论我国新闻供给侧改革要素——由里约奥运会报道所得启示》，《新闻爱好者》2017年第1期。
[②] 董宏、戴俊、殷鹏：《供给侧改革视域下体医融合服务供给模式的现实困境与优化路径》，《武汉体育学院学报》2019年第9期。
[③] 高千里等：《供给侧改革视域下体医融合健康服务供给研究》，《武汉体育学院学报》2020年第6期。

务业。易剑东、任慧涛①就体育产业纳入中国战略性新兴产业的可行性进行研究。李慧君②在对吉林省服务业进行分析时提及体育,指出文化、体育和娱乐业作为现代化服务业的一部分,当时的年增加值达到了86.51亿元。段亚男、林子琪③认为社会助残服务的内容应该包含文化体育,并且是可以作为政府购买的内容。贾荣言、李荣平等④将河北现代服务业分为四类,体育是第三类,规模较小,但发展潜力较大。刘邦凡⑤将体育纳入现代服务业的范畴进行研究,提出应加大文化、体育及娱乐业的投资力度。高宝华⑥指出体育服务是国家力推的重要生活服务性领域,要将体育服务作为重点领域促进生活服务业提档升级。姚卓顺⑦在加强社会服务有效供给时,发展体育与相关产业融合的服务业。刘振中、李志阳⑧提到新消费时代供给公共服务,加快建设文化体育场馆、社区公共体育设施,推进大众文化体育事业发展,促进健康体育消费。姜长云⑨指出生活性服务业供给不足,体育服务惠及面窄是突出问题。

---

① 易剑东、任慧涛:《体育产业纳入我国战略性新兴产业的可行性及其潜在进路》,《武汉体育学院学报》2015年第3期。

② 李慧君:《供给侧结构性改革背景下服务业发展的路径选择——以吉林省为例》,《改革与战略》2016年第12期。

③ 段亚男、林子琪:《社会助残服务的供给主体、制约因素及模式选择——基于供给侧结构性改革理论视角》,《社会保障研究》2017年第3期。

④ 贾荣言、李荣平、卢艳丽:《供给侧结构改革背景下河北省服务业发展潜力研究》,《商业经济研究》2017年第13期。

⑤ 刘邦凡:《从供给侧改革看我国现代服务业发展与就业关系》,《企业经济》2017年第7期。

⑥ 高宝华:《推动生活性服务业提档升级 打造高品质和谐宜居生活城市》,《先锋》2018年第2期。

⑦ 姚卓顺:《供给侧改革背景下苏州服务业创新发展策略》,《商业经济研究》2019年第13期。

⑧ 刘振中、李志阳:《新消费时代公共服务供给侧结构性改革的思路与路径》,《经济纵横》2019年第10期。

⑨ 姜长云:《生活性服务业现状、问题与"十四五"时期发展对策》,《经济纵横》2020年第5期。

2. 制造业

张明志、余东华①在针对制造业低碳化转型的供给侧思路中提出，文教体育用品制造业应当保持合理发展速度，避免过度发展。

3. 金融业

赵耀、赵国胜②提出金融机构大力推进旅游业与体育等第三产业融合，加大体育等产业的支持。

4. 文化

纪东东、文立杰③提出在基本文化需求中，体育健身保持较高的增速，市民对体育健身的需求越来越大。2015年，农村公共文化服务中，体育器材得不到很好的满足。吴业苗④认为文化体育服务是人的城镇化需要的基本公共服务。

5. 旅游业

姜文华、朱孟斐等⑤提出在推进旅游产业供给侧改革过程中，推行"旅游+体育"的模式，引导社会资本参与包括休闲体育装备在内的旅游制造业发展，重点推进旅游业与包括体育、运动休闲在内的特色潜力行业的融合发展。

6. 养老

杨国军、刘素婷等⑥指出体育健身服务是养老需求之一。杨国军、刘素婷等⑦明晰老年群体对体育健身的需求有差异性，提出在社区居

---

① 张明志、余东华：《制造业低碳化导向的供给侧改革研究》，《财经科学》2016年第4期。

② 赵耀、赵国胜、房泽兵：《金融支持供给侧结构性改革的基层实践——以神农架林区为例》，《武汉金融》2016年第8期。

③ 纪东东、文立杰：《公共文化服务供给侧结构性改革研究》，《江汉论坛》2017年第11期。

④ 吴业苗：《"人的城镇化"困境与公共服务供给侧改革》，《社会科学》2017年第1期。

⑤ 姜文华、朱孟斐、朱孔来：《旅游产业供给侧改革存在的问题与对策建议》，《山东社会科学》2017年第11期。

⑥ 杨国军、刘素婷、孙彦东：《"互联网+"养老变革与供给侧结构性改革研究》，《改革与战略》2017年第1期。

⑦ 杨国军、刘素婷、孙彦东：《中低收入老年群体互助养老的实现与供给侧结构性改革》，《改革与战略》2017年第8期。

家养老模式构建中，包含体育健身等养老服务。

7. 城市规划

赵力、孙春媛[1]在城市用地功能布局优化研究中提出体育用地的优化，提升体育服务功能、提高体育设施利用率。张培刚、罗小龙等[2]在乡镇总体规划变革中提出改善农村地区小型体育设施。宋铁男[3]提出按照体育生活圈来规划城市公共运动休闲空间，并将体育生活圈划分为基本体育生活圈、基础体育生活圈、机会体育生活圈，通过分析沈阳市"日常体育生活圈"公共运动休闲空间的应然和使然模式，提出供给侧改革路径。

（六）对国内相关研究状况的评述

体育产业结构的相关研究始于1994年，供给侧结构性改革提出至今已有6年时间，在此期间，体育产业供给侧改革的研究成果日渐丰硕，研究成果的质量较高，也都具有一定的现实指导意义。这些研究成果和研究范式对于本研究探讨供给侧结构性改革背景下体育产业结构优化的具有重要的借鉴价值。

总体来说，供给侧结构性改革背景下体育产业的研究及理论框架日益完善。现有的研究中，学者们形成的共识是中国体育产业结构不合理、区域发展不均衡、供需矛盾问题突出等，学者们也都尝试通过多角度、多元理论等的分析，从创新、体制、机制、人才、场地设施、调整行业结构、缓解供需矛盾等多方面提出体育产业结构的优化路径。但这些举措大都与"供给侧结构性改革"这一提法出现之前的体育产业发展与结构优化的对策研究出入不大，未将供给侧结构性改革的应有之义完全体现。

---

[1] 赵力、孙春媛：《供给侧结构性改革视角下城市用地功能布局优化策略》，《规划师》2017年第6期。

[2] 张培刚、罗小龙、刘宏燕：《基于供给侧结构性改革的乡镇总体规划变革响应》，《规划师》2017年第6期。

[3] 宋铁男：《城市公共运动休闲空间布局供给侧改革路径研究》，《沈阳体育学院学报》2017年第3期。

探讨供给侧结构性改革背景下体育产业结构优化的问题，必须立足于中国特色社会主义的经济及体育产业发展的实践，提出具有针对性的、可行的体育产业结构优化路径，这也正是本研究的现实意义所在。

第三节　研究思路与方法

一　本课题研究的基本思路

第一，基于供给侧结构性改革的相关理论，探讨供给侧结构性改革与体育产业结构优化的关系，提出研究的理论框架。

第二，通过文献搜集、实地考察、访谈、头脑风暴等方法，厘清中国体育产业结构的现实状况，明确从供给侧驱动体育产业结构优化的切入点，并讨论如何切入。

第三，进行理论归纳，根据中国国情，提出供给侧结构性改革背景下体育产业结构优化的战略路径。

二　具体研究方法

（一）文献资料分析法

以"供给侧、结构性改革、供给学派、体育产业、产业结构、优化、创新、产业融合、要素禀赋、政府、市场"等为主题词、关键词或题名，通过互联网、图书馆、档案馆等渠道收集国内外相关资料；购置研究供给侧结构性改革和体育产业发展的图书资料；通过查阅政府及相关组织的政策文本、统计数据和总结材料，获取相关资料和数据。对上述资料进行系统整理与分析。其中，国家体育总局、国家统计局公布的全国体育产业数据，对本课题把握中国体育产业结构的整体状况贡献最大。

（二）实地调查法

主要从供给状况、创新驱动、科技研发、政府支持、业态融合、发展定位等，对中国体育产业结构的优化问题进行实地考察。由于中国地域辽阔，对所有区域进行调查比较困难。因此根据研究需要，对部分省（自治区、直辖市）进行了调查。涉及的省（自治区、直辖市）有：陕西省、河南省、内蒙古自治区、甘肃省、青海省、吉林省、山东省、四川省、福建省、上海市、北京市等。本研究原计划对更多的地区就相关问题进行调研，但由于新冠疫情的影响，出于防疫考虑，取消了对部分地区的调研。对于实地调研没有成行的地区，根据研究需要，委托当地的朋友进行了考察，收集了相应的资料。

（三）访谈法

依据研究需要，设计访谈提纲，就研究的可行性和研究中涉及的有关问题征求部分政府主管部门官员、体育产业一线的实操人员和体育企业负责人、专家学者的意见，以获得相关数据资料，以及富有启迪性的建议和解决问题的最佳思路。

（四）头脑风暴法

组织小型座谈会，就本研究的设计、调研、调研结论及相关理论问题，邀请有关管理者、从业者和专家学者，进行自由讨论，畅所欲言，提出意见。会后对意见进行了整理和归纳提炼。

第二章 体育产业供给侧结构性改革的认识与实践逻辑

中国的供给侧结构性改革着力提高供给体系质量和效率,增强经济持续增长动力,推动社会生产力水平实现整体跃升,这和西方供给学派的通过减税和减少政府对经济生产的干预,以此达成对资产阶级的"正向刺激"和无产阶级的"负向刺激",从而实现资本积累的恢复与重建的改革路径有着云泥之别。讨论中国的体育产业供给侧结构性改革,应更多地从中国特色社会主义政治经济学中,从中国体育产业发展的实践中寻找理论支撑和行动逻辑。

第一节 体育产业供给侧结构性改革认识与实践中的若干误区

"供给侧结构性改革"自 2015 年底明确提出以来,已经成为当前和今后一个时期经济发展和经济工作的主线,并成为习近平新时代中国特色社会主义经济思想的重要组成部分。在体育产业领域,也将供给侧结构性改革作为新时代推进产业高质量发展的重要抓手,进行大力推进。在此过程中,理论界和实务界从不同的角度对其进行了解读和运作,其中不乏理论上的好观点和操作层面的好做法;但也有部分观点和操作存在误区,使得改革的初衷被大打折扣,或误入歧途。因此,正确辨识供给侧结构性改革中在认识和实践方面的误区,具有重要的理论和实践价值。

一 误区一：仅仅将供给侧结构性改革作为"口号"，而无实质内容

近几年来，各级政府，以及相关机构，在涉及体育领域，包括体育产业领域的发展问题时，言必称供给侧结构性改革。在某种程度上，"供给侧结构性改革"成为一个"时尚"用词。但把这些推进供给侧结构性改革的举措认真研究后发现，多数属于新瓶装旧酒，和中央没有明确提出"供给侧结构性改革"这个概念之前，体育产业领域所推出的举措并无二致；或者和供给侧结构性改革应有之义差距太大。笔者在调研中发现，对于何为供给侧结构性改革，相关人士中有不少稀里糊涂，说不出个所以然来，但在他们出台的文件中，或者讲话中，却言必称"供给侧改革"。

供给侧结构性改革是适应和引领中国经济发展新常态的必然要求，推进供给侧结构性改革是中国各行各业的一项重要任务。但不同行业面临着不同的问题，在推进改革时，必须考虑行业发展实际，不能照搬其他行业的做法。体育产业领域要推动改革，首先要弄清楚中央推进供给侧结构性改革的真实目标、内在逻辑和理论机理；其次要认真梳理体育产业发展中存在的问题，尤其是要找短板，在此基础上，分析从供给侧出发分析可以做哪些工作，提出具有创新性的举措。例如在体育用品制造业中哪些是"去产能、去库存"的对象，在竞赛表演、健身休闲、培训教育等服务行业中分别有哪些短板亟待补强，如何通过体育用品制造、体育营销模式、体育服务等领域的创新来引领消费？唯有找准方位，明确问题，提出"接地气"的策略，才能对体育产业发展有实质性的帮助。

二 误区二：将供给侧结构性改革等同于传统意义上的调结构

在体育产业发展历程中，历史和现实的多种因素造成了产业发

中的结构性问题比较突出，所以进入 21 世纪后，体育产业政策方面，我们一直在强调调结构的问题。因此，有观点认为，当前的供给侧结构性改革就是过去的"调结构"，只不过是换了一种高大上的说法而已。显然，这种认识是滞后于实践，是对体育产业领域供给侧结构性改革的片面化理解，没有认识到供给侧结构性改革不仅是宏观经济，也是体育产业发展新常态下的新要求，是一场改革。

其一，传统意义上的体育产业结构调整主要是从需求结构、供给结构本身而言的，即通过产业政策来调节体育产业及内部各行业的比例关系，以达到优化产业结构的目的。但供给侧结构性改革所调整的结构不仅包括以上内容，还涉及了保持生产关系基本性质不变基础上的部分生产关系质变。以管办分离、协会脱钩等为方向的体育改革逐渐进入深水区，由体育部门办体育，转变为全社会共同参与办体育的"开放"理念逐步取得共识，通过改革部分不适应新常态下体育生产力发展要求的生产关系，以达成结构调整的目的，才是体育产业"结构性改革"的核心面向。

其二，传统意义上的体育产业结构调整更多强调的是增量意义上的补充。由于中国体育产业发展长期滞后，总体规模一直不是很大，虽然近两年有关部门公布了一些"亮丽"的数据，但和业内人士的感受有较大出入，真实的产业规模依然有较大的提升空间，因此，主管部门和业内人士对量的追求非常迫切。从各级政府在体育及相关产业规划中，不断加码的预期产业规模数据中（据了解，部分地方的预期数据并不是建立在科学测算基础上，而是不甘落于人后，"臆想"出来的目标数据，这种预期目标，稍有理性的人都不会相信能够真正实现），可以清晰地看到这种"狂热"。这一点，和中国改革开放初期追求经济的高速成长何其相似。

中共中央所提出的供给侧结构性改革更多的是强调存量意义上的改革，是以质量为导向的改革。体育产业界要推动"供给侧结构性改革"，就必须将思路从对量的狂热中，拉回到提高体育产业供给的效率和产品的竞争力等质的问题上，通过去产能、去库存，淘汰不适应大众需求的产品；通过去杠杆，调节部分体育投资领域的非理性行为；通过补短板来提升整个产业的产品结构优化水平和供给质量；通过降成本来提高全要素生产率。

其三，传统的体育产业结构调整主要是在需求管理的环境下进行的，强调通过需求端的改善来解决结构性问题。在体育产品国际竞争力不强的情况下，更多地强调对国内体育消费需求的拉动，但由于各种因素的影响，国内体育消费长期不瘟不火，欲在短期内快速有效提升也不现实。在此种状况下，为了满足对量的追求，只能扩大投资，通过上马新项目来保量，这就势必加剧供给总量与现实需求之间的矛盾。但考察中国的消费者，他们对国外高端的体育用品、体育赛事、体育休闲健身项目趋之若鹜，说明国内体育消费并不是不足，而是产品品质不能满足消费者需求。这就需要从供给侧入手，创新驱动，提升品质，创造需求，拓展国内需求空间；同时消除无效供给，解决供给和需求的结构性矛盾。

其四，传统意义上的结构调整主要借助政府的行政手段引导和推动资本的进入，投资者和企业按照政府制定的体育产业及各行业的发展规划选择进入、扩张、收缩和退出，进而达到产业结构调整的目的。在特定时期和条件下，这种模式起到了一定的作用，能够在一定程度上达到调整结构的目的。但由于政府的介入，往往会扩大其所希望的结果，地方政府为响应上一级政府的意图，极有可能会引起一窝蜂式的调整，导致调整过度；投资者和企业因为有政府的"背书"，可能会陷入某种非理性状态。2014年，国务院46号文件发布后，资本曾一度陷入对"互联网+体育"投资的狂热，此类项目大量上马，同质化非常严重，但随之而来，伴随着诸如"乐视"事件等而引致的对资本的警示，伴随着经济宏观面"去杠杆"的力度的加大，该行业迅速出现了资本寒冬。说到底，资本从狂热到回归理性，更多的是市场机制在起作用。体育产业供给侧结构性改革，应该充分发挥市场在资源配置中的决定性作用，界定清楚政府和市场的关系，激发微观主体的活力，以市场力量倒逼资本和企业做出选择，进而进行结构调整。在此过程中，政府更多的是扮演市场规则制定、事中事后监管的角色，通过放管服，激发市场活力，提高质量，增强效率，促进体育产业的健康发展。

三 误区三：体育产业供给侧结构性改革就是集中力量扩大供给

此种观点似是而非，看似有一定道理，却存在某种程度的误导。

其一，这种观点极有可能会误导体育产业发展回到追求数量的老路上去。供给侧结构性改革是要从供给侧挖掘体育消费结构升级的潜力，虽然前期体育产业发展相对滞后，对人们共性的基础体育消费引导不够；但在新时代，人们的体育需求迅速跟上了时代，更多强调个性，在时代大潮中，并没有给体育产业多少"排浪式"消费的"补课"机会。个性化的需求，通过互联网的助力，更加发散出对供给品质的多元化需求。体育产业供给侧结构性改革，思考问题的出发点是"供给侧"，但重点应该是"改革"，通过改革，将体育产业的发展模式从重视"量"调整到重视"质"上，而不是因盲目地扩大供给，而导致某一领域的产能过剩。

其二，这种观点过于强调供给，而忽视需求。供给和需求是经济关系中一般性矛盾，在新时代，之所以强调"供给侧"，是因为目前体育产业发展的矛盾主要体现在供给侧。但是，忽视需求是无法解决供给侧结构性问题的。须知，供给侧改革中的创造需求，最终归宿点还在于需求。片面强调供给，容易忽略需求侧的管理。中国的体育产业供给侧结构性改革不仅不应拒绝需求侧管理，而且在很多环节上需要需求侧管理进行配合。

四 误区四：体育产业结构高级化就是提升体育服务业占比

谈及中国体育产业结构，一个共识是：中国体育产业结构不合理,还存在着体育服务业(尤其是体育竞赛表演业和体育健身休闲业)比重严重偏低,能够引领消费的精品建设滞缓;用品业缺乏自主创新,中低端产品产能过剩;区域优势发挥不明显;在体育产业的各个供给端中,只有体育用品等少数行业形成了较为完整的产业链等问题。而在开药方的时候,大多会把提升体育服务业在整个体育产业的比例作为关键的一味药。体育服务业代表着体育产业的未来,确实应该着力发展。但在全球化,物联和信息互联高度发达的今天,体育产业已经在全球范围内形成完整的产业链,世界各国,以及国内各地区都可以根据本国、本地区的要素禀赋,凭借本身的比较优势找到自身在产业链中的位置,因此,可能从全球角度来看,甚至从中国整体来看,提高体育服务业占比代表着体育产业结构高级化,但具体到某一地区,一味追求体育服务业比例的提升,并不一定代表着体育产业结构的优化和合理化。另外,强行推进体育服务业升级,容易导致对体育用品、运动服饰及鞋帽等体育制造业的忽视,进而导致这些行业的人为衰落,从而拖累整个体育产业的发展。

五 误区五:体育产业供给侧结构性改革是以自由市场作为唯一治理模式

当今,社会上有一种观点:既然要在体育产业发展中调整政府和市场的关系,让市场在资源配置中起决定性作用,既然政府的介入会导致这样那样的问题,那么就请政府退出体育产业发展领域,让市场自由发展,将自由市场作为体育产业发展唯一的治理模式。

这种观点是对体育产业供给侧结构性改革的极端化解读。

其一,要明确,中国的市场是中国特色社会主义市场,不是自由市场。体育产业的发展也必须遵循中国的政治体制和基本经济制度,保持社会主义本质。学术界和业界有部分人,言必称希腊,常常把西方国家的那一套做法奉为圭臬,而有意无意地忽略了中国正在建设中国特色社会主义的现实,因而提出的相关治理方案严重脱离国情,很难被采纳，实现的可能性也很小。

其二，体育产业供给侧结构性改革应该在政府的主导下逐步推进，有形的手和无形的手共同发挥作用。用"休克疗法"，将会导致体育产业发展的失控，干扰体育产业的健康发展。必须考虑中国体育产业的现实，在政府的主导下，发挥市场在资源配置中的决定作用，稳扎稳打，有序推进。

第二节 体育产业供给侧结构性改革的行动逻辑

供给侧结构性改革是优化体育产业要素配置，激发创新创业活力，通过创新体育供给，释放体育新需求，实现体育产业发展的动力机制转换，推动体育产业高质量发展的重要路径。供给侧结构性改革的切入点是"供给侧"；改革的方式是"结构性"的调整、优化；而"改革"则是"灵魂"。体育产业供给侧结构性改革不是对结构的"常规性"调整，而是要以创新为手段，改革为保障，开辟结构优化的新路向、新方式和新途径，以达成体育产业的科学转型与高质量发展。

一 现实需求：体育产业供给方面存在结构性问题[①]

习近平总书记在党的十九大报告中明确指出："中国特色社会主义进入新时代，我国社会主要矛盾已经转化为人民日益增长的美好生活需要和不平衡不充分的发展之间的矛盾。"[②] 在中国共产党的领导下，1978年以来，中国体育事业取得了辉煌成就，重返奥林匹克大家庭，积极参与国际体育事务，主办奥运会；社会体育蓬勃发展；竞技体育水平不断提高；学校体育工作全面推进；体育产业逐步兴起；

---

① 关于体育产业结构方面存在的问题，将在本书第三章中进行详细的论证，此处仅列出问题所在。

② 习近平：《决胜全面建成小康社会夺取新时代中国特色社会主义伟大胜利——在中国共产党第十九次全国代表大会上的报告》，《求是》2017年第21期。

体育文化日益繁荣；体育法治化建设初见成效……在取得这些成就的同时，中国体育坚持解放思想，不断改革创新，初步探索出一条符合中国国情的社会主义体育发展道路。从"量"的角度来衡量，中国已经是一个体育大国，已经能够保障人民群众的基本体育权利。但中国还正处在建设体育强国的征途中，体育发展还不能充分满足人民对于美好生活的需要。这包含两个层面的含义：一是体育作为人民美好生活需要的重要组成部分，还未能充分地体现出其价值，其地位由于自身发展的不充分不平衡，未能有效的得以彰显；二是就体育内部发展而言，"质"上有极大提升空间，能满足人民群众多元化需求的体育发展体系的建构仍需做出极大努力，其中体育产业不够大、不够强是主要原因之一。

满足人民对美好体育生活的向往，必须做大做强体育产业。虽然，1978年以来，特别是党的十八大以来，体育产业的发展展现出强大的内生动力，但是距离党和政府的要求，距离人民的期望仍存在着巨大的差距，其发展不平衡不充分较为明显，整体规模较小（即使经过近几年的较快发展，2019年，体育产业增加值[①]也仅约为全国GDP的1.14%[②]，与发达国家体育产业增加值在GDP中2%—3%的占比相比，仍处于较低水平），在国民经济中的地位还未得到有效彰显；体制机制不灵活，改革发展滞后；产业结构不合理，亟待优化。诸多问题中，供给侧结构不合理是制约体育产业高质量发展的关键点，主要表现在：体育产品结构不合理，有效供给不足，无效供给过大；产业的内部结构不合理，体育本体消费有待培育；生产投入中的要素结构不合理，后续增长乏力；区域发展不平衡，限制了社会有效需求的形成。

---

① 增加值是指常住单位在生产过程中创造的新增价值和固定资产的转移价值之和，直接反映一个行业或单位在生产过程中向社会提供的全部最终成果。其计算公式为：增加值＝劳动者报酬＋生产税净额＋固定资产折旧＋营业盈余。国民经济各行业的增加值之和等于国内生产总值（GDP）。

② 根据国家统计局公布的2019年全国GDP，及体育产业增加值测算。

整体而言，上述结构性问题是长期以来，在体育产业发展中逐步形成的，因此，不能指望通过简单的政策调整来解决，而是要通过结构性改革，优化体育产业结构，来解决供给侧存在的诸多难题，以推动体育产业的高质量发展，及产业结构的合理化和高度化。

二 改革目标：推动体育产业高质量发展和转型升级

党的二十大明确提出，实现高质量发展是中国式现代化的本质要求之一①。高质量发展是供给侧改革的核心目标。高质量发展是供给侧结构性改革的核心目标。体育产业的高质量发展，来源于各方面能力科学高效的组合，不仅包括供给高品质的产品，也包括提升体制、机制治理能力（包括政府的服务能力、管理能力、施政能力、管控能力）。

其一，供给主体的结构问题是体育产业供给侧的核心结构性问题。唯有全面厘清政府、社会、市场三方的关系，明确各方的责任，充分发挥市场在体育资源配置中的决定性作用，提升供给主体的市场活力和竞争力，才能形成以供给侧改革为主线，推动体育产业高质量发展的内生力量，持续高效地向市场提供更优的供给，不断激活、创造市场需求，引领市场消费。

其二，体育产业的高质量发展，离不开体育消费需求所提供的动力，但更为重要的支撑因素是有效供给对于需求的关照和引领。有效供给是体育产业转型发展和结构优化的重要目标，从提供基本公共体育服务，保障人民的基本体育权利，转变到在为满足人民群众对美好体育生活的需要而服务的过程中，不断推动中国体育产业结构向提供更多更有效的高附加值、高技术含量的高质量产品方向发展。单纯依赖传统的比较优势、要素禀赋等获取体育市场主导权，但又缺少拥有知识产权的原创性体育产品和服务，使得中国体育产业发展处于价值

---

① 习近平：《高举中国特色社会主义伟大旗帜　为全面建设社会主义现代化国家而团结奋斗——在中国共产党第二十次全国代表大会上的报告》（2022年10月16日），《人民日报》2022年10月26日第1至第5版。

链的中低端环节。提升基于要素禀赋、比较优势的原始创新能力，提升基于现代科学技术和制度体系的集成创新能力，提升基于引进消化吸收后的深度创新能力，是优化体育产业结构，通过有效供给引导有效需求的不二法门。

三 改革手段：以全要素创新创造优质的体育产业生态

以供给侧结构性改革为主线，优化体育产业结构，应立足于以人民为中心，将人民群众作为创意的归宿；立足于保障市场的主体地位，将体育企业和企业家作为主角。在确保体育产业服务于建设社会主义现代化体育强国的前提下，以创造优质的体育生态和全要素创新，破除当前制约中国体育产业发展的"供给约束"与"供给抑制"，创造优质的体育产业生态，更好地扩大体育产业的有效供给。

其一，要推动全面的要素创新。从供给侧的角度看，支持经济增长特别是长期增长的要素，即所谓"动力源"，主要包括五个方面：劳动力，土地和自然资源，资本，制度和创新[1]。国际经验表明，在进入中等收入阶段之前，劳动力、土地和自然资源、资本对各个经济体济增长的贡献容易较多地生成和体现出来。这种"要素投入驱动"在中国体育产业发展的"起飞"阶段体现得尤为明显，相对实惠的劳动力资源，以及资本的"疯狂"寻租，加上各地为了吸引体育投资而廉价提供的土地等资源，构成了相对粗放的发展图景，也是形成长期以来体育产业看似轰轰烈烈，但效益不彰，不能有效满足人民群众对美好体育生活需求的重要原因。就国际经验而言，进入中等收入阶段之后，制度、科技和管理创新等方面的要素，可能形成的贡献会更大，而且极为关键[2]。

随着中国社会经济的发展，当前体育发展的制度结构，体育的生

---

[1] 齐骥：《文化产业供给侧改革研究：理论与案例》，中国传媒大学出版社 2017 年版，第 27、28 页。

[2] 贾康：《供给侧改革的三个问题》，《学习时报》2016 年 1 月 18 日第 A4 版。

产结构,已经远远不能满足日益庞大的中等收入家庭多元化、个性化的体育新需求,不利于体育消费潜力和体育改革红利的释放,以制度创新、科技创新和管理创新为核心动力的体育产业供给侧结构性改革势在必行。

其二,推动科技创新。科技创新是体育产业创新之翼,是创造新需求的关键,也是降低体育产品及其服务成本,提高效益的抓手。实施创新驱动,必须抢抓新一轮信息革命和科技革命重大机遇。充分依托5G、物联网、云计算、数据、边缘计算、人工智能等新技术手段,打造智慧体育、科技体育闭环服务,发展新兴产业,通过创造新供给,培育体育市场新需求,为体育各领域发展注入新动力,淬炼竞争力。近年来,体育业界越来越重视体育科技创新,例如,建构体育产业技术创新联盟,以体育企业的发展和各方共同利益为基础,以提升体育产业技术创新能力为目标,联合开发,优势互补,利益共享,风险共担;以"互联网+"为基础进行产业改造,数字赋能,发展新兴业态,数字体育渐成支撑体育高质量发展的关键引擎之一。

其三,推动跨界协同、交流、分享平台的建设,营造良好的体育产业发展生态。体育产业全要素创新,新业态拓展,需要多部门、多行业、多领域的跨界融合、协作。首先,要跳出"体育"看体育产业,体育产业绝不是体育部门一家的产业,要把体育产业放在整个国家发展的大格局中去谋划其发展问题。其次,虽然跨界协同平台的搭建最终要交由市场去进行,但在改革转型期,依然需要政府切实负起责任,扶上马,送一程,提供基本但又优质的交流、融合平台,为产业融合和结构调整营造良好的生态环境。

四 改革保障:体育产业制度创新和体育治理方式现代化

制度创新是最为重要的经济发展"发动机"之一,良好的制度环境是提高体育产业经营效率的重要保障,还是体育创意迸发、体育创新涌现的强大诱因。加快转变政府职能,处理好政府与市场的关系,以体育治理实现体育产业发展方式的优化，既是体育产业供给侧制度变革的核心，也是体育政策创新的重点。

其一，转变政府职能。政府职能转变是完善体育管理体制和体育生产经营机制、建立健全现代公共体育服务体系和现代体育市场体系的保障，其核心是处理好政府和市场的关系，使市场在资源配置中起决定性作用和更好地发挥政府作用。中国体育产业发展中的政府职能设定可以归纳为政策制定、规划布局、市场监管、服务保障、资金支持等。在供给侧结构性改革背景下，中国体育产业发展中的政府职能存在着诸多与深化改革不相适应之处，如简政放权工作力度不够；重政策制定却轻政策执行；公共服务供给不到位；依法行政理念不足；制度建设亟待加强（主要表现在产业结构调整后的相关配套措施不完善、基础政策法规建设和监督奖惩机制不完善等）；体育产业结构性改革顶层设计不足（主要体现在实施创新驱动发力不足、人才供给激励引导机制落后、资本要素管理体制改革滞后等方面）等。转变政府职能，应着力解决以上问题，提高政府效能，激活市场的微观活力，加快形成有利于体育发展的市场环境。

其二，充分考量体育自身的特殊性。政府职能转变和制度创新应充分考虑发展体育事业和体育产业的特殊价值。应充分考虑体育产业发展中转变政府职能和制度创新不能和经济领域完全相同，主要是因为，体育产业不同于向人民群众提供衣食住行等物质产品的行业，发展体育事业和产业是提高中华民族身体素质和健康水平的必然要求，有利于满足人民群众多样化的体育需求、保障和改善民生，有利于扩大内需、增加就业、培育新的经济增长点，有利于弘扬民族精神、增强国家凝聚力和文化竞争力[①]。在体育产业的发展进程中，要从建设社会主义现代化体育强国出发，从中国体育产业的特点和发展方向出发，来指导体育产业发展进程中的政府职能定位和制度创新。深化于

---

① 《国务院关于加快发展体育产业促进体育消费的若干意见》2014年10月20日，https://www.gov.cn/zhengce/content/2014-10/20/content_ 9152.htm，2022年11月3日。

供给侧结构性改革的政府职能转变和制度创新，一方面，应有利于体育产业坚持经济效益和社会效益并重，且以社会效益实现为前提；另一方面，应有利于坚持尊重需求与引导需求，且以体育价值的实现为基本要求，不能单纯地以供求关系调整的尺度去衡量政府职能和制度建设，应充分考虑体育对国家、民族及个人的价值，以及对群众体育需求的引导。

其三，改革体育治理方式。体育治理体系是指规范体育管理权力运行和维护体育公共管理的一系列制度和程序[①]。改革体育治理模式即以市场经济的方式实现体育的政治、经济和社会的价值性转换，呈现出治理主体和治理方式的多维及分层，其特征是通过主动寻求一种创造性体育增生的范式，实现体育的包容性发展。体育产业供给侧结构性改革观照下的制度创新，首要的是通过有效创新政府管理体育的方式，形成有利于体育产业高质量发展和结构优化的体育治理体系。一方面，增强体育治理的协调性，推动相关部门在其他产业政策制定过程中，纳入与体育产业相关的工作、规划、设计和考核政策，形成体育产业与国民经济和社会发展互为衔接、协同发展、密切配合的政策框架和制度体系，将体育产业发展由部门推动上升为全社会推动。另一方面，激活体育治理的能动力，在体育产业范畴中，按照市场机制、产权模式在职业体育、新业态扶持、人才培养等方面与世界同步，遵循国际体育市场的体育规律和市场规律。

其四，建构全面务实的政策支柱。有效的制度供给是体育产业供给侧结构性改革的关键之一，应该以体育产业供给侧和需求侧构成的二元动力机制为出发点，以创新为第一驱动力，以提升供给的有效性为核心，把握体育产业供给侧深度融合，业态不断拓展的趋势，建构包括长期持久的宏观政策、因地制宜的微观政策、有效落地的产业政策、务实全面的改革政策等在内的体育产业结构优化的政策支柱。建

[①] 柳鸣毅：《国家体育治理体系和治理能力现代化的思考》2016 年 6 月 23 日，http：//www.rmlt.com.cn/2016/0623/429863.shtml，2022 年 11 月 5 日。

构的政策支柱，既要观照长远的战略发展，又要能够有效地弥补市场失灵；既要能够突破体育产业发展的行业界限，因应供给侧结构性改革下国家产业结构适应性调整的整体布局，又要考虑体育产业自身的特征，提升体育产业"经济效益"的同时，特别重视"社会效益"的实现。全面务实，最大限度地解放和发展体育生产力，是建构政策支柱的核心任务。

总之，推进体育产业供给侧结构性改革，我们必须头脑清醒、思路清晰，避免陷入误区，而在一些关键性的认识与实践问题上不清不楚，糊里糊涂。我们必须结合中国经济发展和体育产业进入新常态的大背景，学习和把握习近平新时代中国特色社会主义经济思想，坚持社会主义市场经济改革方向，既要充分发挥市场对体育资源配置的决定性作用，又要发挥好政府的作用，既重视供给侧，又关注需求侧，将重点放在"改革"上，通过结构调整，提升体育产业的供给效率和竞争力，从而实现供给侧结构性改革的本质目标。

第三章　中国体育产业结构的演变、优化及存在的问题
——侧重于供给侧的调查与资料分析

　　经济的发展历程，实际上是产业结构不断优化和升级的过程，这不仅被经济学理论所阐释，更被发达国家经济起飞阶段产业结构变动的历史进程所证实。各国政府都十分重视通过产业结构的调整和升级来推动经济的健康、快速发展。体育产业发展的过程一定意义上就是产业结构不断优化的过程，体育产业结构演进是体育产业发展的重要组成部分和强大的推动力，直接关系到中国体育产业能否持续、健康、快速的发展。因此研究中国体育产业结构的变迁，总结经验，对未来中国体育产业的发展有着重要意义。

　　在 1992 年的全国体委主任座谈会（"中山会议"）上，中国明确提出发展体育产业。但是，发展体育产业的实践，则始于党的十一届三中全会。从十一届三中全会至今，中国体育产业的发展大体上可分为三个阶段，即体育产业的萌芽起步阶段（1978—1992 年）、体育产业的探索发展阶段（1992—2010 年）、体育产业的快速发展阶段（2010 年至今）。相应的，讨论中国体育产业结构的演变，也按照这三个阶段展开分析。需要说明的是：10 余年体育产业结构的变迁、优化，及体育产业结构的现状，是讨论供给侧结构性改革背景下，优化体育产业结构的现实基础，故，本章将第三个阶段作为重点来讨论。

第一节 萌芽起步阶段的体育产业结构
（1978—1992 年）

1978 年，党的十一届三中全会召开，中国进入改革开放时期。1978 年至 1992 年，是中国从计划经济体制到建立社会主义市场经济体制的探索、转型时期。该阶段虽然并未明确提出"体育产业"的概念，但随着改革开放的逐步深入，原有体制下，过分集中于体委办体育的弊端逐步暴露，体育事业发展资金供给不足的矛盾日益突出。为了解决资金不足问题，有关部门开始尝试利用相关资源，主要是自身资源（场馆、竞赛等）进行经营、创收，在实践中推动了以开展体育经营活动为标志的体育产业业态的萌生。

一　弥补经费不足成为发展体育产业的初始动力

较早的突破来自登山领域。1979 年，国家体委、国家旅游局，向国务院正报送《关于开放山区、开展国际登山活动的请示》。经国务院批准，1979 年起，中国陆续对外开放了部分山峰[①]，该政策成为中华人民共和国成立以来第一个关于体育项目经营活动的规制政策。至 1987 年，接待来华进行登山、旅游活动的外国团队近 400 起。针对各地不同程度地存在着把开放山峰的管理工作纳入纯商业性经营的倾向等问题，2007 年，《国务院办公厅、中央军委办公厅转发国家体委等部门关于进一步加强对外开放山峰管理工作请示的通知》中明确提出："开放山峰的收入，主要应用于发展我国的登山运动事业，并从管理体制上给予保证，以避免把开放山峰搞成纯商业性经营。"可以看到，当时，对登山运动产业的开发是审慎的，对商业经营有开

[①] 国务院办公厅、中央军委办公厅:《国务院办公厅、中央军委办公厅转发国家体委等部门关于进一步加强对外开放山峰管理工作请示的通知》2011 年 3 月 8 日，https://www.gov.cn/zhengce/content/2011-03/08/content_ 6620.htm，2021 年 6 月 17 日。

放,但也有限制,且明确其收入主要用于登山运动事业。

这种思路,在改革开放初期,是"体育产业开发"的主导思想,即有限度地开放体育场馆经营,鼓励社会力量和群众自办体育,其主要目的是为了弥补随着体育事业规模的扩大,而造成的经费不足问题。当时,发展"体育产业"的观念并未真正建立。

以下政策贯彻了这种思路。1980年,国家体委、财政部、国家劳动总局、文化和旅游部联合下发《关于充分发挥体育场地使用效率的通知》,允许体育场地面向社会组织电影、文艺演出等活动,并对票务收入等作出了政策规定,中华人民共和国首次允许体育场馆开展经营。1981年,国务院批转《国家体委关于省、自治区、直辖市体委主任会议的几个问题的报告》,提出要改变政府包办一切的做法,鼓励社会力量和群众自办体育,兴办各类民办体育。1983年,国家体委、财政部联合发布《各级体委所属公共体育场所财务管理暂行办法》,国家体委发布《关于对群众自办武术馆和私人教拳加强管理的意见的通知》,国务院批转《国家体委关于进一步开创体育新局面的请示》。这些政策文件从不同侧面鼓励有条件的体育项目或者体育场馆开展经营活动,支持社会力量自办体育。虽然是有限制的,但却拉开了中国体育场馆服务和体育教育培训等行业发展的序幕。

需要特别说明的是,1983年,国家体委之所以专门发布《关于对群众自办武术馆和私人教拳加强管理的意见的通知》,源于影片《少林寺》的上映,激活了武术教育行业,使该行业成为中国体育教育培训业最早试水的行业之一,且发展迅速,大大小小的武校遍布城乡,蔚为壮观。由于是新生事物,缺乏规范,出现了诸多问题。

在武术培训开发热潮中,河南登封地区成为当时中国,乃至世界武术教育的中心。在整个20世纪80年代,武术居于体育教育培训行业的龙头地位。在武术培训激发的社会氛围中,也出现了一些足球、篮球等项目的培训机构。

体育彩票发行得到批准也是基于为体育事业发展募集资金。1986

年，国务院常务会议批准有奖募捐活动，并要求从严控制，只限于社会福利、体育等发展需要的，国家又拿不出很多钱支持的一些事业。在该政策指导下，体育彩票开始发行。时至今日，为体育事业发展筹集公益金依然是体育彩票的核心使命。

二 体育体制改革加速体育产业的萌发

1984年，中共中央颁布了《关于进一步发展体育运动的通知》；1986年，国家体委颁布了《关于体育体制改革的决定（草案）》。这两个重要文件的出台，推动了以体育社会化、科学化为目标的体育体制改革。

体育体制改革从两个方面加速了中国体育产业的初步发展。

其一，鼓励体育系统有条件的事业单位开展多种经营，扩大服务范围，积极增收节支，推动了体育场馆"以体为主、多种经营"方针的形成。国家体委提出"在优先保证发展体育事业的前提下，逐步实现场馆面向群众、面向社会，并由行政管理型向经营管理型过渡；在保证体育活动的前提下，发展多种经营，广开财路，提高场馆使用率，逐步做到自负盈亏、以场馆养场馆"。在政策激励下，各省市、地方体委系统都在不同程度上进行了尝试，选择一部分具有经营价值的非经营性资产，将其转为经营性资产，并在此基础上，陆续创立了一些诸如体育服务公司等体育经营实体。利用体育场馆等资源进行非体育领域经营以增收节支，在该阶段也较为普遍。

其二，中国竞技体育的社会化进程开始启动。改革方案鼓励专业运动队和企业合作，提倡体育竞赛与经营活动联合进行，逐步形成了"内引外联""体育搭台、经贸唱戏"的社会化特色。为了更好落实体育体制改革的精神，1987年，国家体委发布《关于社会各行业与体委系统合办体育竞赛的管理办法》，鼓励、支持社会各行业提供经费与体委系统合办体育竞赛，包括各级体委举办的单项正式比赛，对社会赞助体育竞赛的冠名、奖励、广告等也首次作出了具体规定。这一改革开拓了运动队赞助企业的局面，诸如上海虹口体育场、南京五台山体育中心、广州白云足球队、广州万宝路网球精英赛等经营体育的经济实体不断涌现。

其三，推动了与"体育产业"相关的制度建设。例如，随着利用体育竞赛、表演活动开展广告宣传的企业越来越多，为了加强对体育广告的管理，国家工商行政管理总局和国家体委于1986年联合下发《关于加强体育广告管理的暂行规定》。为了促进通过体育广告和社会赞助活动筹集体育资金，推动社会力量办体育，1989年，国家体委发布了《关于国家体委各直属企事业单位、单项体育协会通过体育广告、社会赞助所得的资金、物品管理暂行规定》，1992年，国家体委扩大了原规定的适用范围，对立项申报、审批、管理、财务等也作出了进一步明确规定，发布了关于该规定的《补充规定》。

三 体育用品制造业得到初步发展

改革开放初期，市场取向改革开始起步，国有经济逐步扩大企业自主权，包括个体经济、私营经济、外资经济等在内的非公有制经济，以及集体经济（乡镇企业）的初步发展，形成了有利于传统产业转型的环境。中国一些传统的轻工业基地，如上海、山东、天津等地逐步介入体育服装、器材的生产加工领域，中国体育用品制造业开始启动。

随着对外开放的进一步发展，开放力度日益加大，涉外立法不断完善，开放地区逐步增多，外商投资持续增加。20世纪80年代，外商在华投资虽然遍及三次产业，但以第二产业的轻工业居多（这与当时政府对外商投资领域实行的鼓励、限制和禁止政策相关）[①]。在此背景下，一些国际知名的体育用品生产企业，依托强有力的技术、市场、资金优势，结合中国的劳动力、原材料、市场优势，开始进军属

---

① 汪海波：《中国产业结构演变史（1949—2019）》，中国社会科学出版社2020年版，第274页。

于第二产业范畴的中国体育用品制造领域。外商投资首先选择的是制度完善，开放程度较高的地区。因此，广东、福建、上海等地占得先机。吸引到了大量的外商企业，成为那一时期的体育用品生产基地。改革开放初期，中国对外商投资企业的内销控制很严，加之国外的体育用品价格在国内市场仍然缺乏竞争力，所以其产品主要用于出口贸易。

需求拉动供给。面对初步形成的国内市场需求，和国际品牌暂时无法全面打开中国市场的局面。国内的企业，尤其是一些个体、私人、联营等非国有经济成分的企业，抓住了这次难得的历史机遇，开始布局体育用品制造业。例如，服装业、小五金等私营经济发展迅速的福建石狮、浙江沿海等地，迅速发展成为国内体育服装生产基地。这些企业以其低廉的价格和灵活的销售方式，在很短的时间内就占领了国内的体育服装市场。当然，最初阶段，这些市场生产的产品多为低档产品，假冒伪劣也较多，产品形象不佳，市场影响恶劣。

四 该阶段体育产业结构的主要特征

总体而言，该阶段体育产业结构的主要特征有五点。

其一，体育界进行了体育经营性活动的初步尝试，但起点低、起步晚，体育产业在中国整个产业结构和体育投入中的比重仍然很低。有数据显示，1978年至1992年，全国体育产业收入总计达人民币16亿元，1992年体育系统创收只占体育总投入的1/10[①]。这一时期对于体育产业的认识和实践，大多还停留在"体育搭台、经贸唱戏"，以及弥补体育事业发展经费不足的阶段，其产业地位还未被大多数人认识。

其二，以体育场馆改革为龙头，带动运动队和体育竞赛活动吸引社会资金，体育场馆服务业开始启动，但开发程度整体较低。体育场

---

① 赵立、杨铁黎主编：《中国体育产业导论》，北京体育大学出版社2001年版，第159—167页。

馆成为体育教育培训业发展的重要阵地，相当部分体育场馆在进行多种经营时将自办，或者出租场地举办武术等项目的培训作为选择。体育竞赛表演社会化进程开始启动，但也仅仅处于试水阶段，力度不足，规模较小，吸引了部分社会资金，但资金总量偏小。

其三，国家开始支持社会力量和群众自办体育，以武术培训为代表的体育教育培训业启动，且发展较为迅速。

其四，改革开放，传统产业转型，外资进入，促进了中国体育用品制造业的起步。但外商企业产品多用于出口；国内市场需求拉动了国内企业投资，形成了若干体育用品（服装）生产基地，但产品品质不高。

其五，促进体育产业发展的制度体系初步建构。允许或鼓励有条件的体育项目（登山、武术）开展经营活动，并出台了系列政策予以规范；政策内容调控面向日渐丰富，涉及体育广告、体育赞助、体育彩票、社会力量举办体育竞赛、户外运动（漂流、登山）、体育企业管理等多个领域；相当多的政策出台目的在于弥补体育事业发展的资金不足，还不是严格意义上的体育产业，但这些政策的出台，为下一个阶段的政策探索打下了坚实的基础。

第二节　探索发展阶段的体育产业结构（1992—2010 年）

以邓小平 1992 年南方谈话和党的十四大为标志，中国社会主义市场经济体制目标确立，体育事业发展的社会经济环境发生了巨大变化。体育战线为建立与社会主义市场经济体制相适应的、符合现代体育运动发展规律的、国家调控、依托社会、充满生机与活力的体育体制和运行机制，加大了改革的力度。体育产业在探索中前行，产业结构得以优化，但依然存在规模偏小和结构不合理等问题。

一 体育产业政策中对结构优化问题的关照度越来越高

1992年6月,中国足协在位于北京西郊的红山口(原八一体工大队所在地)召开以改革为主题的工作会议(史称"红山口会议"),决定把足球作为体育改革的突破口,确立了中国足球要走职业化道路的改革方向。1992年11月,国家体委在中山召开了全国体委主任座谈会(史称"中山会议"),学习邓小平南方谈话和党的十四大报告,探讨体育改革。在这次对体育改革发展具有转折性、历史性意义的会议上,将体育产业作为深化体育改革的一项重要内容列入议事日程。

1993年,全国体委主任会议上制定了《关于培育体育市场、加速体育产业化进程的意见》,提出体育事业要"面向市场、走向市场,以产业化为方向"的基本思路;1994年召开的体育经济问题研讨会和1995年全国体委主任会议,都将发展体育产业作为主题;1995年,国家体委下发了《体育产业发展纲要(1995—2010年)》,指出中国体育产业的3个类别,即体育主体产业、体育相关产业和体办产业;1996年第八届全国人民代表大会第四次会议通过的《国民经济和社会发展"九五"计划和2010年远景目标纲要》进一步明确了体育要走"社会化、产业化的道路"。2000年10月,中共十五届五中全会的《中共中央关于制定国民经济和社会发展第十个五年计划的建议》中指出,"引导文化娱乐、教育培训、体育健身、卫生保健等产业发展,满足服务性消费需求",明确把体育健身作为一项产业,为体育产业的发展指明了方向。在上述改革目标和基本思路的指导下,国家体委陆续推出了全国性单项协会实行实体化或项群管理、推进俱乐部的职业化、举办中国体育用品博览会,以及开放体育竞赛市场、发行体育彩票、成立体育基金会等具体措施。

到2000年左右,中国体育产业已经突破了单纯创收增资和体委一家办的模式,开始进行面向社会、多方位的产业化开发,体育产业的格局初见端倪,形成了竞赛表演、健身娱乐等多种业态共同发展的态势。

2001年,北京赢得第29届奥林匹克运动会主办权,中国体育产业发展迎来了重大发展机遇。国家体育总局于2005年和2007年先后召开了两届全国体育产业工作会议,分别提出了"体育产业跟群众体育、竞技体育,都是中国体育事业重要组成部分",以及"体育产业绝不仅仅是体育部门自身所办的产业,而是作为社会经济生活一部分的体育产业,是全社会的体育产业"等重要发展思路。与此同时,国家体育总局还开展了体育服务认证、全运会市场开发、体育服务标准化工作、体育产业统计、国家体育产业基地建设等多项体育产业相关工作,其中,2008年,国家统计局和体育总局颁布的《体育及相关产业分类(试行)》,标志着体育产业统计制度开始建立,这有利于厘清体育产业发展的整体状况和产业内部结构的变动,有利于为科学分析体育产业的地位、产业的结构优化问题提供权威且相对全面的数据。

2006年7月,国家体育总局颁布的《体育事业"十一五"规划》中明确提出"十一五"时期中国体育产业的发展目标,即要"初步建成与大众消费水平相适应,以体育服务业为重点,多业并举、门类齐全、结构合理、规范发展的体育产业体系,形成多种所有制并存、全社会共同参与、共同兴办的格局"。体育产业多业态发展,结构优化日益受到重视。

该阶段通过体育产业政策的完善,体育产业的主体地位得以确立,体育产业结构问题受到越来越多的观照。但该阶段政策多以满足消费需求,适应市场需要为落脚点,对于从供给端入手,创新驱动发展,主动创造需求,以促进体育产业的高度化、合理化观照不够。

二 体育产业规模不断扩大,但对国民经济的贡献还偏小

表3-1及有关数据显示,2006年,全国体育产业拥有256.3万

从业人员，实现增加值 982.89 亿元，占当年 GDP 的 0.46%[①]；2007 年全国体育及相关产业从业人员 283.74 万人，实现增加值 1265.23 亿元，占当年 GDP 的 0.49%，按可比价比 2006 年增长 22.83%；2008 年全国体育及相关产业从业人员为 317.09 万人，实现增加值 1554.97 亿元，占当年 GDP 的 0.52%，按可比价比 2007 年增长 16.05%[②]。北京奥运会成功举办后，体育产业依然以较快速度发展，2009 年全国体育产业增加值达到 1835.93 亿元；2010 年则突破 2000 亿元，达到了 2220.12 亿元[③]。2009 年和 2010 年体育产业增加值占当年 GDP 的 0.55% 左右[④]。体育产业规模不断扩大。

表 3-1　　2006、2007、2008 年全国体育及相关产业指标主要指标结果[⑤][⑥]

类别	2006 年		2007 年		2008 年	
	增加值（亿元）	从业人员（万人）	增加值（亿元）	从业人员（万人）	增加值（亿元）	从业人员（万人）
总计	982.89	256.30	1265.23	283.74	1554.97	317.09
体育组织管理活动	74.80	18.71	89.36	18.98	117.56	20.87
体育场馆管理活动	18.24	2.58	23.04	2.41	30	2.62

---

① 国家体育总局：《2006—2008 全国体育及相关产业统计主要数据的解读》2010 年 4 月 29 日，https://www.sport.gov.cn/n315/n329/c216778/content.html，2021 年 10 月 16 日。

② 贾海红、邓宇、李雯：《数字解读中国体育产业》，《中国体育报》2010 年 4 月 28 日第 1 版。

③ 国家发展和改革委员会社会发展司、国家体育总局体育经济司编：《〈国务院关于加快发展体育产业　促进体育消费的若干意见〉100 问》，人民体育出版社 2015 年版，第 5—6 页。

④ 根据国家统计局公布的全国 GDP 数据，由当年体育产业增加值除以全国 GDP 测算数据，精确度保留至小数点后两位。

⑤ 国家体育总局：《2006—2008 全国体育及相关产业统计公报》2010 年 4 月 29 日，http://www.sport.gov.cn/n4/n97/n101/c211955/content.html，2021 年 11 月 6 日。

⑥ 需要说明的是，由于当时统计指标设计，没有将体育竞赛表演单列，而是将相关数据计入体育组织管理活动、体育场馆管理活动中。

续表

类别	2006 年		2007 年		2008 年	
	增加值（亿元）	从业人员（万人）	增加值（亿元）	从业人员（万人）	增加值（亿元）	从业人员（万人）
体育健身休闲活动	46.98	11.78	58.79	13.32	74.49	15.03
体育中介活动	2.02	0.87	3.00	0.96	4.46	1.35
体育培训活动	4.64	1.91	7.91	2.21	13.48	3.56
体育彩票	21.47	11.11	29.63	13.37	35.27	17.64
体育用品、服装鞋帽制造	705.12	195.44	898.10	214.00	1088.31	234.13
体育用品、服装鞋帽销售	76.45	11.13	110.77	15.20	141.79	18.54
体育场馆建筑	33.17	2.77	44.63	3.29	49.61	3.35

据测算，2010 年，全国体育产业增加值是 2006 年的 2.26 倍，高于全国 GDP 的 1.86 倍增速[①]。另据国家体育总局、国家统计局公布的资料显示：2006—2008 年，全国体育及相关产业从业人员数量与电力、燃气及水的生产和供应业相当，高于租赁和商务服务业；就增加值而言，全国体育与相关产业的规模，是规模以上家具制造业的 2 倍，占规模以上医药制造业的 50% 以上[②]。在部分经济较为发达地区，体育产业取得了较快的发展，2010 年前后，北京、上海、福建、江苏、广东、浙江等六个省市体育产业增加值超过 100 亿元[③]，具体数据见图 3-1。总体而言，2010 年前后，中国体育产业成为国民经

[①] 根据国家统计局公布的全国 GDP 数据，以及国家发改委、国家体育总局披露的体育产业增加值数据测算，精确度保留至小数点后两位。

[②] 国家体育总局：《2006—2008 全国体育及相关产业统计主要数据的解读》2010 年 4 月 29 日，https://www.sport.gov.cn/n315/n329/c216778/content.html，2021 年 10 月 16 日。

[③] 柳霞：《砥砺前行的中国体育产业》，《光明日报》2010 年 10 月 19 日第 5 版。

济新增长点的潜质初显，其拉动就业，带动需求的作用也开始显现。

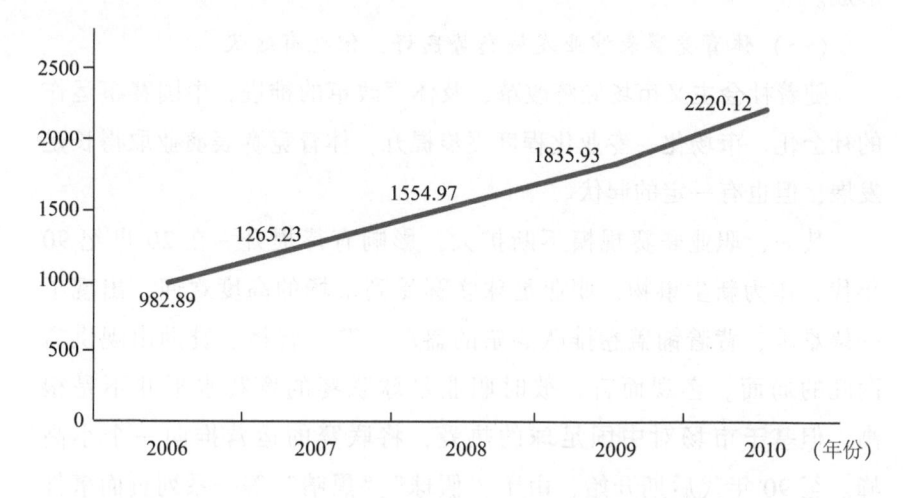

图 3-1　2006—2010 年全国体育产业增加值折线图（单位：亿元）

但从整体上讲，虽然有社会主义市场体制改革，及成功举办北京奥运会的加持，体育产业增加值增速较快，截至 2010 年，体育产业对国民经济的贡献率依然偏低，体育产业增加值仅占 GDP 的 0.55% 左右，与国外发达国家 2% 左右甚至更高的 GDP 占比仍有较大差距。

体育产业与相关产业虽开始融合，但融合度还有待加强。体育产业在整个国民经济中的地位还未得到有效彰显。

三　体育产业形成多业态共同发展趋势，但结构仍不尽合理

随着体育改革和体育产业开发进程的加快，特别是以足球职业化改革为先手棋，带动了多个项目的职业化进程；加之 2008 年北京奥运会，体育竞赛表演业顺势而上，取得了长足发展；体育产业、群众体育等一系列政策的发布，健身休闲产业得以逐步发展；伴随产业融合进程，体育产业与文化、旅游、科技、传媒等相关产业的融合亦不断凸显，尤其是进入新世纪以来，体育旅游成为一个热门的时尚体验活动；体育事业的发展，拉动对体育用品的需求，为了应对市场变

化，体育用品业不断转型升级。体育产业多业态共同发展的趋势逐步形成。

（一）体育竞赛表演业发展态势良好，但也有起伏

随着社会主义市场经济改革，及体育改革的推进，中国赛事运作的社会化、市场化、专业化程度逐步提升，体育竞赛表演业取得长足发展，但也有一定的起伏。

其一，职业联赛规模不断扩大，影响有待提升。在20世纪90年代，作为新生事物，职业足球联赛受到市场的高度欢迎，出现了一票难求，背着铺盖卷排队购票的盛况，赛事转播、赞助出现供需两旺的局面。客观而言，彼时职业足球联赛的竞赛水平并不是很高，但基于市场对中国足球的热爱，将联赛的运营推向一个小高峰。至90年代后期开始，由于"假球""黑哨"等一系列负面事件冲击，以及内部管理混乱，体制不顺等消极因素叠加，职业足球联赛市场热度迅速退潮，至21世纪最初10年，职业足球联赛出现市场萧瑟，上座率偏低的局面。这种状况，一直到2010年，足坛反腐①后才在一定程度得以扭转。而这在一定程度上制约了足球职业联赛影响力的扩大。在改革过程中，国家体育总局做了大量的工作，先后将足球、篮球、排球、乒乓球、羽毛球、散打、围棋等一大批体育运动项目推向了市场，职业联赛种类越来越多，规模也越来越大，社会效益不断提升。但联赛的市场关注度还有待提升，经济效益有待进一步挖掘。

其二，一大批高质量赛事的举办，提升了国际影响力。北京奥运会等一系列高水平综合性赛事的成功举办，让世界看到了中国的综合实力和办赛水平；伴随着中国开放程度的不断扩大，以及筹办北京奥运会营造的热烈氛围，以北京、上海、广州等大城市和沿海城市为代

---

① 2010年底，人民日报《民主政治周刊》与人民网法治频道联合推出"2010年法治事件评选"活动。经过网友网上投票和读者来信评选，"足坛反腐"位列第二，可见国人对足坛腐败问题的关注。

表，引入了一大批在国际上有重要影响力的国际单项体育赛事和商业赛事，如中国网球公开赛、F1 大奖赛、NBA 职业篮球季前赛、国际足球友谊赛、北京和厦门的国际马拉松等。这些赛事经过运作，发展成为在国际上有一定影响力的顶级精品赛事。而其中的商业赛事，由于与体育产业的"产业"属性最为切近，因此，社会化程度和市场化程度较高，与国际赛事运作的接轨程度也最高。

其三，群众性"草根"体育赛事蓬勃开展是这一阶段体育竞赛表演发展的一个亮点。课题负责人曾经对西安的民间赛事市场进行长期跟踪调查。发现，在 2000—2010 年间，西安在民间足球联赛的带动下，篮球、排球、围棋、弹弓、羽毛球、钓鱼等项目上都出现了民间自发举行的联赛等形式的赛事活动。这些赛事在运作过程中，以社会效益为优先，但为了维持运转，融入了诸多市场元素，参赛费、场地费、赞助等构成了赛事举办的主要资金来源。

（二）健身休闲产业得到了较好的发展

《全民健身计划纲要》的颁布，举办奥运会所带来的浓烈的体育氛围，加之社会经济发展带来人们生活方式和消费观念的转变，体育消费群体越来越壮大，健身休闲产业得到了较好发展。数据（见表 3-1）显示，2008 年，北京奥运会成功举办之年，体育健身休闲业的增加值达到 74.49 亿元，较 2006 年的 46.98 亿元有了较大幅度的提升，提升幅度近 60%。

笔者于 2006 年对陕西省的一项调查显示，在经济相对不发达的陕西省，截至 2006 年，进入市场经营的项目就达 30 余种，能够满足不同消费群体的需求，给予人民群众越来越。2006 年，陕西省体育市场最受消费者欢迎的 10 个项目依次是羽毛球、健身健美、游泳、棋牌、民族传统体育、乒乓球、篮球、足球、台球、极限运动。[①] 除传统的体育项目外，保龄球、击剑、滑雪等高端时尚型，以及漂流、

---

① 张金桥等：《陕西省体育产业发展战略研究》，《中国体育科技》2008 年第 3 期。

热气球、滑翔伞、沙漠探险等户外运动及拓展项目发展较快。

健身休闲的初级市场逐步形成。出现了一批全国连锁的品牌健身俱乐部,还出现了一批依托城市体育场馆、社区而建设的休闲健身场所,国外的一些知名的健身企业也开始进入中国健身市场,初步形成高中低档并存的格局。经营性的休闲健身俱乐部普遍采取以下收费方式:分时段、月票、年票及会员制。收费方式的多样化,较好地满足了不同群体的消费需求,形成了相对固定的消费群体。多元化、多层次、互为补充的健身休闲产业格局初步形成。

但从整体上讲,健身休闲产业的规模还不大,年增加值还较低,需要加快进行市场的培育。

(三)体育用品产业不断转型升级,但自主创新依然不足

体育用品行业开放较早,开放度较高,在体育产业中所占比重也最大。1993 年,第一届中国国际体育用品博览会(下文简称"体博会")在西安举办,198 家企业集体亮相,标志着中国体育用品制造业迈开了融入市场经济大潮的关键一步;至 2010 年,"体博会"已成为当时亚洲最大、世界排名第三的体育用品博览会[①]。

2010 年前后,中国已成为世界最大的体育用品制造基地。在长期的市场竞争中,出现了一批本土知名企业。但受 1997 年前后的亚洲金融危机、2007—2009 年环球金融危机,以及国外市场疲软的影响,中国的体育用品制造在快速发展后经历多次波动,产业增长速度在 2008 年前后趋缓,并开始进行自身的调整升级。一批企业从供给侧入手,加大了科技创新的投入力度,以品牌化的产品参与市场竞争,取得了较好的成效,出现了一批有国际体育用品制造企业,如李宁、安踏、双星、回力、红双喜等。其中,作为中国体育自有品牌红双喜首次亮相于 2000 年悉尼奥运会,反响良好;2008 年,伴随着李宁在北京奥运会上点燃主火炬,"李

---

① 柳霞:《砥砺前行的中国体育产业》,《光明日报》2010 年 10 月 19 日第 5 版。

宁"品牌迎来市场暴发,当时市场占有率达9.7%①,反超世界著名品牌。

但从中国体育用品市场来看,2010年前后,尚处于发展的上升阶段。市场上虽有些知名企业,但这些企业的自主品牌市占率并不高。虽《中国体育用品行业2010—2011发展报告》显示,"中国制造"当时已占据世界体育用品业65%以上的市场份额,但这里面很多并非中国自主品牌,而是代工。在价格、居民收入、市场秩序、健身运动等因素的制约下仍将持续很长时间,市场还处于完全竞争的结构之下。

该阶段,体育用品生产企业的科技投入力度不够,自主创新依然不足。模仿、假冒等情况在国内体育用品企业并不少见,且在法律体系不健全的情况下,更有利于资金运作,赚"快钱"。此种观念,严重抑制了国内企业的自主开发热情。

(四)体育产业领域不断拓展,但和其他产业的融合力度还有待加强

随着社会和经济的发展,体育和文化、教育、旅游、康养、科技、互联网(信息技术)等相关领域的融合进程启动。

体育旅游是该阶段融合较好的领域。笔者从1999年开始关注体育旅游,也进行了多年的调研。发现,体育旅游由于贴近大自然、体验性高,而成为回头顾客较多的一个行业,从而受到投资者的"追捧"。21世纪最初10年,体育旅游的概念逐步确立,体育旅游从无到有,活动类型逐步拓展,登山徒步、野外生存、漂流、沙漠探险、攀岩、自行车骑行、滑雪、体育主题公园等为消费者提供了多元化的体验性选择;围绕北京奥运会兴起的"奥运旅游"概念,带动了赛事旅游的发展;一些西部的少数民族聚居区域整合传统体育资源,和当地的文化旅游集合起来,开展体育表演观赏活动,以及体验性参与活动。

---

① 丰佳佳:《体育产业紧跟时代不断向前》,《光明日报》2021年7月1日第7版。

在体育培训市场方面，武术和足球培训是该阶段运行最好的两个领域。武术热延续自 20 世纪 80 年代，在持续发展过程中，汰劣留良，小作坊式的武校越来越少，代之是兼具文化课教育的有一定规模的武术培训机构；足球培训热则缘于足球职业化带来的足球氛围，以及对足球人才的需求。

整体上讲，体育产业和相关产业融合开始启动，拓展了体育产业领域，但融合发展程度还比较低。就融合度相对较好的体育旅游来说，到 2010 年前后，主要还是体育部门在推动，还未引起旅游部门的重视，部门之间、产业之间的融合机制、联动机制未有效建立。体育旅游如此，体育和其他领域的融合也是如此。

此外，融合动力不足，融合产品开发缺乏创新，缺乏精品示范等都制约着融合程度的提升。

（五）体育产业结构不合理，体育服务业各业态占比较低

表 3-1，及图 3-2、3-3、3-4，清晰地呈现了 2006 年、2007 年、2008 年全国体育及相关产业增加值的内部结构，除体育用品、服装鞋帽制造外，其他体育服务业各领域增加值占比都不超过体育产业总增加值的 10%，其中比例第二高的体育组织管理活动 2006 年、

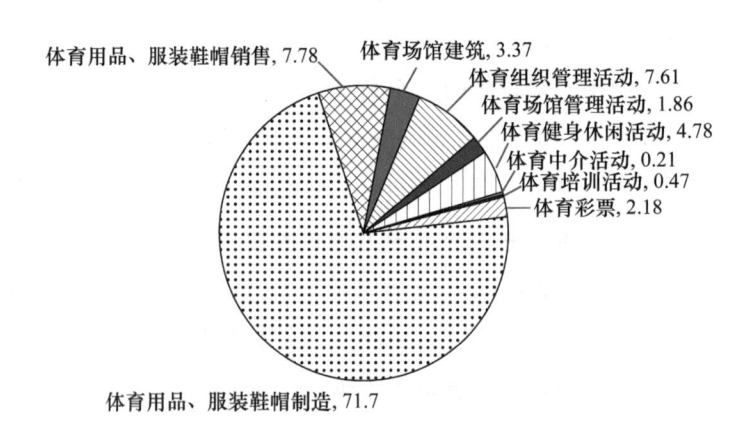

体育用品、服装鞋帽销售, 7.78
体育场馆建筑, 3.37
体育组织管理活动, 7.61
体育场馆管理活动, 1.86
体育健身休闲活动, 4.78
体育中介活动, 0.21
体育培训活动, 0.47
体育彩票, 2.18
体育用品、服装鞋帽制造, 71.7

图 3-2　2006 年全国体育及相关产业增加值占比（单位:%）

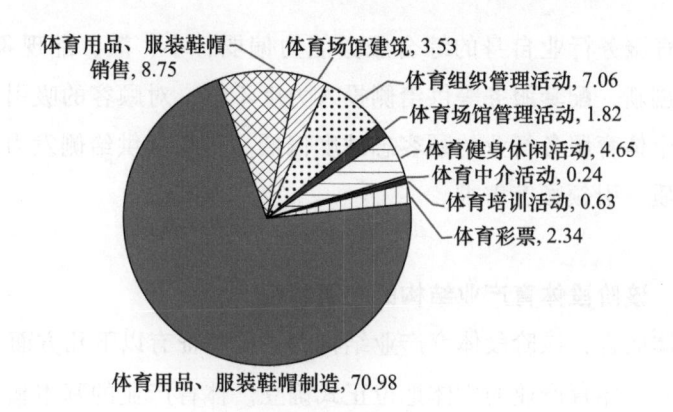

图 3-3　2007 年全国体育及相关产业增加值占比（单位:%）

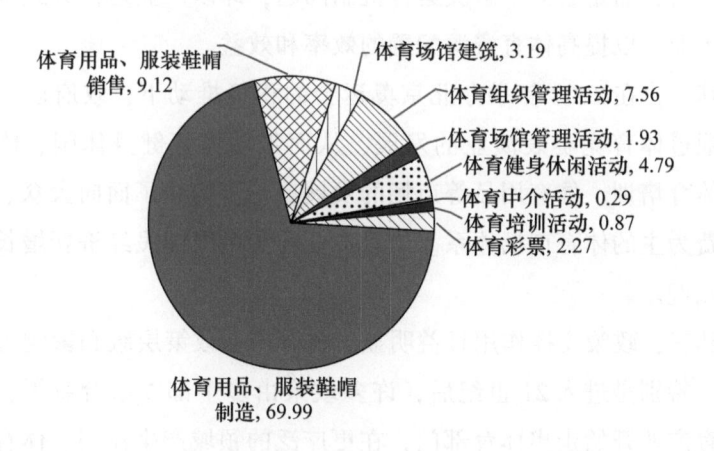

图 3-4　2008 年全国体育及相关产业增加值占比（单位:%）

2007年、2008年的比例分别仅为7.61%、7.06%、7.56%。而作为体育产业最为核心的本体产业之一，体育健身休闲活动2006年、2007年、2008年的比例占比都不足5%。虽然该三年的统计数据没有将体育竞赛表演业单列，但从整体数据，结合近几年的发展来看，当时，体育竞赛表演业所占比重在1%左右。

体育培训活动所占的比例更低，大多在0.5%左右。核心产业形态占比较低，不利于对其他业态的带动和辐射。

体育服务行业自身的综合服务能力偏弱，小、散、乱现象严重，在产品创新，配套服务等供给侧投入力度不够，对顾客的吸引力还不够。整个体育服务行业的顾客忠诚度偏低。亟须从供给侧发力，提升自身品质，引领顾客需求。

四 该阶段体育产业结构的主要特征

总体而言，该阶段体育产业结构的主要特征有以下几方面。

其一，体育产业的主体地位正式确立。体育产业的基本概念和发展目标得以明确。体育产业政策的目标不再仅着眼于解决体育经费不足的矛盾，而是着力于解决运行机制问题，即以产业运作方式来发展体育事业，以提高体育资源配置的效率和效益。

其二，在2008年举办北京奥运会的积极推动下，政府以政策引导，通过体育竞赛表演业的发展，从而带动体育健身休闲、体育中介、体育培训、体育用品等市场的发展，初步构建了面向大众、以服务消费为主的体育市场体系。体育产业作为中国国民经济新增长点已初见端倪。

其三，政策支撑作用日益明显。体育产业政策层级和影响力明显提升，特别是进入21世纪后，许多政策由多个部委联合签署，预示着体育产业开始走出体育部门，在更广泛的领域产生作用。体育产业政策中对产业结构优化投入了更多的观照。

其四，体育用品制造业在整个体育产业中占比过高，而体育服务业又占比偏低。体育用品开始从供给侧着手，启动自主品牌建设，转型升级进程加快，但低端、代工依然是主流，体育用品制造的高度化、合理化之路任重而道远。体育服务业规模偏小，作为体育产业核心领域的体育竞赛表演、体育运动健身等产业业态虽有发展，但其增加值在整个体育产业中的占比过低，也缺乏创新意识，缺乏从供给角度调整结构的意识，还不能有效发挥对体育产业其他领域的带动，这也是体育产业对整个国民经济贡献率偏低的最核心原因。

第三节 快速发展阶段的体育产业结构（2010 年至今）

2008 年，北京奥运会和残奥会成功举办后，胡锦涛在表彰大会提出，要"推动中国由体育大国向体育强国迈进"；2013 年，党的十八届三中全会通过了《中共中央关于全面深化改革若干重大问题的决定》，中国迎来了全面深化改革的新时期；2015 年 11 月，习近平在中央财经领导小组第十一次会议上提出要"着力加强供给侧结构性改革"，此后，以供给侧结构性改革为主线成为解决突出矛盾和问题，推动中国经济社会持续健康发展的治本良方；2017 年，党的十九大将习近平新时代中国特色社会主义思想写入《中国共产党章程》，确立为党的指导思想之一，中国特色社会主义进入了新时代。

在以上背景下，中国体育发展战略发生了重大改变，以 2010 年《国务院办公厅关于加快发展体育产业的指导意见》[①] 和 2014 年《国务院关于加快发展体育产业促进体育消费的若干意见》的出台为标志，体育产业进入了全面深化改革的新阶段。以供给侧结构性改革为主线，中国在坚持体育事业公益性、加快发展体育事业的同时，对发展体育健身市场、开发体育竞赛和体育表演市场、发展体育用品业等体育产业业态进行了积极探索，社会力量参与体育的热情不断高涨，体育产业在国家层面的指导和引领下得以快速发展。

[①] 由于 2010 年国务院办公厅印发《国务院办公厅关于加快发展体育产业的指导意见》，是在明确提出"推动我国由体育大国向体育强国迈进"，即中国体育发展战略发生重大转变后，出台的第一个位阶高，且全面系统的体育产业政策，因此，本书将其作为中国体育产业进入第三阶段的起点。

一 全面深化改革和供给侧结构性改革成为体育产业政策的指导思想

该阶段,全面深化改革和供给侧结构性改革成为出台体育产业政策的指导思想,优化产业结构,优化产业布局,创新驱动等成为各种体育产业政策中的"关键词"。

(一)两个启动体育产业快速发展的"标志性"文件的措施侧重于供给侧

2010年,国务院办公厅印发的《国务院办公厅关于加快发展体育产业的指导意见》(简称"意见")提出,要"不断增加体育市场供给,努力向人民群众提供健康丰富的体育产品;坚持深化改革、开拓创新,加快建立完善有利于体育产业健康发展的体制机制"。彼时,供给侧结构性改革尚未明确提出,但在经济发展实践中,大家已经深刻认识到供给的重要性,因此,该意见中提出了增加体育市场供给,并坚持深化改革的指导方针。

《意见》提出了大力发展体育健身市场,努力开发体育竞赛和体育表演市场,积极培育体育中介市场,做大做强体育用品业,大力促进体育服务贸易,协调推进体育产业与相关产业互动发展6项重点任务。从政策文本可以看出,《意见》是在深刻分析体育产业发展现状,及存在的结构性矛盾的基础上出台的,特别是其中提出的以"体育服务业为重点",抓住了体育产业能否持续健康发展的"牛鼻子"。

在全面深化改革的大背景下,2014年10月,《国务院关于加快发展体育产业促进体育消费的若干意见》(以下简称国务院46号文件[①])出台,这是中国体育产业发展的里程碑事件。国务院46号文件提出要向改革要动力,向市场要活力,并将全民健身上升为国家战略。

---

① 《国务院关于加快发展体育产业促进体育消费的若干意见》编号为国发〔2014〕46号,即国务院46号文件,在体育界简称为"国务院46号文"。

国务院46号文件将产业体系更加完善……产业结构更加合理，体育服务业在体育产业中的比重显著提升作为发展目标之一。从供给角度出发提出要改善产业布局和结构，应因地制宜发展体育产业，建立区域间协同发展机制；应进一步优化体育服务业、体育用品业及相关产业结构，着力提升体育服务业比重；应抓好潜力产业。从完善体育设施，发展健身休闲项目，丰富体育赛事活动等方面提出了丰富市场供给的任务。

在体育产业发展的外部结构优化方面，首先，国务院46号文件将体育产业发展上升至提高中华民族身体素质和健康水平，满足人民群众多样化体育需求、保障和改善民生、扩大内需、增加就业、培育新的经济增长点，弘扬民族精神、增强国家凝聚力和文化竞争力的层面，确立体育在国家经济社会发展中的地位；其次，从积极拓展业态、促进康体结合、鼓励交互融通等方面，提出要促进融合发展。

国务院46号文件对创新非常重视，涉及创新的表述主要体现在两个方面：一是体制机制创新，针对如何推动体育产业管理体制改革，发挥市场在资源配置中的决定作用，同时更好地发挥政府作用，创造良好的条件和环境，提出转变政府职能，推进职业化改革，创新体育场馆运营机制等任务；二是加强体育品牌建设……开发科技含量高、拥有自主知识产权的体育产品，健全体育产业领域科研平台体系，建设产业技术创新战略联盟，完善体育技术成果转化机制等方面，提出完善创新驱动政策的措施。

从政策文本来看，改革创新、从供给侧出发、优化产业布局和结构、丰富市场的有效供给，以更好地服务于国家和民族，贯穿国务院46号文件始终。为体育产业的发展指明了方向，提供了保障。

此后，各地方也纷纷因地制宜地制定了符合地方特色、可操作性强的实施意见，截至2015年底，全国31个省（自治区、直辖市）按要求出台了《实施意见》，在全国掀起了发展体育产业的高潮。

国务院46号文件出台后，涉及体育产业发展的相关规范性文件相继出台，发展体育产业的政策体系日益完善。

（二）《国家体育产业统计分类》的修订充分展现了供给侧结构性改革的思路

2015年，国家统计局、体育总局出台了《国家体育产业统计分类》，将体育产业界定为"为社会公众提供体育服务和产品的活动，以及与这些活动有关联的活动的集合"；将体育产业分为11大类、37中类、52小类，较为全面地涵盖了体育产业各个领域，着力体现了体育产业与旅游、互联网、金融、信息服务、传媒、民族特色文化保护等业态融合发展的新趋势。2019年，基于体育产业快速推动和发展过程中，新业态、新商业模式等新情况不断涌现，体育产业的内容和边界不断拓展等原因，国家统计局、国家体育总局对《国家体育产业统计分类》进行了修订，将体育产业分类调整为11大类、37中类、71小类。新修订的方案深刻体现了体育产业类别在国民经济行业分类中的渗透越来越多，体育产业在国民经济中的地位、作用日益凸显的现状。本次调整，特别重视了体育竞赛表演、体育健身休闲活动等体育核心资源的运动项目特征[①]，有利于更好地发挥其社会作用及经济价值；充分反映了"体育+"，以及"+体育"的跨界新进展，希望通过分类调整，推动体育产业在融合发展中创新新业态、新模式；期望通过展现科技赋能体育而取得的新成果，引导科技创新在驱动体育产品研发、设计、制造等方面的作用。《国家体育产业统计分类》的修订充分展现了供给侧结构性改革的思路，对于优化体育产业结构，引导优质体育产品供给，更好地满足人民群众对于美好体育

---

① 近年来，国家体育总局、教育部共同编制了《中国足球中长期发展规划（2016—2050年）》，国家体育总局与其他部门联合发布了《冰雪运动发展规划（2016—2025年）》《全国冰雪场地设施建设规划（2016—2022年）》《群众冬季运动推广普及计划（2016—2020年）》《水上运动产业发展规划》《航空运动产业发展规划》《山地户外运动产业发展规划》《击剑运动产业发展规划》《马拉松运动产业发展规划》《自行车运动产业发展规划》《武术产业发展规划（2019—2025年）》等一系列项目发展规划。充分体现了强化体育竞赛表演、体育健身休闲活动等体育核心资源运动项目特征的思路。

生活的向往有着重要的规范价值，也有利于决策者、业界和理论界获得体育产业，尤其是产业结构方面的准确数据，对于科学判断从而推动体育产业高质量发展有着重要意义。

（三）从供给侧出发，优化体育产业结构成为产业政策的主旋律

2015年底，中央明确提出推动"供给侧结构性改革"后，以供给侧结构性改革为主线，贯彻新发展理念，优化产业结构，推动体育产业高质量发展成为体育产业政策的主旋律。

2016年，国家体育总局发布的《体育产业发展"十三五"规划》中指出，伴随着供给侧结构性改革的不断深入、科技革命和产业变革的不断发展，以及"健康中国"战略的逐步实施，"十三五"时期，中国体育产业将从追求规模向提高质量和竞争力扩展。体育产业发展应在坚持改革引领、市场主导、创新驱动和协调发展的基本原则下，优化市场环境、培育多元主体、提升产业能级、扩大社会供给和引导体育消费。在产业结构方面，该规划提出，要推动体育产业体系进一步完善，体育产业各门类协同融合发展，产业组织形态更加丰富，产业结构更加合理，体育产品和服务供给充足，层次多样。

2016年，《国务院办公厅关于加快发展健身休闲产业的指导意见》明确提出，要推进健身休闲产业供给侧结构性改革，提高健身休闲产业发展质量和效益，培育壮大各类市场主体，丰富产品和服务供给。并在政策文本的第四部分，从优化健身休闲服务业、器材装备制造业及相关产业结构，着力提升服务业比重，实施健身服务精品工程，培育以健身休闲服务为核心的体育产业示范基地、单位和项目、发展体育旅游示范基地，积极培育以健身休闲为特色的服务贸易示范区，打造地区特色等方面提出优化健身休闲产业结构和布局的具体政策。

2019年，《国务院办公厅关于促进全民健身和体育消费推动体育产业高质量发展的意见》提出要强化体育产业要素保障，激发市场活力和消费热情，推动体育产业成为国民经济支柱性产业，积极实施全民健身行动，让经常参加体育锻炼成为一种生活方式。政策

文本的第六部分，明确提出要采取提升体育服务业比重，支持体育用品制造业创新发展，推动体育赛事职业化，加快发展冰雪产业，大力发展"互联网+体育"等措施，以改善产业结构，丰富产品供给。

（四）日益强调体育产业与其他产业的融合发展

作为优化体育产业外部结构的重要举措，产业融合亦在近年来的政策文件中多有体现。例如，2016年，中共中央、国务院印发的《"健康中国2030"规划纲要》中提到体医结合。2016年，国务院办公厅印发的《国务院办公厅关于加快发展健身休闲产业的指导意见》中提出，大力发展体育旅游，推动"体医结合"，促进健身休闲与文化、养老、教育、健康、农业、林业、水利、通用航空、交通运输等产业融合发展。2018年，《国务院办公厅关于加快发展体育竞赛表演产业的指导意见》中提出，要坚持"体育+"和"+体育"做法，促进体育竞赛表演产业与文化和旅游、娱乐、互联网等相关产业深度融合。2019年，《国务院办公厅关于促进全民健身和体育消费推动体育产业高质量发展的意见》中，提出从推动体医融合，鼓励体旅融合，加快体教融合等方面实施"体育+"行动，促进融合发展。

为了深入推进体育和旅游的融合发展，2016年，国家体育总局与国家旅游局签署了《关于推进体育旅游融合发展的合作协议》，共同印发了《关于大力发展体育旅游的指导意见》，并联合其他部门，共同发布了《关于促进自驾车旅居车旅游发展的若干意见》；2017年，两部门又联合发布了《"一带一路"体育旅游发展行动方案》；2021年，文化和旅游部、国家发展改革委、国家体育总局联合印发了《冰雪旅游发展行动计划（2021—2023年）》。截至2019年底，已经有20个省（区、市）的省级体育部门与旅游部门联合制定了体育旅游相关政策[①]。

[①] 国家体育总局体育经济司：《2019年全国各省（区、市）体育产业工作情况报告》，《体育工作情况》2020年第5期。

(五) 日益关照体育产业发展中创新驱动的作用

作为体育产业结构优化的重要抓手，创新驱动日益为各种体育产业政策所强调。例如，国务院46号文件提到了体制机制创新，及完善创新驱动政策。2016年，《国务院办公厅关于加快发展健身休闲产业的指导意见》中提出，引导各类市场主体在组织管理、建设运营、研发生产等环节创新理念和模式，提高服务质量，更好地满足消费升级的需要。通过推动转型升级、增强自主创新能力、加强品牌建设等措施提升健身休闲器材装备研发制造能力。2018年，《国务院办公厅关于加快发展体育竞赛表演产业的指导意见》中提出，鼓励具有自主品牌、创新能力和竞争实力的体育竞赛表演企业做大做强；鼓励创新创业，加强体育产业创新创业教育服务，创新人才培养机制，重视和鼓励高新技术在体育竞赛表演产业中的应用。2019年，《国务院办公厅关于促进全民健身和体育消费推动体育产业高质量发展的意见》中，提出要支持体育用品制造业创新发展，鼓励体育用品研发制造中心的创建。

(六) 如何处理好政府和市场的关系为体育产业政策所重视

市场运行机制是影响体育产业结构优化和产业增长的内生性驱动因素。发挥市场在资源配置中的决定作用，同时更好地发挥政府作用，有利于创造良好的条件和环境，以鼓励体育相关业者放手去创造更多优质的体育产品，促进产品供给从同质化到精品化的转变，促进体育消费市场的健康发展。2016年，《国务院办公厅关于加快发展健身休闲产业的指导意见》中提到，要充分发挥市场在资源配置中的决定性作用；要大力推进简政放权、放管结合、优化服务改革，着力破解社会资本投资健身休闲产业的"玻璃门""弹簧门""旋转门"等问题；要加快政府职能转变，大幅度削减健身休闲活动相关审批事项。2018年，《国务院办公厅关于加快发展体育竞赛表演产业的指导意见》中提出，要加快推进政府职能转变，深化体育行业协会改革；坚持市场驱动，建立健全体育产权制度和要素市场化配置机制。2019

年,《国务院办公厅关于促进全民健身和体育消费推动体育产业高质量发展的意见》中,提到要通过深化全国性单项体育协会改革、完善赛事管理服务机制、深化场馆运营管理改革、推动公共资源向体育赛事活动开放等方式深化"放管服"改革;政府支持层面,要通过加强知识产权保护、加大金融支持力度、落实已有税费政策等措施来完善产业政策,优化发展环境。

"放管服"改革在体育产业领域的一个典型政策体现,是赛事审批制度改革。2014年底,《关于推进体育赛事审批制度改革的若干意见》《全国性单项体育协会竞技体育重要赛事名录》《在华举办国际体育赛事审批事项改革方案》等一系列关于体育赛事审批或举办的配套政策由国家体育总局发布。相关制度实施后,极大地激活了商业赛事市场,但也出现了部门间推诿扯皮的问题,"放权"后在部分地方出现了"谁都不管"的局面,为此,国家不断探索解决之道,认为不仅要"放权",还要做好"管"和"服",《国务院办公厅关于促进全民健身和体育消费推动体育产业高质量发展的意见》中,明确提出要完善赛事管理服务机制。

就政府应扮演的角色,中央及地方的一系列政策还从税费减免(优惠)、平台建设与供给、制度供给、成立引导基金、加强体育产业基地建设等方面进行了阐明。

(七) 该阶段体育产业政策的特点

归纳起来,本阶段体育产业政策具有以下主要特点。

其一,专门政策上升至国家层面,标志着中国体育产业成为国家经济发展战略和产业政策的重要组成部分,开始进入加快发展的历史阶段。

其二,全面深化改革,以供给侧结构性改革为主线,同时观照需求侧,着力提升体育产业发展质效,持续释放体育产业消费动能,逐步成为出台各类体育产业政策的指导思想。优化产业结构,优化产业布局,创新驱动,产业融合,政府职能转变、市场在资源配置中决定性作用等,成为各种体育产业政策中的关键点。

其三,不再是就体育产业论体育产业,而是将体育产业的战略地位和战略意义提升到了经济发展、体育改革和惠及民生这一新的高度。进一步明确了深化体育体制改革的方向和任务;在保障和改善民生方面,提出了"将全民健身上升为国家战略"的重大决策。

其四,体育产业政策总体上强调发挥市场在资源配置中的决定性作用和更好发挥政府作用,强调深化改革,简政放权,开拓创新,激发活力。

其五,大力发展体育产业成为各级政府的共识,中央出台的重要体育政策,各级政府会根据本地实际,制定本级的实施意见或规划,构成了种类齐全、纵向衔接的政策体系。而这些政策无一例外地贯彻了上位政策的指导思想,强调以供给侧改革为主线,优化产业结构。

二 体育产业结构日益优化,体育产业体系日益健全

(一)体育产业规模逐步扩大,对国民经济的贡献率有提升

2010年,《国务院办公厅关于加快发展体育产业的指导意见》发布,尤其是2014年国务院46号文件发布以来,中国体育产业取得了长足发展,体育产业总规模(总产出[①])、增加值及其GDP占比都呈快速增长状态。笔者掌握的数据显示,国务院46号文件发布当年,中国体育产业总规模为13574.7亿元,到2019年,已达到29483.4亿元,增幅117.19%。2019年,中国体育产业增加值为11248.1亿元,约是2011年的4.2倍,增幅巨大。体育产业增加值在国家GDP中占比稳步提升,从2011年的0.55%上升至2019年的1.14%(见表3-2、图3-5)。据国家体育总局体育经济司负责人介绍,在"十三五"期间,体育产业总规模和增加值的增速都远远高于同期GDP的增长速度,凸显出巨大的市场潜力和空间(具

---

① 总产出:指一个国家所有常住单位在一定时期内生产的所有货物和服务的价值。

体数据见图 3-6）。体育产业对国民经济的贡献越来越大，成为国民经济的新增长点的势头凸显。

表 3-2　2011—2019 年国内生产总值、中国体育产业增加值①　（单位：亿元）

时间	国内生产总值	中国体育产业增加值
2011 年	487940.2	2689.06
2012 年	538580	3135.95
2013 年	592963.2	3563.69
2014 年	643563.1	4040.98
2015 年	688858.2	5494.4
2016 年	746395.1	6474.8
2017 年	832035.9	7811.4
2018 年	919281.1	10078
2019 年	986515.2	11248.1

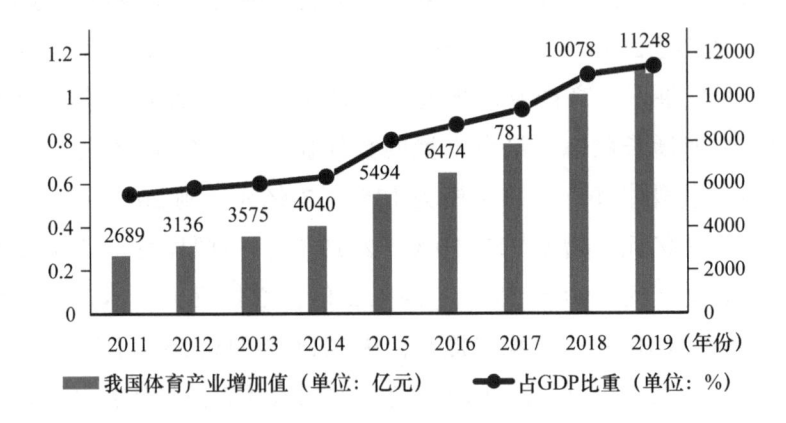

图 3-5　2011—2019 年中国体育产业增加值 GDP 占比②

---

① 数据来源：国家统计局官网、国家体育总局官网。
② 根据表 3-2 相关数据测算。

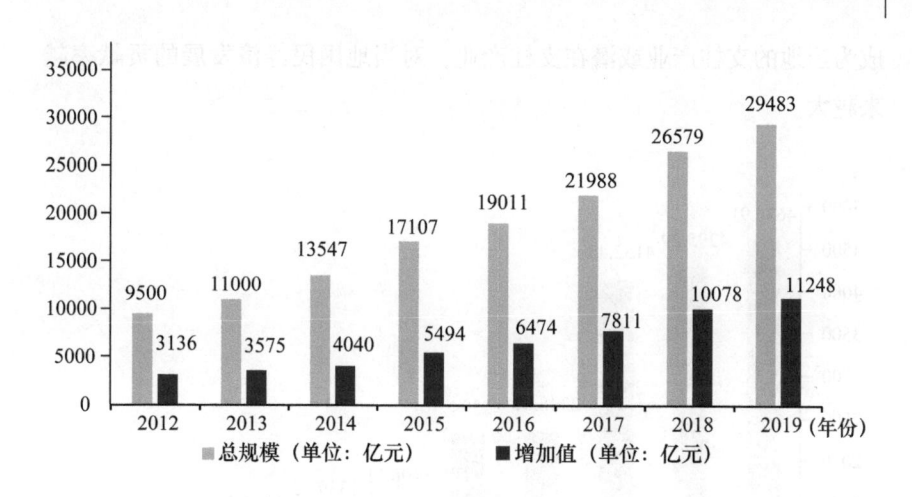

第三章 中国体育产业结构的演变、优化及存在的问题

图 3-6　2012—2019 年体育产业总规模与增加值

部分发展比较快的省（区、市），体育产业规模及对国民经济的贡献与日俱增。2018 年，体育产业总规模排在前十位的省份有（见图 3-7）：广东省（4636.91 亿元）、福建省（4295.29 亿元）、江苏省（4152.43 亿元）、山东省（2348.01 亿元）、浙江省（2304 亿元）、上海市（1496.11 亿元）、湖北省（1339.38 亿元）、北京市（1214.4 亿元）、四川省（1163.86 亿元）、河南省（1041.89 亿元）。体育产业增加值超 500 亿元的省份有（见图 3-8）：广东省（1602.33 亿元）、福建省（1496.13 亿元）、江苏省（1416.62 亿元）、山东省（770.41 亿元）、浙江省（752 亿元）、湖北省（591.73 亿元）、上海市（556.9 亿元）。就体育产业增加值 GDP 占比而言（见图 3-9），2018 年，福建省（4.2%）、上海市（1.7%）、广东省（1.65%）、江苏省（1.5%）、湖北省（1.41%）、浙江省（1.30%）超过全国平均值[①]。体育产业逐步

[①] 以上数据及相关图表根据国家体育总局体育经济司《2019 年全国各省（区、市）体育产业工作情况报告》整理。体育产业总规模数据，除山东、北京报送的是 2017 年数据；体育产业增加值的数据，除山东、北京、辽宁、广西报送的是 2017 年数据，河北、内蒙古报送的是 2015 年数据，其他数据均为 2018 年度数据。图 3-7、图 3-8、图 3-9 中数据亦如此。

成为当地的支柱产业或潜在支柱产业,对当地国民经济发展的贡献率越来越大。

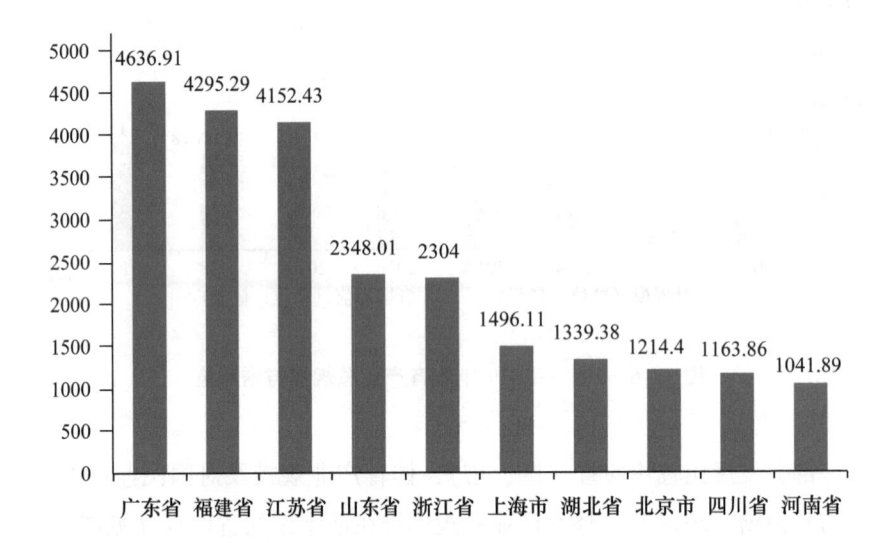

图 3-7 2018 年全国各省(区、市)体育产业总规模前十位(单位:亿元)

广东省	4636.91
福建省	4295.29
江苏省	4152.43
山东省	2348.01
浙江省	2304
上海市	1496.11
湖北省	1339.38
北京市	1214.4
四川省	1163.86
河南省	1041.89

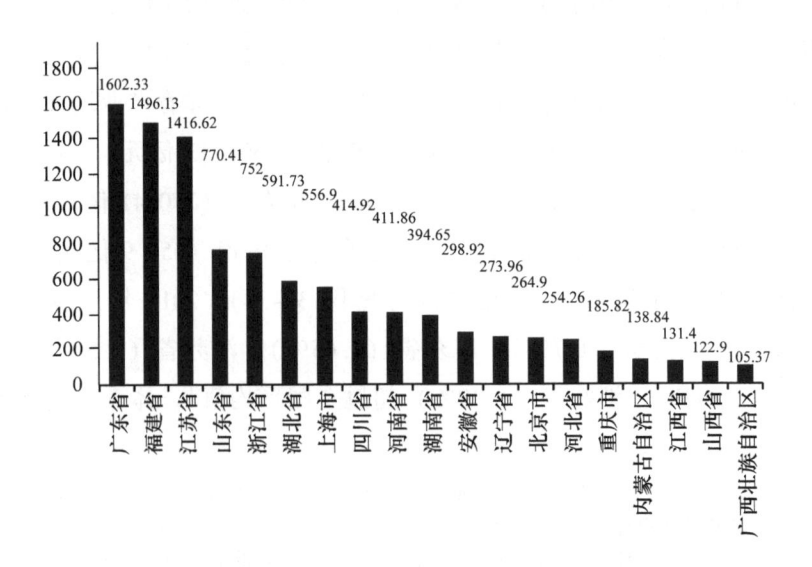

图 3-8 2018 年全国各省(区、市)体育产业增加值(单位:亿元)

广东省	1602.33
福建省	1496.13
江苏省	1416.62
山东省	770.41
浙江省	752
湖北省	591.73
上海市	556.9
四川省	414.92
河南省	411.86
湖南省	394.65
安徽省	298.92
辽宁省	273.96
北京市	264.9
河北省	254.26
重庆市	185.82
内蒙古自治区	138.84
江西省	131.4
山西省	122.9
广西壮族自治区	105.37

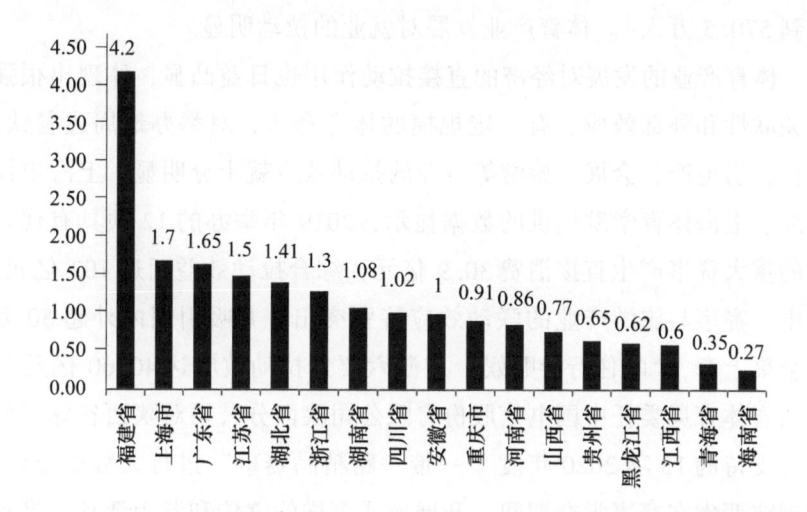

第三章 中国体育产业结构的演变、优化及存在的问题

```
4.50 ┤ 4.2
4.00 ┤█
3.50 ┤█
3.00 ┤█
2.50 ┤█
2.00 ┤█    1.7
1.50 ┤█   █ 1.65 1.5 1.41
1.00 ┤█   █  █   █  █ 1.3 1.08 1.02 1   0.91 0.86 0.77 0.65 0.62 0.6
0.50 ┤█   █  █   █  █  █   █   █   █   █   █   █   █   █   █  0.35 0.27
0.00 ┴█   █  █   █  █  █   █   █   █   █   █   █   █   █   █   █   █
     福  上  广   江  湖  浙  湖   四  安  重  河  山  贵  黑  江  青  海
     建  海  东   苏  北  江  南   川  徽  庆  南  西  州  龙  西  海  南
     省  市  省   省  省  省  省   省  省  市  省  省  省  江  省  省  省
                                                   省
```

图 3-9 2018 年全国各省（区、市）体育产业增加值 GDP 占比（单位：%）

体育产业对国民经济的贡献还体现在对就业的拉动上。近年来，国家体育总局持续加强国家体育产业基地建设，取得突出成绩，仅就带动就业人数而言，2017 年，国家体育产业示范基地吸纳体育产业就业人员 90.5 万余人，体育产业示范单位吸纳就业人员 5.2 万余人；体育产业示范项目带动就业人数达 4.3 万余人；项目参与公众达 2199.8 万余人[①]。有数据显示，"十三五"期间，中国体育产业法人单位数量从 2015 年的 11.6 万个，增长到 2018 年的 24 万个，从业人员从 363 万人增加到 464.9 万人[②]，年增速约为 8.6%。另有数据显示，2018 年，全国体育产业个体经营户达到 33.4 万户，从业人员约为 105.6 万人。体育产业法人单位和体育产业个体经营户从业人员共

---

① 李颖川主编：《国家体育产业基地发展报告（2017~2018）》，社会科学文献出版社 2019 年版，第 2—9 页。
② 林德钊、杨帆：《新动能 新路径 新成果——"十三五"期间体育产业发展回顾》2020 年 10 月 21 日，http：//sports.xinhuanet.com/c/2020-10/21/c_1126639508.htm，2021 年 12 月 18 日。数据不含大中小学从事体育教育的工作人员。

达到 570.5 万人①。体育产业发展对就业的拉动明显。

体育产业的发展对经济的直接拉动作用也日益凸显,体现出很强的关联性和外部效应。有一定规模的体育赛事,对举办地周边餐饮、住宿、房地产、会展、旅游等行业的拉动效应就十分明显。上海市体育局、上海体育学院提供的数据显示,2019 年举办的 12 项具有代表性的重大赛事产生直接消费 30.9 亿元,综合拉动效益超过 102 亿元,其中,赛事与旅游产业的联动效应特别突出,共吸引国内外超 50 万人会聚上海,"吃住行游购娱"旅游六要素拉动效应达 40.60 亿元②。陕西省体育局委托中国电信股份有限公司陕西分公司对陕西省体育局大力支持的 13 项 2020 年度"一带一路精品赛事"进行大数据分析,发现陕西省在赛事举办期间,开展形式多样的宣传和营销活动,推动体育与旅游、文化、康养等产业良性互动,带动地区经济发展,释放内需潜力。在疫情对体育产业造成严重冲击的情况下,依然拿出了较好的绩效。精品赛事的举办,累计拉动赛事举办地经济 1.78 亿元,拉动陕西省经济 5.16 亿元,其中以西安马拉松带动的经济总量最大(见图 3 - 10、3 - 11),可以看出,受到群众广泛喜爱的赛事对举办地经济的带动及形象的提升起到了重要作用。

体育产业在发展过程中,可以有效融合第一产业、第二产业和第三产业,尤其是和第二产业、第三产业关系密切。体育产业的发展,可以有效发挥体育要素在诸如文化、教育、旅游、健康、新闻、制造等相关产业发展中的黏合、稳定、转化和发酵作用,促进相关产业的发展。近年来,体育产业不断加强与其他产业的交叉融合,不断拓展体育产业新兴领域,在国民经济动能转换中起到了越来越大的作用。

---

① 数据来源于《第四次全国经济普查公报》。
② 曹玲娟:《上海发布 2019 年体育赛事影响力评估报告》,《人民日报》2020 年 6 月 4 日第 15 版。

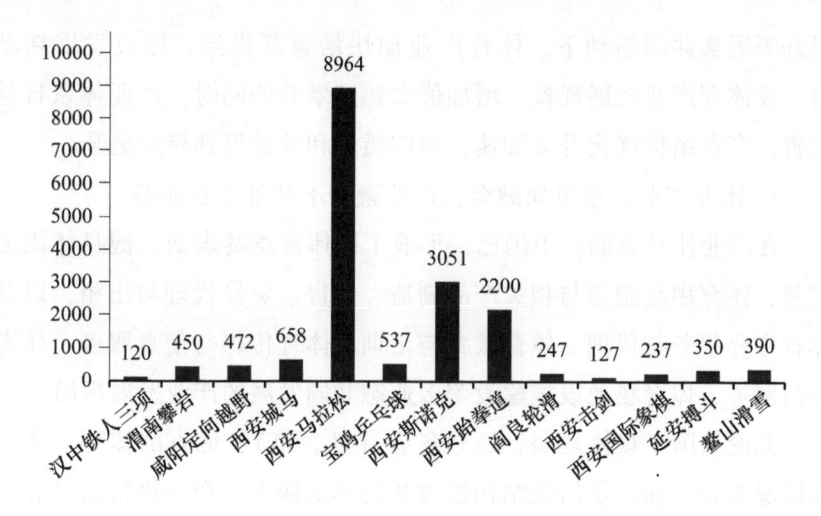

图3-10 陕西2020年体育精品赛事对赛事举办地的经济带动（单位：万元）

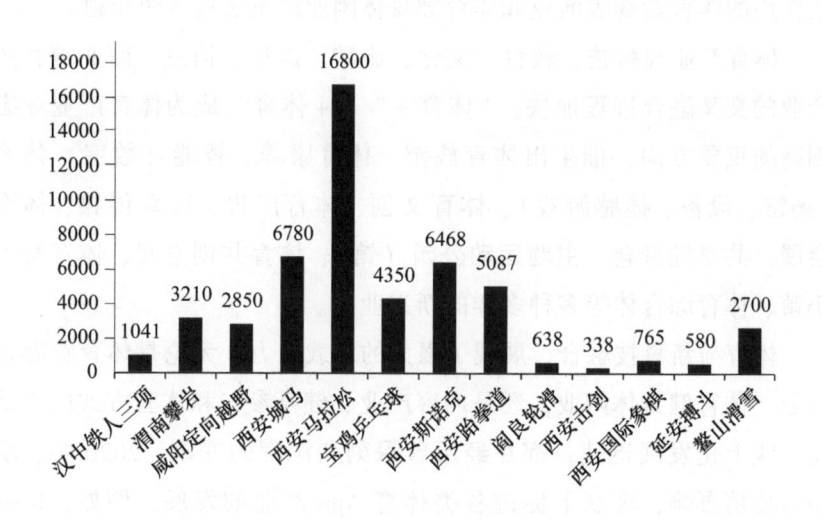

图3-11 陕西2020年体育精品赛事对全省的经济带动（单位：万元）

（二）体育产业体系逐渐健全，产业结构加速优化升级

产业体系是否健全，产业结构是否优化，关乎体育产业的发展是否高质量。近年来，以供给侧结构性改革为主线，在国家政策支持、创新引领消费升级、资本介入，以及国民体育权利意识、健康意识的

提升等因素共同驱动下，体育产业加快培育新供给，形成发展新动力。在体育产业发展规模、增加值大幅度攀升的同时，产业体系日益完善，产业结构优化升级加速，整体质量和效益得到稳步提升。

1. 体育产业体系更加健全，产业融合不断催生新业态

在产业体系方面，中国已经形成了以体育竞赛表演、健身休闲为引领，体育用品制造与相关产品制造、销售、贸易代理与出租，以及体育中介服务与代理、体育教育与培训、体育传媒与信息服务、体育场馆服务、体育场地设施建设等多业态共同发展的产业发展格局。

无论从国家整体发展，还是各省（区、市）、地方的体育产业发展情况来看，随着供给侧结构性改革的不断深入，产品供给质量和供给结构都有较大改善，体育消费水平有较大提升。作为体育产业有引领作用的体育竞赛表演业和体育健身休闲业的发展进入快车道。

体育产业与科技、教育、文化、旅游、医疗、信息、商业等相关产业的交叉融合进程加快，"体育+""+体育"成为体育产业业态创新的重要方向，催生出体育旅游、体育康养、智能（数字）体育（场馆、设备、体感游戏）、体育文创、体育广告、体育传媒、体育会展、共享健身仓、主题运动公园（馆）、体育共创空间、体育特色小镇、体育综合体等多种多样的新兴业态。

体育与新科技融合，展现了强大的承载能力，无论是体育竞赛表演业、体育健身休闲业，还是内容产业、健身参与和体验方式的智能化、线上化发展迅速，都在经历着深刻和深度的变革。2020年，受新冠疫情影响，客观上促进各类体育App产业的发展，例如，Keep主打线上课程和线上运动社区，已获得上亿用户。由于疫情影响和电子商务的日益发达，人们购买体育用品和服装的方式发生了重大变化，线上销售也呈现出繁荣景象。

体育旅游是近年来中央和地方着力发展的融合业态。2017年至2020年底，国家体育总局会同有关部门积极推介体育旅游产品，累计发布黄金周体育旅游精品线路108条，推出了33个国家体育旅游精品赛

事和 30 个国家体育旅游示范基地创建单位,市场反应良好。海南省、贵州省、广西壮族自治区、重庆市等地依托当地的资源优势创建国家体育旅游示范区。东北、北京、河北等地乘 2022 年冬季奥运会带来的机遇,大力发展冰雪旅游业,冰雪产业成为黑龙江的主导产业。陕西省依托秦岭的山地资源和陕北的红色旅游资源,开发红色体育旅游和徒步、穿越、攀岩、拓展等秦岭山地体育旅游项目,由于体验良好,顾客回头率较高,良好的市场基础在西安催生出一大批主打户外旅行的运动俱乐部,笔者对此进行了长期跟踪,笔者所带的研究生还以《西安市户外运动产业发展现状及对策》为题作为毕业(学位)论文选题,并开展了认真的调研,顺利通过了毕业(学位)答辩。笔者调研发现,山东青岛依托奥运帆船比赛场地、滨海优势,开展帆船体验、乘快艇、参观奥运火炬等体育游乐项目,成为体育旅游的重要目的地。新疆利用河流、湖泊、山地、沙漠、戈壁、草原、冰雪等自然资源优势,将户外体育与休闲徒步、风情旅游、农家餐饮、农产品采摘、骑乘体验以及欣赏新疆传统体育非物质文化遗产等有机结合,大力开展群众喜闻乐见和有发展空间的户外运动旅游项目,吸引了大量体育爱好者和游客。

2. 体育服务业占比和增速持续提升,体育用品制造占比和增速明显下降

体育服务业增加值在体育产业中的占比持续增长,支撑体育服务业发展的体育竞赛表演、体育健身休闲等产业的发展稳步提升,全民健身深入推进,健身休闲市场日益活跃,赛事日益增多,品牌赛事、有影响的赛事不断涌现。

体育服务业(除体育用品和相关产品制造业、体育场地设施建设外的其他 9 大类)实现的增加值,在体育产业中的占比从 2013 年的 21.5%[①],上升至 2015 年的 49.2%,2019 年进一步上升至 67.7%。同期,体育用品及相关产品制造业实现的增加值,在体育产业中的占比

---

① 国家发展和改革委员会社会发展司、国家体育总局体育经济司编:《〈国务院关于加快发展体育产业 促进体育消费的若干意见〉100 问》,人民体育出版社 2015 年版,第 46 页。

从 2013 年的 79.5%[①]，下降至 2015 年的 50.2%，2019 年更进一步下降至 46%（见图 3-12、3-13、3-14、3-15、3-16）。体育服务业

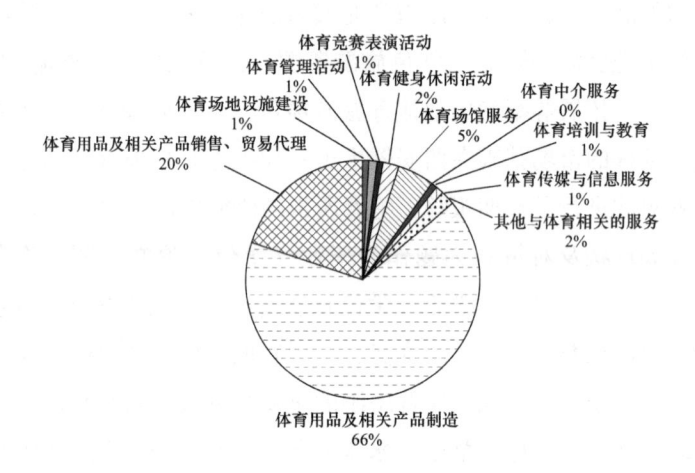

图 3-12　2015 年国家体育产业结构占比

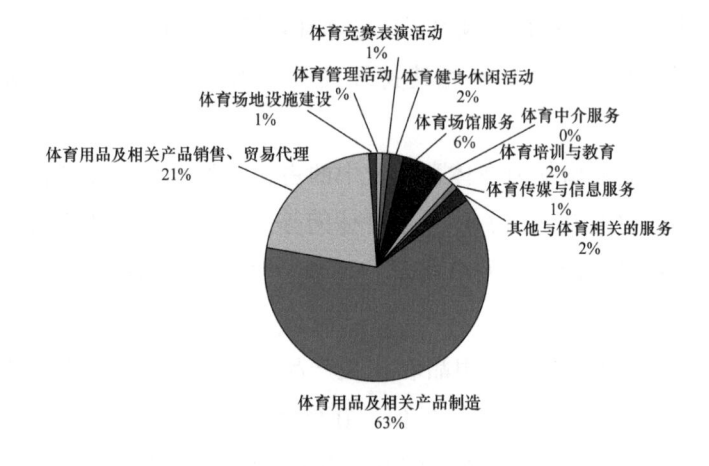

图 3-13　2016 年国家体育产业结构占比

[①] 国家发展和改革委员会社会发展司、国家体育总局体育经济司编：《〈国务院关于加快发展体育产业　促进体育消费的若干意见〉100 问》，北京人民体育出版社 2015 年版，第 46 页。

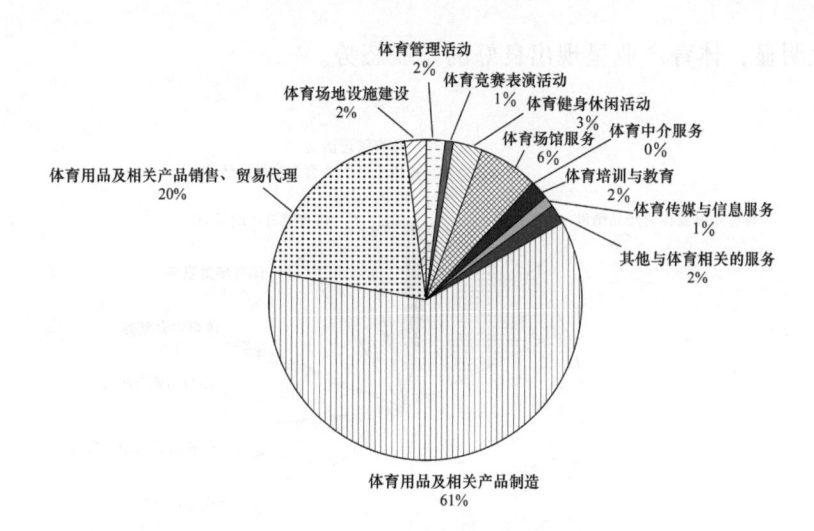

第三章 中国体育产业结构的演变、优化及存在的问题

图 3-14　2017 年国家体育产业结构占比

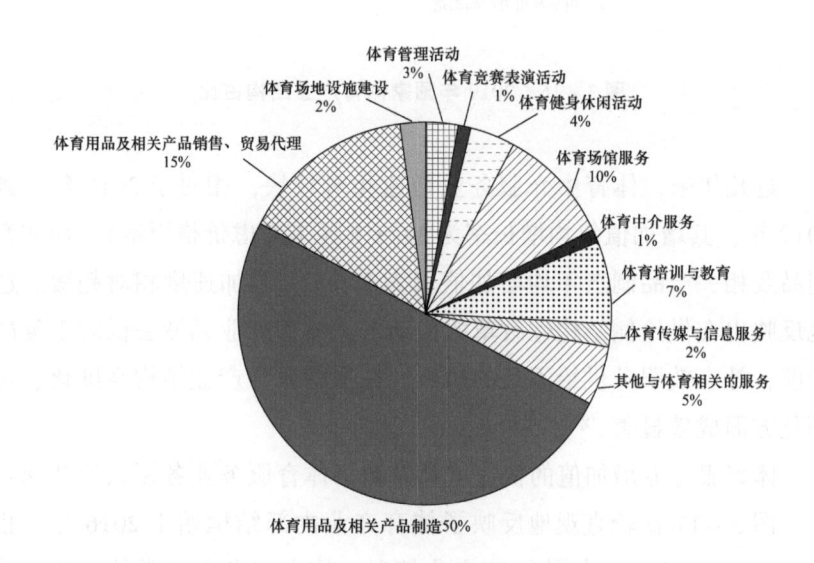

图 3-15　2018 年国家体育产业结构占比

占比持续攀升，和体育用品及相关产品制造占比较为明显下降，反映了中国体育产业结构变化的基本趋势，这也和供给侧结构性改革的大方向相匹配，也符合国际体育产业发展的走向。体育产业内部结构优

化明显，体育产业呈现出良好的发展态势。①

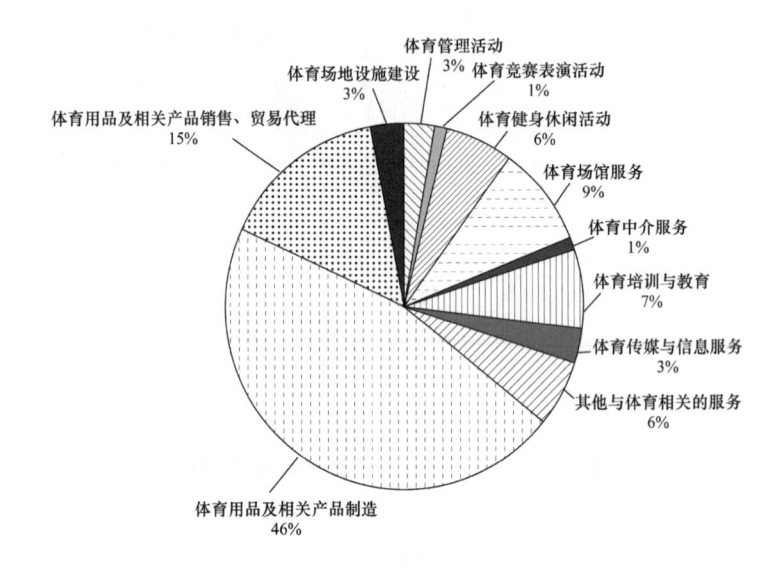

图 3-16　2019 年国家体育产业结构占比

（饼图数据）
- 体育管理活动 3%
- 体育竞赛表演活动 1%
- 体育场地设施建设 3%
- 体育健身休闲活动 6%
- 体育用品及相关产品销售、贸易代理 15%
- 体育场馆服务 9%
- 体育中介服务 1%
- 体育培训与教育 7%
- 体育传媒与信息服务 3%
- 其他与体育相关的服务 6%
- 体育用品及相关产品制造 46%

近几年来，体育中介服务业增速相对较快，相对于 2015 年，到 2019 年，其增加值年均增长率为 29.5%（未考虑价格因素）。而体育用品及相关产品制造年均增加值仅为 5.6%，增加速度相对趋缓。这也反映出在供给侧结构性改革的推动下，体育产业领域去低效重复的产能，补有效服务供给不足的短板，在推动体育产业结构高度化、合理化方面成效显著。②

体育服务业增加值的快速增长，源于体育服务业各领域的共同发力。图 3-17 比较直观地反映了体育产业内部结构始于 2016 年，止于 2019 年，连续 4 年的增速变化情况。体育服务业各类的增速，除

---

① 本部分相关数据，包括图 3-12、3-13、3-14、3-15、3-16 的数据测算均依据国家统计局，或者国家体育总局官方网站上公布的历年全国体育产业总规模与增加值数据公告。为了便于查询，将 2015 年至 2019 年数据公告及相关数据说明，列入本研究附录中。

② 增长速度测算公式为：增长速度 = $\dfrac{\text{增加值} - \text{前一年的增加值}}{\text{前一年的增加值}}$

了体育用品及相关产品销售、贸易代理与出租，都显著高于体育用品及相关产品制造的增速。据测算，相对于 2015 年，到 2019 年，体育产业各大类增加值的平均增速为：体育管理业 43%；体育竞赛表演业 23.8%；体育健身休闲业 60.6%；体育场地和设施管理业 22%；体育经纪与代理、广告与会展、表演与设计服务业 101.8%；体育培训与教育业 119.4%；体育传媒与信息服务业 90.4%；其他体育服务业 66.4%；体育用品及相关产品销售、贸易代理与出租业 14.6%；体育用品及相关产品制造业 5.6%；体育场地设施建设业 57.9%。

从各大类产业的增速来看，服务业中除了体育用品及相关产品销售、贸易代理与出租业外，其他 8 个大类年增速都相对比较迅猛，有的大类年增速甚至超过 100%。从图 3-17 中可以比较直观地看到，2017 年、2018 年，这些产业增加值有一个超高速的增长，这源于一系列促进体育产业发展政策的出台，引发的投资热潮。各路资本为体育产业发展的前景所激励，"热钱"纷纷进入体育产业领域，特别是

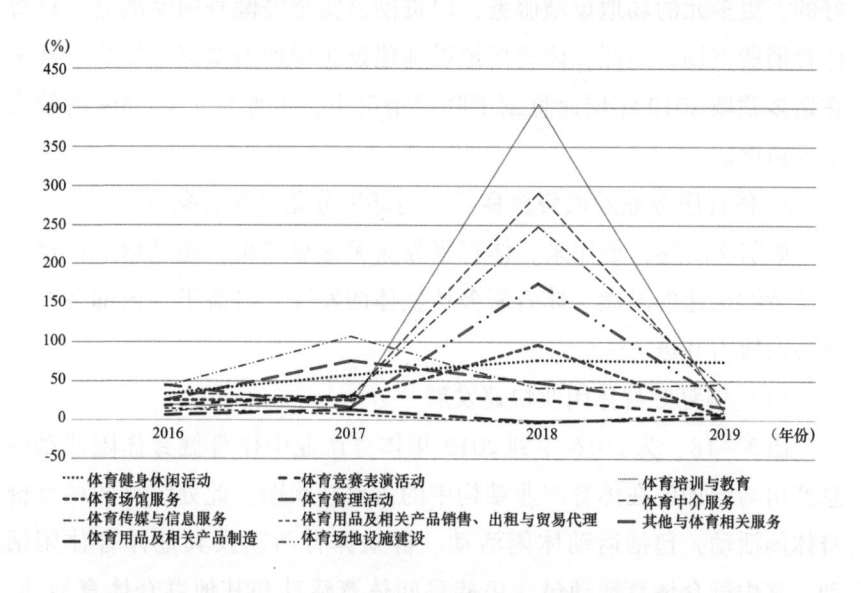

图 3-17 2016—2019 年国家体育产业内部结构增速（单位:%）

体育服务领域，促进相关产业的大爆发。例如，相较于2017年，2018年体育培训与教育业增速高达404.7%，体育传媒与信息服务业高达248%，体育经纪与代理、广告与会展、表演与设计服务业高达291%。这些数据的呈现，可能与《体育产业统计分类（2019）》统计口径变化有关，2018年前后出现投资过热也是事实。2018年过高的增长率，拉高了最近几年的年增长率。资本投资过热，导致出现了一系列问题，例如乐视，高调投入体育传媒业及其他涉体产业，在市场上"风生水起"，但昙花一现，很快以惨淡收场。这种高杠杆的出现，和供给侧结构性改革相抵触，值得警惕。在短暂的狂热之后，在市场"教育"之下，资本回归理性，再加之，由于前两年的快速发展，产业规模也处于一个高点。于是，相对于2018年、2019年，体育产业各大类的增速虽然持续增长，但多数比前两年有较大回调。

应该注意到，近些年来，从中央到地方，都比较重视体育基础设施投入，积极投入场馆及设施的新建、更新升级，为人民群众提供更好的、更多元的场地设施服务，以贯彻落实全民健身国家战略，培育体育消费市场。因此，体育场地设施建设业增加值增速也较快，甚至在诸多领域2019年增速急剧下降的情况下，也保持了45.5%的较高增长速度。

3. 体育服务业发展势头良好，内部细分业态各有亮点

如前文所述，近年来，体育服务业无论总产出，还是增加值都取得了持续快速的发展。体育服务业整体的发展，得益于其内部各细分业态的协力共进。

（1）体育健身休闲业快速发展

图3-18，为2016年到2019年体育产业中体育健身休闲活动的总产出与增加值在体育产业结构中的占比柱状图。此处统计的体育健身休闲活动，包括运动休闲活动、群众体育活动及其他体育休闲活动，其中群众体育活动包含民族民间体育活动和其他群众体育活动。2016年体育健身休闲活动总产出在体育产业结构中占比为1.9%，增

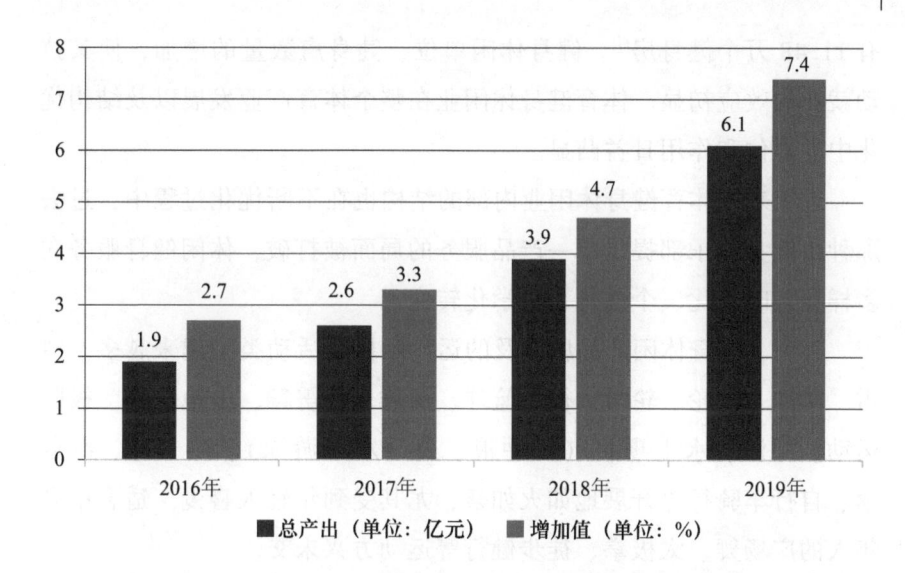

第三章　中国体育产业结构的演变、优化及存在的问题

图 3-18　2016—2019 年体育健身休闲活动的总产出与增加值占比①

加值占比为 2.7%；2017 年体育健身休闲活动总产出在体育产业结构中占比为 2.6%，增加值占比为 3.3%；2018 年体育健身休闲活动总产出在体育产业结构中占比为 3.9%，增加值占比为 4.7%；2019 年体育健身休闲活动总产出在体育产业结构中占比为 6.1%，增加值占比为 7.4%。可以明显地看出，自 2016 年至 2019 年体育健身休闲活动总产出和增加值在体育产业呈现逐年上涨趋势，其中 2018 年至 2019 年间增长最为显著。以 2015 年为起点，2016 年、2017 年、2018 年、2019 年体育健身休闲业增加值的年增速分别为 33.1%、57.7%、76.8%、74.8%，呈稳定、高速的增长状态。另有数据显示，2018 年，全国共有 19.5 万个体育服务业法人单位，其中健身休闲业单位为 4.5 万个，占比 23.1%，排在第二位②；2020 年，全国拥

---

① 图 3-18，以及图 3-19、图 3-20、图 3-21、图 3-22、图 3-23 的数据测算均依据国家统计局，或者国家体育总局官方网站上公布的历年全国体育产业总规模与增加值数据公告。

② 国家体育总局《基于"四经普"数据的我国体育产业统计分析报告》，2020.

有 11.48 万个健身房①。健身休闲单位、健身房数量的增加，使其拉动就业的效应初显。体育健身休闲业在整个体育产业发展以及结构优化中的地位和作用日益凸显。

近年来，体育健身休闲业内部的结构也在不断优化过程中，过去那种由健身俱乐部提供单一产品服务的局面被打破，休闲健身服务向多样化、时尚化、个性化、科学化转变。

其一，健身休闲产品所涉及的运动项目及活动类型越来越多。滑雪、滑冰、滑轮、轮滑、街头篮球、街舞、霹雳舞、山地户外、极限运动、漂流、水上项目（如冲浪、公开水域游泳）、热气球、滑翔伞、自行车骑行等开展地如火如荼，尤其受到年轻人喜爱。适合中老年人的广场舞、太极拳、徒步健行等运动方兴未艾。

其二，体育健身休闲和其他业态的融合越来越紧密，衍生出许多新的产品形态。体育健身＋医疗康复、体育健身＋文化旅游、体育健身＋健康养老、体育健身＋休闲娱乐、体育健身＋数字技术……新业态的不断出现，体现了体育健身休闲业对体育产业，乃至国民经济的发酵带动作用，也为体育健身休闲业发展开拓了广阔的前景。

其三，体育健身休闲业的消费市场逐步成熟。以社区、商业圈、城市综合体为中心的健身场所逐渐普及②。一批全国性连锁经营的健身休闲俱乐部形成了品牌效应。三体云动数据中心公布的 2019 中国健身行业数据报告显示，以预估营业值排行，一兆韦德、金吉鸟、威尔士、银座健身、银吉姆、古德菲力、奇迹健身、舒适堡、力美健、壹健身等健身俱乐部位居全国前列。健身休闲俱乐部经营的项目种类也日益增多。笔者于 2021 年上半年对陕西省社会体育俱乐部发展情况进行了专项调研，发现除了传统的休闲健身产品外，有越来越多的

---

① 国家体育总局体育经济司：《2020 年全国体育场地统计调查数据》2021 年 6 月 1 日，https：//www.sport.gov.cn/n315/n329/c20908193/content.html，2021 年 10 月 16 日。
② 李颖川主编：《中国体育产业发展报告（2020）》，社会科学文献出版社 2021 年版，第 2—22 页。

俱乐部业务拓展到冰雪运动、适合于在青少年中开展的时尚运动。甚至有一些俱乐部敏锐地察觉到老龄化社会到来所带来的商机，开始开发适合老年人参加的产品。有一些俱乐部将目光投向更精细的康复领域，为顾客打造一对一的运动康复+休闲健身服务。

其四，数字健身服务的发展呈井喷之势。2020年初，新冠疫情暴发，及随后的疫情防控常态化，特殊的运动场景成为体育健身消费者在特殊时期的特殊需求，居家健身、互联网健身成为一种新潮流。各类运动App呈快速发展趋势。以"运动健身+社交"为卖点，"Keep""悦动圈""FitTime""火辣健身""QQ运动"的软件下载和使用量呈井喷之势。以提供个人健康数据为卖点的"猫扑运动""乐动力""华为运动健身"等广受消费者青睐。以Keep为例，其会员数量已突破千万，日活跃用户数量达600万，App端月活用户达2000万，月活跃用户数量达4000万。基于室内健身，Keep App逐渐成为集结健身教学、社交、饮食指导、健身装备销售等一体化的综合平台，构建出完整的商业闭环①。在疫情的冲击下，很多健身俱乐部线下经营举步维艰，为了维持运营，留住顾客，也将目光转向线上，开发线上直播教学产品。

（2）体育竞赛表演业质量稳步提升

图3-19，为2016年到2019年体育产业中体育竞赛表演活动的总产出与增加值在体育产业结构中的占比柱状图。此处统计的体育竞赛表演活动，包括职业体育竞赛表演活动，及非职业体育竞赛表演活动。统计数据显示，2016年体育竞赛表演活动总产出在体育产业结构中占比为0.9%，增加值占比为1%；2017年分别为1.1%和1.2%；2018年分别为1.1%和1%；2019年分别为1.0%和1.1%。整体来讲，体育竞赛表演活动总产出及增加值在结构中占比相对比较稳定，在1%左右。但其增加值年增速，以2015年为起点，2016年、

---

① 刘懿帆：《"国潮+奥运"体育新消费力量崛起》，《南国今报》2021年8月18日第11版。

2017年、2018年、2019年增速分别为18.3%、30.9%、26.2%、5.7%，前几年整体较为稳定高速，2019年有较大回调，但仍处于增速空间。

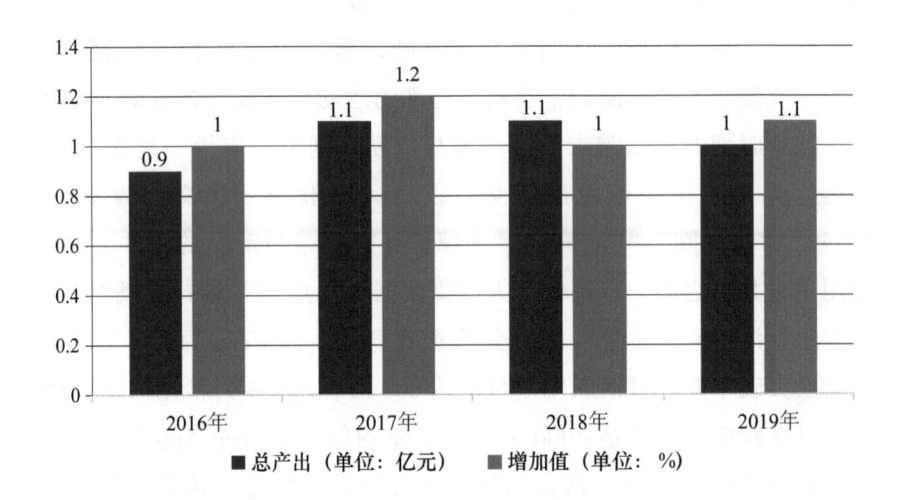

图3-19 2016年—2019年体育竞赛表演活动总产出与增加值占比

凸显体育竞赛表演业良好发展态势的重要指标是，近年来中国赛事数量和质量显著提升，赛事体系日益完善，赛事的影响力不断扩大。

其一，体育竞赛表演产业集聚区的示范引领作用初显。近年来，在发展过程中，体育竞赛表演业产业集聚程度有所提高，形成了以长三角、京津冀、珠三角等地区为主一批体育竞赛表演业聚居区，建构了以北京、上海和广州为核心的多集群空间结构布局。同时，其他区域也形成了若干以区域中心城市为核心的产业集聚区。其中，京津冀体育竞赛表演集聚区的形成，得益于北京冬奥会促进了京津冀体育产业协同发展进程的加快，以北京、天津丰富的办赛经验和高端的赛事资源，借助河北尤其是张家口等环京津地区的自然资源，重点开展户外，尤其是冰雪赛事活动，形成优势互补、协同发展的格局。不仅东部地区形成了较有影响的竞赛表演产业集聚区，近年来，西部地区也在以中心城市为重要节点，建构体育竞赛表演产业集聚区。例如，西安以陕西省举办第十四届全国运动会为契机，提出要持续放大全运会综合效应，逐步建立和完善以赛事聚集产业为要素的体育产业发展新格局，把"办赛"与"营城"充分融合，以赛事举办提升城市传播力影响力，打造世界赛事名城。成都也以举办世界大学生运动会为契机，提出了打造世界赛事名城的构想。这些产业集聚区，对全国或者周边区域体育竞赛表演市场已经产生了较好的示范引领作用。

其二，体育赛事体系日益完善。中国已初步形成了以足球、篮球、排球、乒乓球、羽毛球、冰球、围棋等职业联赛为代表的职业赛事，以国际、国内大型综合性赛会（如冬奥会、亚运会、全运会）、国际及国内单项体育组织组织的大型单项体育赛事为代表的国际、国内重大赛事，以社会力量为主举办的业余体育赛事和商业体育赛事，以冬奥会为契机培育起来的冰雪体育赛事等构成的，较为完善的体育赛事体系。尤其需要说明的是，赛事审批制度改革，以及不少地方出台的扶植政策，激发了社会力量介入举办商业赛事的热潮，在改革推动下，商业赛事举办者的办赛自主性增大，运营模式向世界成熟模式借鉴，又充分考虑中国国情和各地的地域特点，赛事的商业收益、社会收益较为可观。另外，近些年来，以观赏性较强的运动项目为突破口，国家大力推进体育竞赛与文化表演互动融合，以民族传统体育为卖点的"体育表演+旅游"活动开展方兴未艾，借冬奥会东风，冰雪体育表演业也受到越来越多的关注。

其三，一系列国际、国内重要赛事的举办，特别是北京冬奥会的成功举办，让世界和全国人民看到了中国的办赛能力和水平。职业赛事影响力日益扩大。职业足球联赛在2010年经历了反腐涤清后，通过引入强力外援，强化市场运作，重拾消费者信心，上座率逐年上涨。随着中国足球的全面深化改革和职业足球球队在亚洲足球联合会冠军联赛夺冠，中国职业足球联赛在国际上的影响力得以确立。2016

年，中篮联（北京）体育有限公司（"CBA公司"）成立，"管办分离"启动；2017年，姚明当选中国篮协主席，篮球实体化改革稳步推进，联赛的职业化程度显著提升，赛事关注度有较大提升，2018—2019年赛季CBA联赛累计收视率达10.79亿人次①。

其四，各地政府制定政策支持本地举办各类精品体育赛事，以发挥赛事的示范引领作用，成效显著。例如，近年来，陕西省每年都从彩票公益金中拿出3000万元，用以支持"一带一路"体育精品赛事的举办。中国电信陕西分公司的大数据分析显示，2020年，陕西省重点支持的13项体育精品赛事共吸引游客114万余人（以26—45岁的青壮年男子为主），累计拉动当地经济1.78亿元，拉动陕西省经济5.16亿元，引发近2万次舆论传播。其中，西安马拉松和咸阳城市定向越野赛吸引力最大。2020年的西安马拉松，虽然由于疫情影响，规模有所限制，但依然吸引了来自甘肃、上海、四川、河南、湖南，以及省内西安、咸阳、渭南、汉中等地，共计136万余人的客流量，带动陕西省地区经济1.68亿元的收益，扩大了陕西的影响力。赛事的社会影响、经济影响作用显著，对疫情后经济重启起到了重要作用。

其五，国内的品牌赛事塑造能力越来越强，一批中国自主IP赛事在国际上的影响力与日俱增。例如，近年来兴起的马拉松赛事举办热潮，孕育出一批高质量的城市马拉松赛事。2019年共有44个国家和地区举办136场世界田联（WA）标牌赛事，其中，金标赛事64场，银标赛事49场，铜标赛事23场。中国举办24场（其中12场金标、2场银标、10场铜标②），位列所有国家和地区第一位③。大量高质量的自主IP赛事的举办，使得人民群众能够在家门口参与和观赏

---

① 数据来源于德勤科技、传媒和电信行业、德勤财务咨询部门和中篮联（北京）体育有限公司（即"CBA公司"）联合发布的《CBA联赛表现力白皮书》。
② 《2019中国马拉松大数据分析报告》2020年5月1日，中国田径协会，http://www.athletics.org.cn/news/marathon/2020/0501/346438.htmll，2021年8月3日。
③ 《中国马拉松赛事市场报告》2020年5月12日，http://ipoipo.cn/post/8820.html，2021年8月3日。

体育赛事，提升了人们的热情，极大地促进了体育消费。

其六，冬奥会带动冰雪体育赛事与表演的蓬勃发展，冰雪赛事与冰上表演受众群体越来越大，在国内竞赛表演市场上地位逐步确立。2010年，国际顶级单板滑雪运动沸雪（Air & Style）来到中国，这项创办于1994年的赛事，是世界范围内最为重要的融合运动、音乐和时尚的年度冬季极限运动大赛之一，连续举办十年，成为国内新时代滑雪赛事的标签，在国内冰雪赛事皆有广泛影响。由于中国花样滑冰双人滑在冬奥会上，以及世界大赛中取得辉煌成绩，花样滑冰的冰上表演在中国拥有较好的市场基础，已成长为冰上文化输出的重要载体。此外，国内许多企业纷纷瞄准冰雪赛事领域，创办自主IP赛事，在国内形成一定影响力，通过举办群众性冰雪赛事，实现企业品牌宣传与推广冰雪运动的双丰收①。

（3）体育教育培训业迎来井喷式的发展

图3-20，为2016年到2019年体育产业中体育教育与培训的总产出与增加值在体育产业结构中占比的柱状图。此处统计的体育教育与培训活动，包括学校体育教育活动和体育培训。2016年体育教育与培训的总产出在体育产业结构中占比为1.6%，增加值占比为3.6%；2017年分别为1.6%和3.4%；2018年分别为6.5%和14.1%；2019年分别为6.5%和13.6%。由此可见，2016年到2018年间，体育教育与培训的总产出与增加值在体育产业中的占比有较大的提升，2019年基本保持了2018年的占比。增加值年增速，以2015年为起点，2016年、2017年、2018年、2019年增速分别为19.6%、15.2%、404.7%、10.9%。尤其是2018年，中国体育教育培训市场呈井喷式发展，年增速达到了惊人的404.7%，其增加值在体育产业中的占比由上一年的3.4%，激增至14.1%。成为体育服务业中仅次于体育用品及相关产品销售、出租与贸易代理业的第二大类别，为体

---

① 傅潇雯：《冰雪产业借势冬奥蓄力腾飞》，《中国体育报》2021年5月11日第1版。

育服务业的高质量发展作出了突出贡献。当然，2018年体育教育与培训业统计数据上所呈现的井喷增速也与适用的《体育产业统计分类（2019）》版中，明确了学校体育教育活动为体育产业统计的重要内容，将体育教育活动的统计范围扩大到包括从小学到大学各级各类学校的体育课程教学活动和校园体育活动有关，统计口径的变化，带来数据上的高速增长。如果考虑到2018年数据的特殊情况，从2016年、2017年、2019年这三年相较上一年的增速来看，中国体育教育与培训业的增速应该维持10%—20%空间，依然属于快速增长范畴。

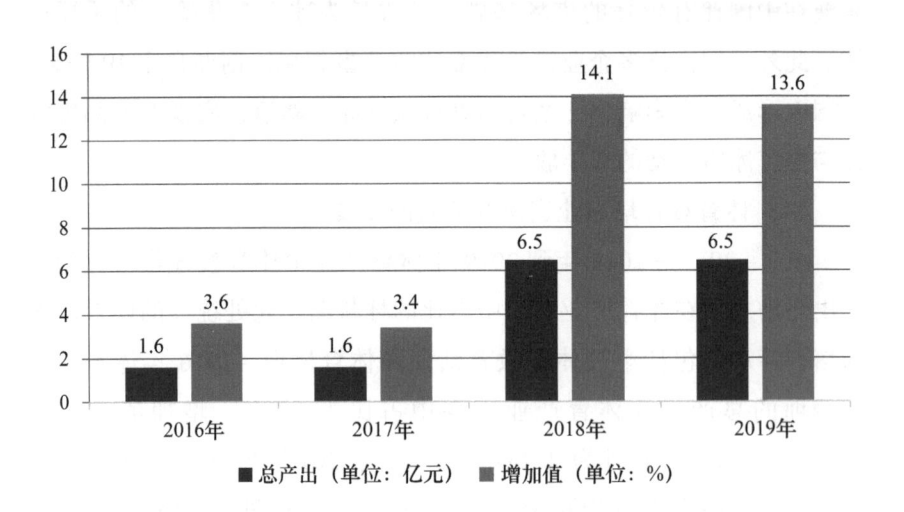

图3-20 2016—2019年体育教育与培训的总产出与增加值占比

体育教育与培训的旺盛发展，主要得益于两个方面。

其一，青少年体育培训市场供需两旺。青少年培训机构在2013年前后有一个快速增加，平稳发展5年后，到2018年，又有了一次大规模发展，年增长数量首次超过1000家[1]。据调查，青少年对体育

---

[1] 李颖川主编：《中国体育产业发展报告（2020）》，社会科学文献出版社2021年版，第192页。

培训的需求还在不断增长，青少年比较青睐的培训项目有武术、跆拳道、游泳、体育舞蹈、围棋、足球、篮球、轮滑等，近些年来，一些较为高端的项目，如花样滑冰、击剑、马术等项目也受到一些家庭条件比较好的青少年推崇。2021年7月底，中共中央办公厅、国务院办公厅印发《关于进一步减轻义务教育阶段学生作业负担和校外培训负担的意见》的文件，随后《教育部办公厅关于进一步明确义务教育阶段校外培训学科类和非学科类范围的通知》印发，明文规定不得以任何形式开办义务教育阶段的学科类培训，包括道德与法治、语文、历史、地理、数学、外语（英语、日语、俄语）、物理、化学、生物的培训；而非学科类的科目主要有体育、艺术和综合实践活动，则不在禁止开办之列，青少年将从以往繁重的学科类培训中解放出来，会有更多的时间参与体育、艺术等领域的培训，体育培训需求将会进一步提升。近些年来，初中毕业升学体育考试制度的实施，也使得更多的初中生对"中考体育"培训有较大需求。总之，在当前，青少年体育培训需求居高不下的状况下，市场虽然在供给端已有较大增速，但依然不能满足需求，可以预见，在未来几年，面向青少年的体育教育培训市场仍有较大成长空间。

其二，教育与培训涉及的范围逐步扩大。一是培训涉及的运动项目日益广泛，除了传统的培训热点，如足球、篮球、网球、羽毛球、乒乓球、游泳、体育舞蹈、围棋、轮滑、跆拳道、武术等，一些新兴的时尚体育项目，或者较为高端的贵族体育项目，如冰雪、马术、击剑、高尔夫也在目标群体中广受欢迎。二是培训的对象，以青少年为主体，开始向中老年人拓展，一些有前瞻眼光的机构，开始着手研制适合中老年人的体育培训产品，并做好营销策划。三是在区域结构上，从主要积聚于东部经济发达的大城市，逐步向全国城市，包括向有条件的部分乡村推进，目前，全国各地都有数量不等、质量有一定保障的培训机构存在。四是培训的内容不仅仅局限于运动技能的培训，也涉及运动知识、体育经营管理等内容。

（4）体育场馆服务运营管理改革持续深入

图 3-21，为 2016 年到 2019 年体育产业中体育场地和设施管理的总产出与增加值在体育产业结构的占比柱状图。此处统计的体育场地和设施管理，包括体育场馆管理、体育服务综合体管理和体育公园，及其他体育场地设施管理。2016 年体育场地和设施管理的总产出在体育产业结构中占比为 5.6%，增加值占比为 8.8%；2017 年分别为 6.1% 和 8.7%；2018 年分别为 9.9% 和 8.5%；2019 年分别为 9.3% 和 9%。以 2015 年为起点，2016 年、2017 年、2018 年、2019 年增速分别为 25.2%、24.8%、96.6%、4.4%。各项数据显示，作为体育产业发展的重要载体，场馆服务业在近年来迎来了较快速度的发展。

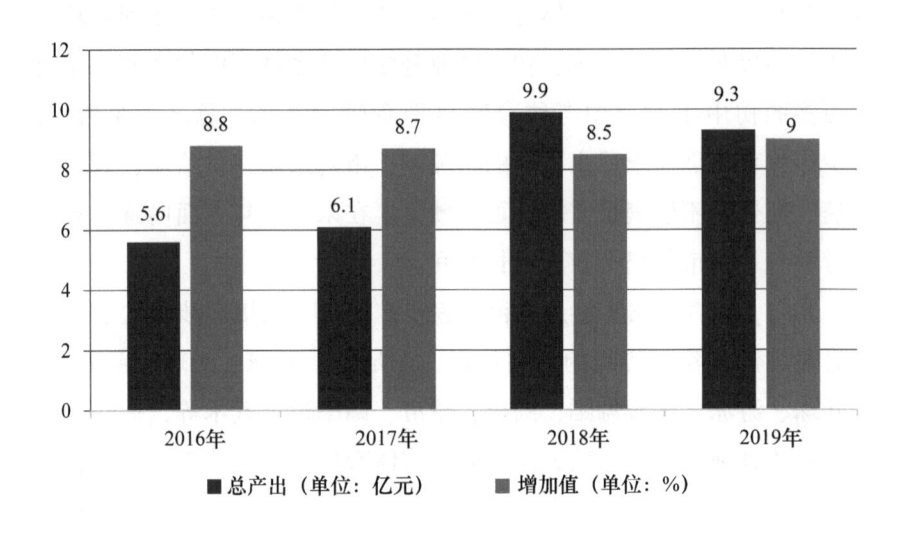

图 3-21　2016—2019 年体育场地和设施管理的总产出与增加值占比①

调查发现，"体育+地产"、体育服务综合体、体育公园作为新业态近年来取得了长足发展，并在满足消费者一站式体育服务，发挥产

---

① 按：自 2018 年起，体育场馆服务改为体育场地和设施管理。

业聚集效应方面取得了良好的成绩,成为未来场馆服务业发展的重要着力点,在整个体育产业结构优化中,作为一股新生力量,体育服务综合体和体育公园具有良好的发展前景。

近年来,国家体育总局积极推进场馆经营权的改革工作。2019年,《国务院办公厅关于促进全民健身和体育消费推动体育产业高质量发展的意见》中,要求进一步深化场馆运营管理改革,鼓励各地推进公共体育场馆"改造功能、改革机制"。该意见提出,"政府投资新建的体育场馆应委托第三方企业运营,不宜单独设立事业单位管理"。这一政策明确了当前经营权改革的具体措施,有力地推动了场馆服务业的转型发展。有数据显示,2019年有53家场馆通过招标的方式实现了经营权的转移,超过了2017年的25个[①]。

除了经营权的转移,公共体育场馆提供服务的结构也有了很大改变。据笔者实地考察,公共体育场馆提供的服务不再局限于免费或者低收费的方式开放场地、场地出租等,而是不断拓展业态,利用场馆资源,提供体育健身休闲、体育培训、体育用品销售等多种业态的服务,将公共体育场馆转型为大型体育服务综合体成为目前的一个潮流。

(5) 其他体育服务业业态发展态势良好

除了体育健身休闲、体育竞赛表演、体育教育培训、体育场馆服务等业态外,体育服务业其他业态的发展态势也比较良好。

图3-22,为2016年到2019年体育产业中体育管理活动的总产出与增加值在体育产业结构中占比柱状图。此处统计的体育管理活动,包括体育社会事务管理活动、体育社会组织管理活动及体育保障组织管理活动。2016年体育管理活动总产出在体育产业结构中占比为1.5%,增加值占比为2.2%;2017年分别为2.3%和3.4%;2018年分别为2.8%和3.9%;2019年分别为2.9%和4%。由此可得,体育管理活动总产出在2016年至2019年呈现逐年上涨趋势,其在体育

---

① 此数据由冯金虎、陈元欣、姬庆等人根据中国政府采购网上的相关信息整理,参见李颖川主编《中国体育产业发展报告(2020)》,社会科学文献出版社出版,第90页。

产业结构中的占比逐年增加。增加值年增速，以 2015 年为起点，2016 年、2017 年、2018 年、2019 年增速分别为 25.3%、75.9%、48%、15.9%。该大类除了各级政府部门体育行政事务管理机构的管理活动所产生的产出和增加值外，主要涉及体育行业团体和体育基金会等体育专业团体，严格意义上讲，该类专业团体为非营利性质，但其作为重要的社会力量，其发展对于转变政府职能，提升市场和社会力量承担体育发展微观事务的能力有重要意义。

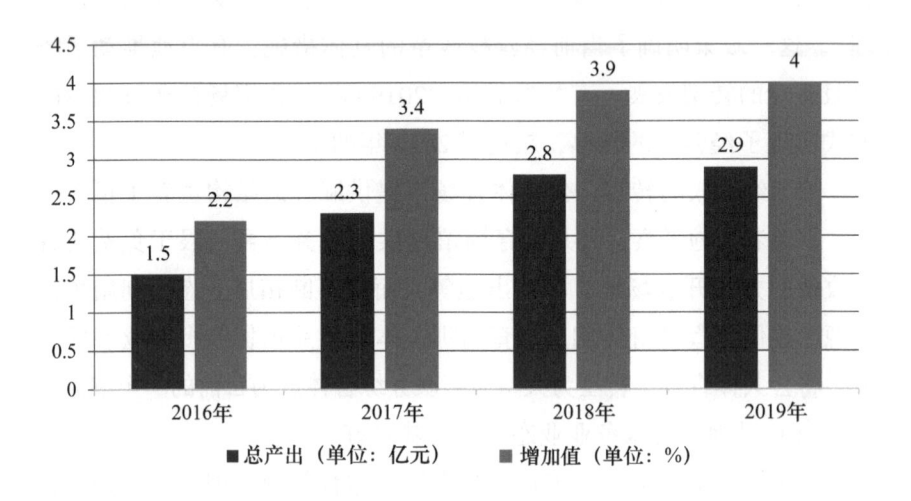

图 3-22　2016—2019 年体育管理活动的总产出与增加值占比

图 3-23，为 2016 年到 2019 年体育产业中体育经纪与代理、广告与会展及表演与设计服务的总产出与增加值在体育产业结构中占比柱状图。此处统计的体育经纪与代理、广告与会展及表演与设计服务包括体育经纪与代理服务、体育广告与会展服务及体育表演与设计服务，体育经纪与代理服务包含体育经纪人、体育保险经纪服务、体育中介代理服务和体育票务代理服务，体育广告与会展服务包含体育广告服务与体育会展服务，体育表演与设计服务包含体育表演服务和体育设计服务等。2016 年体育经纪与代理、广告与会展及表演与设计

服务的总产出在体育产业结构中占比为 0.3%，增加值占比为 0.3%；2017 年分别为 0.4% 和 0.3%；2018 年分别为 1.2% 和 1.1%；2019 分别为 1.3% 和 1%。增加值年增速，以 2015 年为起点，2016 年、2017 年、2018 年、2019 年增速分别为 34.5%、28.2%、291%、23.9%①。其在体育产业中地位有一定上升，增幅较大。体育经纪与代理、广告与会展及表演与设计服务业的发展，与体育竞赛表演、体育健身休闲、体育用品及其他产品制造与销售等产业的发展密切相关，体育产业发展环境的持续向好，和巨大的体育市场需求，必然会刺激体育中介相关行业的发展，促进体育经纪与代理、广告与会展、表演与设计服务等市场体系的初步形成。

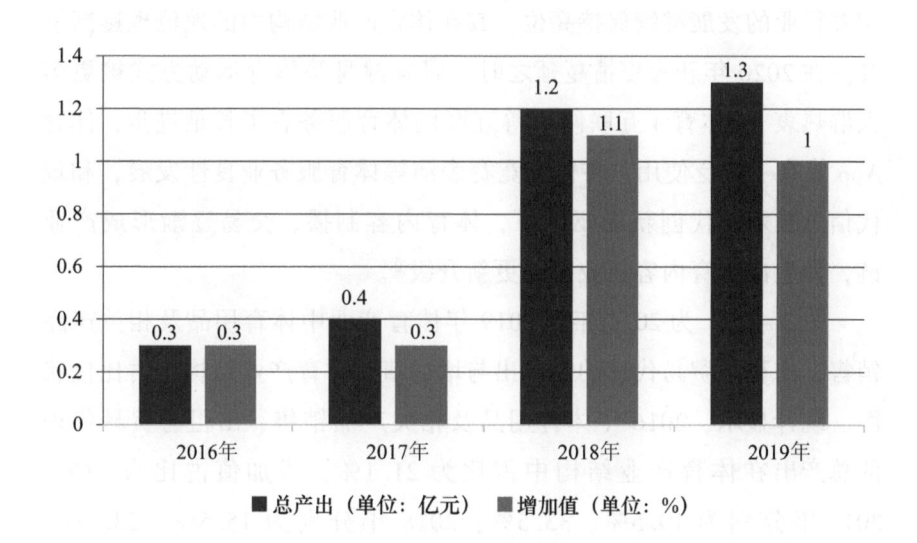

图 3 - 23　2016—2019 年体育经纪与代理等的总产出与增加值占比②

图 3 - 24，为 2016 年到 2019 年体育产业中体育传媒与信息服务

---

① 2018 年体育经纪与代理、广告与会展及表演与设计服务在数据上显示的巨大增幅除了自身的发展外，与统计口径的变化有关。
② 按：自 2018 年起，体育中介服务改为体育经纪与代理、广告与会展、表演与设计服务。

的总产出与增加值在体育产业结构中占比柱状图。此处统计的体育传媒与信息服务，包括体育出版物出版服务、体育影视及其他传媒服务、互联网体育服务、体育咨询服务、体育博物馆服务，及其他体育信息服务。2016 年体育传媒与信息服务的总产出在体育产业结构中占比为 0.6%，增加值占比为 0.7%，2017 年分别为 0.7%、0.7%；2018 年分别为 1.9%、2.3%；2019 年分别为 2.4%、2.5%。增加值年增速，以 2015 年为起点，2016 年、2017 年、2018 年、2019 年增速分别为 10.4%、30.2%、248%、41.1%[①]；数据显示，在 2017 年至 2018 年间体育传媒与信息业有一个高速发展；2019 年体育传媒与信息服务被国家发展改革委列为鼓励发展行业，体育传媒与信息服务相关行业的发展继续保持高位，其在体育产业结构中的地位也逐渐上升。在 2020 年新冠疫情蔓延之时，居家健身等体育运动方式被更多人群热衷，"体育+互联网"等互联网体育服务有了长足进步，体育 App 等有了广泛使用。在体育竞赛表演等体育服务业良性发展，和现代信息技术迭代创新的驱动下，体育内容制播、交易逐渐形成产业链，催生出体育内容新业态的更新升级[②]。

图 3-25，为 2016 年到 2019 年体育产业中体育用品及相关产品销售、出租与贸易代理的总产出与增加值在体育产业结构中占比柱状图。统计显示，2016 年体育用品及相关产品销售、出租与贸易代理的总产出在体育产业结构中占比为 21.1%，增加值占比为 33%；2017 年分别为 19.5%、33.5%；2018 年分别为 15.5%、23.1%，2019 分别为 15.3%、22.8%。增加值年增速，以 2015 年为起点，2016 年、2017 年、2018 年、2019 年增速分别为 14.6%、6.9%、-4.2%、9.4%。体育用品及相关产品销售属于体育服务业之一，在体

[①] 2018 年体育教育与培训在数据上显示的巨大增长除了自身的发展外，与统计口径的变化有关。

[②] 关于体育内容产业的发展及价值链建构问题，本课题将作为深度研究之一，在后文中呈现。

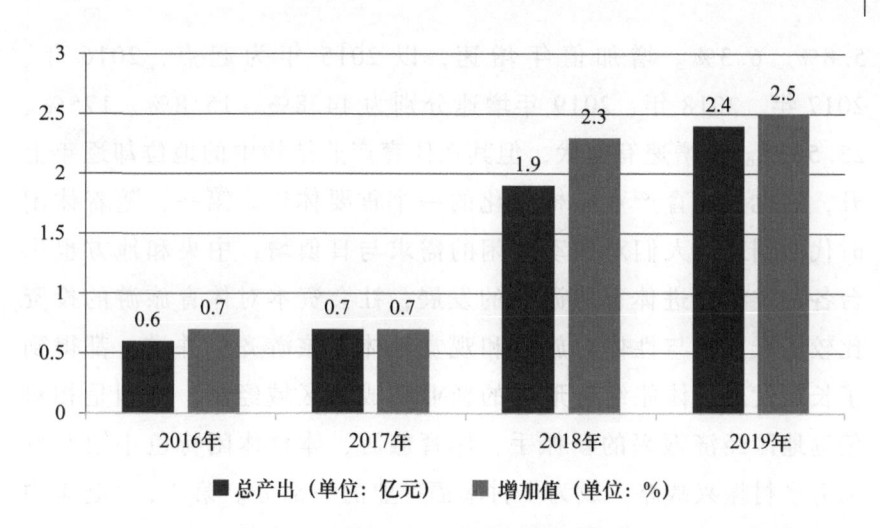

第三章 中国体育产业结构的演变、优化及存在的问题

图 3-24 2016—2019 年体育传媒与信息服务的总产出与增加值占比

育服务业内部结构中,虽然增加值增速相对于其他服务业较低,甚至个别年份如 2018 年出现了负增长。但由于基数较大,人们对体育用品、运动服装,及运动饮料与营养品的消费需求总量稳中有升,因此其在体育服务业中的占比依然较大,但占比逐渐下降是趋势。近年来,随着电商的兴起,尤其是 2020 年新冠疫情的冲击,体育用品及相关产品销售开拓线上销售渠道,线上销售在总销售额中所占比越来越大。受新冠疫情影响,居家健身成为潮流,据调查,诸如跑步机、哑铃、划船器、瑜伽垫、弹力绳等家用体育器材的销售呈爆发式增长。

图 3-26,为 2016 年到 2019 年体育产业中"其他体育服务"的总产出与增加值在体育产业结构中的占比。此处统计的"其他体育服务",包含体育旅游服务、体育健康与运动康复服务、体育彩票服务、体育金融与资产管理服务、体育科技与知识产权服务,及其他未列明体育服务。2016 年其他体育服务的总产出在体育产业结构中占比为 2.3%,增加值占比为 2.8%;2017 年分别为 2.3%、2.5%;2018 年分别为 5.2%、6.1%;2019 年分别为

5.8%、6.3%。增加值年增速，以 2015 年为起点，2016 年、2017 年、2018 年、2019 年增速分别为 44.8%、15.8%、175%、23.5%[①]。虽增速有起伏，但其在体育产业结构中的地位却逐年上升，这也是体育产业结构优化的一个重要体现。第一，随着休闲时代的到来，人们对运动休闲的需求与日俱增，中央和地方也出台各种政策促进体育旅游业的发展，社会资本对体育旅游的投资比较活跃，参与性体育旅游和观赏性体育旅游齐头并进，都得到了长足发展。体旅结合形成的新业态成为区域经济，特别是相对偏远地区经济振兴的新抓手，体育旅游、体育休闲特色小镇开发助力乡村振兴战略，成为乡村幸福产业的一部分。第二，"健康中国"建设的推进，促进了体医融合，"体育+康养"等相关产业得以兴起。第三，作为从 20 世纪 80 年代开始出现的体育彩票行业，近些年来，树立"公益体彩 乐善人生"品牌形象，销售形势良好，2019 年全国体育彩票机构发行销售彩票 2308.15 亿元[②]。第四，体育产业的广阔发展前景，吸引了各种投资主体的关注，投资体育产业成为不少资本转型提质战略的优先选择之一，催生了体育金融与资产服务业的快速发展，调查发现，由于体育产业的专业性较强，不少银行机构缺少体育专业人才，这又驱动了以体育投资为主要业务的体育融资租赁公司的快速发展。第五，创新驱动，创造需求，是供给侧结构性改革的重要抓手，这对体育科技产业的快速发展提出了要求，同时，衍生出知识产权保护等相关议题和服务，产学研结合、自主创新、品牌建设、产权保护在体育产业发展过程中逐渐成为"关键词"。

[①] 2018 年体育用品及相关产品制造在数据上显示的巨大增幅除了自身的发展外，与统计口径的变化有关。

[②] 《财政部公布 2019 年彩票公益金筹集分配使用情况》2020 年 9 月 1 日，中国体彩网，https://www.lottery.gov.cn/xxgk/tzgg/zygg/20200901/2184813.html，2021 年 7 月 23 日。

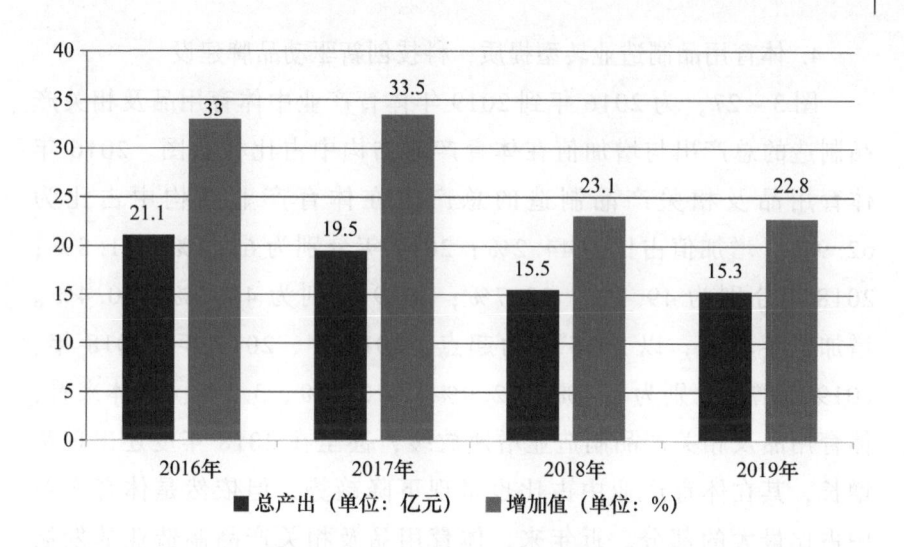

图 3-25　2016—2019 年体育用品及相关产品销售、出租与
贸易代理的总产出与增加值占比

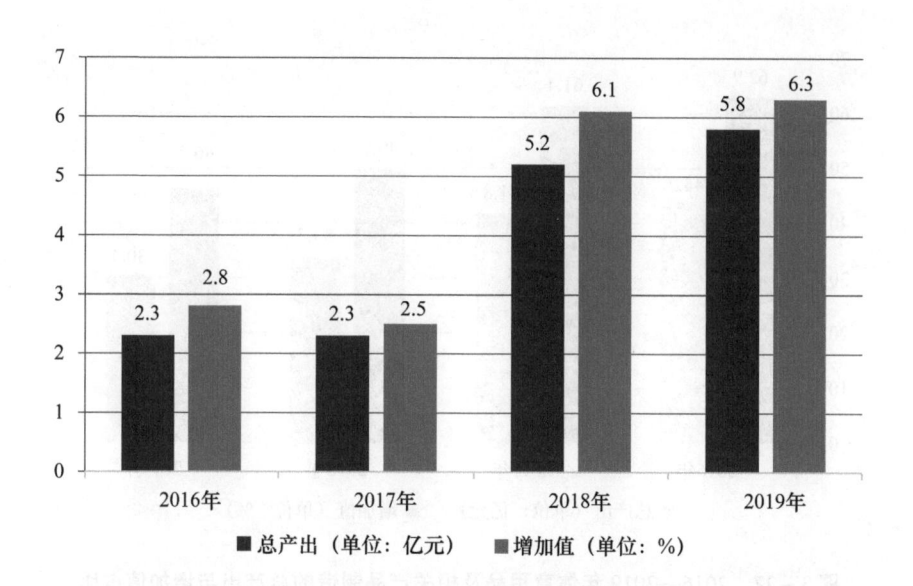

图 3-26　2016—2019 年其他体育服务的总产出与增加值占比

4. 体育用品制造业转型提质，科技创新驱动品牌建设

图 3-27，为 2016 年到 2019 年体育产业中体育用品及相关产品制造的总产出与增加值在体育产业结构中占比柱状图。2016 年体育用品及相关产品制造的总产出在体育产业结构中占比为 62.9%，增加值占比为 44.2%；2017 年分别为 61.4%、41.8%；2018 年分别为 49.7%、33.7%；2019 分别为 46.2%、30.4%。增加值年增速，以 2015 年为起点，2016 年、2017 年、2018 年、2019 年增速分别为 6.4%、12.9%、-2.3%、3.1%。总体来看，体育用品及相关产品制造业增速放缓，甚至在 2018 年度还出现负增长，其在体育产业中占比也呈现下降趋势，但依然是体育产业中占比最大的部分。近年来，体育用品及相关产品制造业的发展逐步从追求规模扩充转向追求转型提质，注重通过科技创新驱动，加强品牌建设。

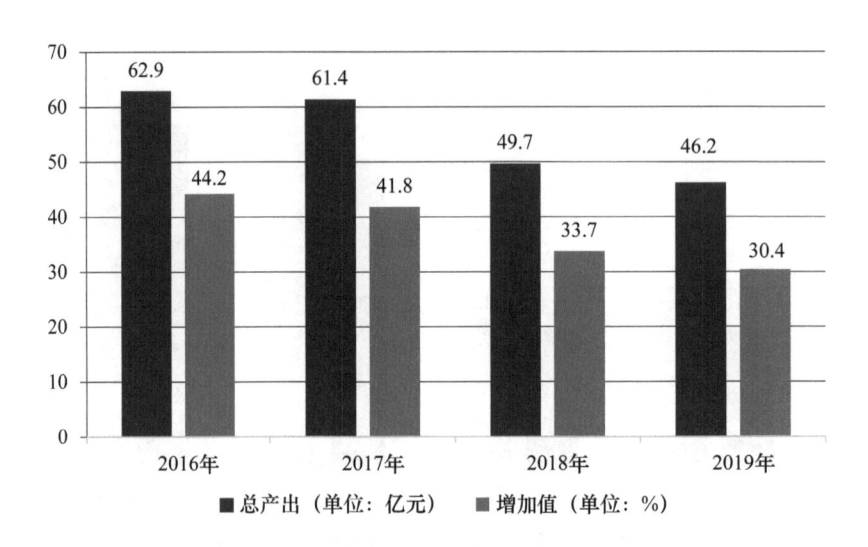

图 3-27 2016—2019 年体育用品及相关产品制造的总产出与增加值占比

其一，体育用品及相关产品制造业由同质化转向追求品牌化。很长一个时期内，中国体育用品及相关产品制造业存在着低水平重复建设，产品同质化程度高、附加值低等问题。在急功近利思维支配下，业界普遍不重视自主创新，不重视品牌建设，导致国内企业虽然从总量上扩张很快，国内低端市场上占有率尚可，但效益不彰，在国外市场缺乏竞争力。近些年来，越来越多的国内企业意识到品牌建设对行业长远发展的价值，开始由低水平扩张，供给同质化产品转向追求品牌化，通过品牌建设提质增效，打造国际影响力和竞争力，成效初显。

例如，"红双喜"通过品牌建设，自悉尼奥运会起，连续6次成为奥运会器材供应商，在第32届奥运会（东京奥运会）上，"红双喜"的乒乓球及裁判器材、羽毛球自动出球器和运动员装备框被国际奥委会采用；其乒乓球技术标准还在"小球改大球"改革中被国际乒联采用。

经过多年建设，"张孔"杠铃各项技术参数测评达到世界领先水平，在北京奥运会、里约奥运会、东京奥运会上，三次成为奥运器材供应商，在东京奥运会上是唯一的举重器材供应商，产品销售到130多个国家和地区。

在东京奥运会上，"安踏"累计为28支国家队打造奥运比赛装备；"泰山"体育作为东京奥运会和残奥会若干项目的供应商和服务商，在拳击、摔跤、柔道和跆拳道等项目上提供器材支持和服务，并为中国队提供自行车装备。①

另外，李宁、361°、特步等国产品牌在国内、国际的竞争力也不断提升。中国体育用品及相关产品制造业从同质化向品牌化的转变，体现了体育用品及相关产品制造业进入了高质量发展的新阶段。

其二，产业发展由要素驱动转向科技创新驱动。科学技术是第一生产力，经济发展的规律显示，科技创新决定了产业的高度和格局，决定产业的核心竞争力。近十年，特别是推进供给侧结构性改革以

---

① 丰佳佳：《国产体育品牌出征东京》，《中国体育报》2021年7月15日第7版。

来，投资于科技创新，以科技创新驱动品牌建设成为中国体育用品业的重要发展战略和方向。

近年来，品牌企业加大在技术创新上的投入，重视产学研协同机制的建立，纷纷组建联合开发、优势互补、利益共享、风险共担的体育产业技术创新战略联盟。例如，2021年7月，由泰山体育产业集团有限公司牵头，依托国家新型健身器材产业技术创新战略联盟，组建了山东省体育产业制造业创新中心，该联盟拥有56家省级及以上创新平台。

北京冬奥会为中国冰雪装备业的发展提供了机遇，长期以来，中国冰雪装备缺乏竞争力，国内市场基本上被国外品牌垄断，近些年来，国内品牌加强科技研发，利用新技术，推动国产冰雪装备品牌建设，初见成效。例如，国产冰刀品牌"黑龙"在引入国外著名品牌的技术之外，通过设立实验室推进技术自主研发与产品升级，重焕生机。

近年来，受数字经济影响，体育用品制造除了在硬件工艺流程方面进行数字化升级，将硬件设备作为运动入口的同时，也加大对软件应用产品的创新研发，通过建立运动社区、联网互动、提供优质内容等，力求为用户创造更为专业的服务，提升体育用品的附加品质。

整体而言，能够在国际市场上站稳脚跟的国内品牌，基本上都在科学技术创新、研发费用上有较大的投入。中国体育用品及相关产品制造业逐步由重视人力、资本等要素投入开始转向重视科技创新投入转型，有越来越多的品牌在技术创新加持下，核心竞争力大幅度提升，国内、国际市场占有率及绩效都有较大提升。

5. 体育场地设施建设提速，更好满足体育事业发展需要

图3-28，为2016年到2019年体育产业中体育场地设施建设的总产出与增加值在体育产业结构中占比柱状图。此处统计的体育场地设施建设，包含体育场馆建筑和装饰装修、体育场地设施工程施工和安装等。2016年体育场地设施建设的总产出在体育产业结构中占比为1.2%，增加值占比为0.8%，2017年分别为2.1%、1.3%，2018分别为2.4%、1.5%，2019分别为3.2%、1.9%。增加值年增速，

以 2015 年为起点，2016 年、2017 年、2018 年、2019 年增速分别为 43.1%、107%、40.6%、45.5%。数据显示，近些年来体育场地设施建设无论是总产出，还是增加值在体育产业中的比重，都呈逐渐上升的趋势，其增加值年增速也保持在一个较高的水平。这与体育事业发展对场地设施供给的需求是分不开的。

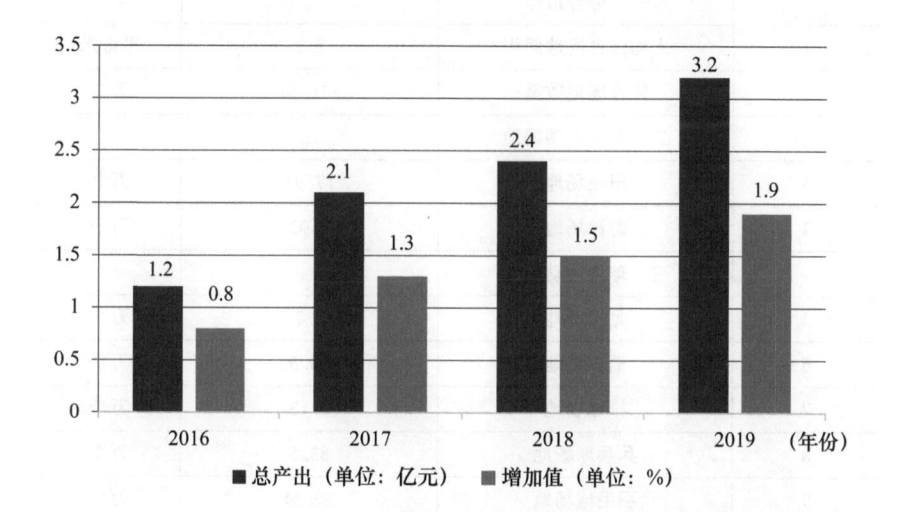

图 3-28 2016—2019 年体育场地设施建设的总产出与增加值占比

政策面对场地设施建设历来非常重视。2014 年，国务院 46 号文件中，提出到 2015 年人均体育场地面积达到 2 平方米的目标；2020 年，《国务院办公厅关于加强全民健身场地设施建设 发展群众体育的意见》颁布。在供给侧的政策利好，和需求侧对美好体育生活向往的拉动下，中国掀起了体育场地设施建设的热潮，在新一轮的体育场地设施建设中，更加注重补短板，以满足人民群众多样化的场地需求。据 2019 年公布的数据，人均场地面积 2.08 平方米[①]，已提前完成了 2025

---

① 体育经济司：《2019 全国体育场地统计调查数据》2020 年 11 月 2 日，http://www.sport.gov.cn/jjs/n5043/c968164/content.html，2021 年 7 月 16 日。

年目标。2020 年公布的数据显示，全国拥有体育场地 371.34 万个，总面积 30.99 亿平方米，人均 2.2 平方米①（见表 3-3）。

表 3-3　　　　　　　2020 年全国体育场地主要数据

序号	指标名称	数量	计算单位
	一、综合指标		
1	人均体育场地面积	2.2	平方米
2	体育场地数量	371.34	万个
	二、基础大项场地		
3	田径场地	17.95	万个
4	游泳场地	2.92	万个
	三、球类运动场地		
5	足球场地	11.73	万个
6	篮球场地	100.58	万个
7	排球场地	9.13	万个
8	乒乓球场地	83.5	万个
9	羽毛球场地	20.24	万个
	四、冰雪运动场地		
10	滑冰场地	1187	个
11	滑雪场地	701	个
	五、体育健身场地		
12	全民健身路径	87.12	万个
13	健身房	11.48	万个
14	健身步道	8.94/20.93	万个/万公里

6. 体育产业区域特色鲜明，产业布局趋向合理

各区域，各省（区、市）及地方充分考察自身的要素禀赋，找准

---

① 体育经济司：《2020 全国体育场地统计调查数据》2021 年 6 月 1 日，https://www.sport.gov.cn/n315/n329/c20908193/content.html，2021 年 7 月 16 日。

比较优势，因地制宜发展本地体育产业，并做好区域协同，区域特色逐步显现，产业布局趋于合理。

例如福建省充分发挥产业集聚、侨乡、资金、沿海、传统轻工业发达等比较优势，重点引导有条件的龙头企业兼并重组本地产业链上下游企业，实现资源整合，保存优势产能，降低生产成本，凝聚发展合力，着力发展以泉州体育鞋服制造业、厦门健身运动器材制造业为代表的体育制造业，2018 年，福建体育制造业实现总产出 3761.05 亿元，增加值 1213.98 亿元，分别占体育产业总值的 87.6%和 81.1%，成为福建体育产业的重要支撑，安踏、特步、匹克、奥佳华、钢宇、康乐佳等一大批运动品牌，建构起福建体育制造业强大的优势。

位于中原地带的河南省睢县，利用制鞋业发达的优势，将休闲运动鞋制造作为体育产业的重点来加以推进，目前，休闲运动鞋年产量达 3 亿双，占全国总产量的 30%以上，产值 300 亿元，从业人员达到 8.1 万人，成为规模仅次于福建泉州晋江的全国第二大休闲运动鞋生产基地。

西部地区依托适合于开展户外运动的自然资源、人文资源优势，因地制宜地开展户外运动休闲、体育旅游、体育表演等活动，优化健身休闲产业布局。例如，陕西省依托秦岭优质的山地资源，在保护好秦岭生态的前提下，积极开发秦岭户外运动产业，利用陕北红色资源，开发红色体育旅游产品；青海利用高原、青海湖、民族体育等资源开发具有高原、民族特色的体育旅游，环青海湖体育旅游，特别是自行车骑行已形成品牌，在国内外都有着广泛的影响力；内蒙古利用广漠的草原、无垠的沙漠、丰富的蒙古族体育资源，开发沙漠探险，沙滩摩托，草原越野、赛马、体育表演（那达慕）产业，效果明显。笔者曾赴内蒙古通辽、阿拉善，以及甘肃民勤考察沙漠体育产业的开发，发现，当地将沙漠体育活动和其他文化艺术活动进行融合，在项目设计上下功夫，滑沙、沙漠越野、沙漠摩托车、骑骆驼，搭配上大漠风情，活动开展地有声有色,对参与者形成了较强的黏性,顾客回头率较高。

北京、上海、广州等城市利用自身高端赛事资源和办赛经验比较丰富,经济比较发达,消费水平高,资本进入的政策支撑度高等优势,协同周边区域,充分发挥周边地区的比较优势,协同发展,形成京津冀、长三角、珠三角(目前正在积极参与大湾区建设)等体育竞赛表演业发展,示范引领作用明显。

三 体育产业结构仍有较大优化空间,供给侧发力仍显不足

1978 年以来,特别是近 10 年,中国各类体育产业均在不同程度上得到了发展,但同时还有诸多根深蒂固的问题没有得到有效解决。体育产业结构无论在合理化层面,还是在高度化层面都还有较大的改善空间,传统思维与行动的惯性,使得供给侧发力仍显不足,新发展理念、供给侧结构性改革在体育产业调结构中的实践亟须加强。

(一)体育产业对国民经济的贡献率仍有较大提升空间

相较于体育产业发达国家,中国体育产业在整个国民经济中所占比重仍然偏低,对就业和其他产业的带动作用还未得到有效释放。

虽然,近年来,中国体育产业增加值在全国 GDP 中占比稳步提升,2019 年达到了 1.14%。第四次全国经济普查数据亦显示,2018 年,体育产业法人单位从业人员数占第二、三产业从业人数的 1.2%。但相较于体育产业发达国家,仍有较大差距,有数据显示,体育产业占 GDP 比重和占就业比重,美国分别为 2.75% 和 2.13%(2015 年),欧盟分别为 1.8%—3.7% 和 2.2%—4%,日本、韩国、澳大利亚等国家体育产值比重在 2%—4%[①]。

就国内各地区而言,体育产业增加值在 GDP 中所占比重,区域之间有很大差异。除了京津冀、长三角、珠三角、海峡西岸、山东、湖北的部分地区之外,多数中西部地区,体育产业增加值 GDP 占比

---

① 江小涓等:《体育产业的经济学分析:国际经验及中国案例》,中信出版社 2018 年版,第 8 页。

低于全国平均水平。在广大中西部地区，体育产业对国民经济的贡献依然处于较低的水平。

从发达国家的经验看，体育产业对其他产业的带动作用很强。近些年来，中国体育产业在发展过程，积极拓展业态，"体育+""+体育"效应有一定显现。但整体来讲，体育产业的外部效应还不是很强，体育与科技、文化、教育、旅游医疗康复、养老、传媒、会展、地产等产业的融合还处于起步后的探索发展阶段，对相关产业融合发展的巨大潜力还未得到有效释放，在相关产业的整体发展中贡献率偏低。体育活动对于地方经济和社会发展的影响缺乏持久性，笔者在调研中发现，大型赛事或者活动，确实在举办当时对当地的体育、旅游、餐饮、住宿，以及社会氛围和面貌有较大的促进，但活动结束后，这种影响会迅速消退，尤其是在一些大型赛事或者活动比较少的地区，这种现象更为常见。

（二）体育产业整体实力不强，有效供给不足，低效供给过多

近年来，中国体育产业规模不断扩大，但整体实力不强。

以体育用品及相关产品制造为例，虽然中国已成为世界最大的体育用品制造基地，亦有越来越多的品牌在创新驱动和先进的营销加持下，成为国际知名品牌，国内、国际市场的竞争力有显著提高。但不应忽视的是，中国体育用品及相关产品制造还存在大而不强的局面。主要体现在以下几方面：

其一，中国体育用品及相关产品制造业以小微企业为主，全国第四次经济普查数据显示，体育制造业中，中小微企业占99.34%（其中小微企业占96.43%），这些小微企业多以代工，或者生产中低端产品为主，产品附加值不高。在融资方面，小微企业可抵押资产少，无论是扩大规模，还是技术创新，都难以获得有效的资金支持，发展困难。

其二，自主创新意识不足，能力不足。除了一些成规模的大品牌和部分产业集聚区（产业基地）外，大多数体育用品及相关产品制造企业的自主创新意识不足，还满足于代工，或者模仿、"山寨"带来的短期收益，尤其是模仿产品，如果陷入知识产权纠纷，这些企业

可能会面临灭顶之灾。即使有的企业有心进行技术革新，但由于企业规模所限，缺乏相应的资金，及创新合作机制，创新能力严重不足。整体而言，中国体育用品及相关产品制造处于价值链中低端。

其三，同质化竞争激烈。虽然已经开始向品牌化发展之路转变，也已经取得了一些成效。但由于历史原因，在产业布局上，各地的同质化竞争还很激烈，局面远未得到有效扭转，产业层次和核心竞争力亟待提高。

其四，科技成果转化的渠道还未畅通，以企业为主体，市场为导向，产学研结合，企业合作，互利多赢的技术创新体系的建立还在探索发展阶段，虽然各地前期已成立了一些技术创新战略联盟，但模式的推广尚需时日和更多的配套支持。

大而不强的状况也体现在体育服务业。和体育制造业一样，中国体育服务业也以小微企业为主，全国第四次经济普查数据显示，体育服务业中，中小微企业占99.87%（其中小微企业占98.75%）。这导致其在很多层面上会面临和体育制造业一样的问题。

当然，体育服务业大而不强，也有其自身的一些表现。笔者在2021年上半年对陕西省社会体育俱乐部进行的调研结果，充分反映了体育服务业中的健身休闲行业中存在的问题，调研发现：陕西省的社会体育俱乐部"小、弱、散"问题比较突出；国家政策落实不力，社会俱乐部难以享受到税收、土地使用、水、电及其他能耗方面的优惠，导致运营成本居高不下，运行压力畸大；缺乏专业的运营管理人才，急需的教练员等专业人员的培训资源紧缺；市场秩序混乱，存在恶意竞争，"跑路"现象频仍；运动项目协会在社会俱乐部发展中缺位现象严重；俱乐部培养的后备人才输送及进步通道不畅通；面向俱乐部的精品赛事缺乏；社会俱乐部进校园政策缺乏配套的实施细则等。

作为体育服务业重要组成部分的体育竞赛表演业，市场化程度还不是很高。各地品牌赛事分布明显不均衡，高质量的商业赛事大多集中在东部的一线城市，中部西部地区有影响的商业赛事资源奇缺。笔者对陕西省的精品赛事进行考察，发现，其多为政府介入组织，社会力量参与严重不足，每年，除了这些精品赛事，和一些民间的业余赛事活动外，难觅有影响的品牌赛事。这种状况，在其他地区同样存在。体育竞赛表演业相关的企业创新能力不是很强，对研发投入力度不大，赛事策划、运营管理水平普遍不高，有中国特色，有地域特点，具有国际影响的自主品牌赛事稀缺、附加值比较低。各地方举办的赛事，大多规模较小，同质化严重，群众关注度不高，影响有限，营收困难，难以产生聚合效应。

总的来说，中国体育产品结构不合理，有效供给不足，无效供给过多。改革开放之初，中国社会的主要矛盾是人民日益增长的物质文化需要同落后的社会生产之间的矛盾。人民整体生活水平较低，人们对体育的需求就是政府及相关主体能够提供基本的公共体育服务，来满足人民群众的基本体育需求。人们更关注的是有没有，有多少体育服务的问题。随着生活水平的提高，人民群众开始关注体育生活的质，希望获得更高品质，又契合其消费习惯和能力的体育产品。但如前文所述，目前，中国的体育产品供应普遍低端：职业性、商业性的体育竞赛产品水平偏低，除个别项目、少数赛事外，多数项目的赛事市场惨淡，门可罗雀，连带着导致电视转播、赞助、中介等市场的不瘟不火；体育用品行业缺乏创新，很长一个时期内以代工国际知名品牌为主，自主品牌相对低端，相对于国际品牌而言缺乏竞争力。消费者宁肯高价购买国际品牌，也不愿意购买"价廉"的国内产品；健身休闲行业小、散、乱，产品同质化严重……体育产品结构的低度化，无法有效激发更多的消费欲望，而消费者渴望的消费品质又不能充分满足，形成了体育产品的结构性过剩。

（三）产业的内部结构仍需进一步优化，体育本体消费有待培育

虽然经过多年的发展，中国体育产业结构有了较大优化，但作为"本体产业"的体育竞赛表演业和体育健身休闲业，还不能有效地与体育用品（包括服装鞋帽）制造业和销售业形成鼎足之势。

2019年的全国体育产业状况统计数据（见表3-4）显示，中国体育服务业发展势头强劲，2019年，增加值达7615.1亿元，在体育产业中所占比重增加到67.7%。但如果仔细分析体育服务业的构成，体育用品及相关产品销售、出租与贸易代理规模最大，增加值为2562亿元，占全部体育产业增加值的比重为22.8%，而这部分传统上是和体育用品及相关产品制造一起，建构成体育用品业来进行分析的。从这个意义上讲，加上体育用品及相关产品的制造业的增加值3421亿，及其在体育产业中的占比30.4%，2019年，体育用品相关的行业增加值在体育产业中的占比达到了53.2%。而体育服务业在去除体育用品及相关产品销售、出租与贸易代理之后，其增加值在体育产业中的比重降到44.9%，如果进一步分析体育服务在现行体育产业统计分类体系中的构成，如果再去除更多偏向于行政、事业活动的体育管理活动，以及体育教育与培训中的大中小学"体育教育"部分，真正的、产业特色鲜明的"体育服务业"其增加值在体育产业中所占的比重应该在40%以下，笔者认为，这才是作为"产业"的"体育服务业"在体育产业中的真实地位。

表3-4　　　　　　　　2019年全国体育产业状况①

分类名称	总量（亿元）		结构（%）	
	总产出②	增加值③	总产出	增加值
体育产业	29483.4	11248.1	100	100
体育服务业	14929.5	7615.1	50.6	67.7

① 数据来源：国家统计局。https://www.gov.cn/xinwen/2020-12/31/content.5575772.htm, 2020年12月31日。
② 总产出，指一个国家所有常住单位在一定时期内生产的所有货物和服务的价值。
③ 增加值是指常住单位在生产过程中创造的新增价值和固定资产的转移价值之和，直接反映一个行业或单位在生产过程中向社会提供的全部最终成果。其计算公式为：增加值＝劳动者报酬＋生产税净额＋固定资产折旧＋营业盈余。国民经济各行业的增加值之和等于国内生产总值（GDP）。

续表

分类名称	总量（亿元）		结构（%）	
	总产出	增加值	总产出	增加值
体育管理活动	866.1	451.9	2.9	4
体育竞赛表演活动	308.5	122.3	1	1.1
体育健身休闲活动	1796.6	831.9	6.1	7.4
体育场地和设施管理	2748.9	1012.2	9.3	9
体育经纪与代理、广告与会展、表演与设计服务	392.9	117.8	1.3	1
体育教育与培训	1909.4	1524.9	6.5	13.6
体育传媒与信息服务	705.6	285.1	2.4	2.5
体育用品及相关产品销售、出租与贸易代理	4501.2	2562	15.3	22.8
其他体育服务	1700.2	707	5.8	6.3
体育用品及相关产品制造	13614.1	3421	46.2	30.4
体育场地设施建设	939.8	211.9	3.2	1.9

注：若数据分项合计与总值不等，是数值修约误差所致。

2018年，在对《国务院办公厅关于加快发展体育竞赛表演产业的指导意见》进行解读时，国家体育总局体育经济司的负责人指出，中国体育产业11大类，可以概括为体育健身休闲产业和竞赛表演产业这两大产业链的产业体系①。而作为这两大产业链最上游的体育竞赛表演业②和体育健身休闲业③，虽然近年来增速较快，但其增加值

---

① 《国家体育总局解读〈关于加快发展体育竞赛表演产业的指导意见〉》2018年12月22日，新华社，http://www.gov.cn/zhengce/2018-12/22/content_5351024.htm，2021年7月23日。

② 按：本文中体育竞赛表演业如非特别说明，都是从狭义角度而言，主要涉及体育竞赛表演活动本身。并非从产业链角度的大体育竞赛表演产业。

③ 按：本文中体育健身休闲业如非特别说明，都是从狭义角度而言，主要涉及体育健身休闲活动本身。并非从产业链角度的大体育健身休闲产业。

在体育产业中占比依然很低，其中体育健身休闲业为7.4%，体育竞赛表演业仅为1.1%。特别是作为体育产业向纵深发展，以及建设健康中国重要引擎的体育竞赛表演业，总体规模偏小，市场化、产业化程度以及市场成熟度都还不高。公众对国内赛事的参与度和关注度还有极大提升空间。

究其深层次原因，则是体育本体消费尚未成为人们生活中的"刚需"，亟待通过提升体育竞赛表演业的品质，大力推进实施全民健身国家战略，提高全民的体育意识，加强体育教育培训与指导，提升民众的体能和技能水平，不断扩大经常参加体育锻炼的人群规模，以培育体育本体产业消费市场。唯有此，才能逐渐拓展体育竞赛表演和健身休闲在体育产业中比重，并以此为支点，撬动整个体育产业的高度化和合理化进程。

客观地说，以体育竞赛表演业和体育健身休闲业目前在体育产业结构中所占的比重，及自身发展中普遍存在的小、散、乱等问题，还不足以承担起引领中国体育产业高质量发展的重任。如何贯彻新发展理念，推进供给侧结构性改革，补短板，强化该两个行业的发展，尽快提升其对整个体育产业发展的贡献率，关乎整个体育产业是否能够真正实现高质量发展，是否能够真正做到不仅大，而且强。

（四）区域分布不平衡，地区差异显著

区域发展不平衡，限制了社会有效需求的形成。就全国而言，体育产业主要集聚在东部沿海、京津冀、长三角、粤港澳大湾区为数不多的区域和一线城市。例如，2019年广东一个省的体育产业总规模占比接近全国的1/5[①]。各省区市也主要集聚于省会（首府）城市及少数大城市。国家体育总局体育经济司《2019年全国各省（区、市）体育产业工作情况报告》中显示，在提交了体育产业统

[①] 黄心豪、刘义清：《〈2020年广东省体育产业报告〉发布》，《中国体育报》2021年5月18日第2版。

计数据的省份中，就总规模而言，2018年排在前6位的广东、福建、江苏、山东、浙江、上海都属于东部沿海省份；就体育产业增加值占GDP比重而言，2018年，超过全国平均值的福建、上海、广东、江苏、湖北、浙江6个省份中，仅湖北属于中部，其他都是东部沿海省份。

表3-5、表3-6呈现的是第四次全国经济普查中关于体育制造、体育服务和体育建筑行业，在东部、中部、西部、东北四大区域中的法人单位数、从业人员数及其占比。从中可以清晰地看到，东部地区，无论是体育制造业，还是体育服务业和体育建筑行业，在法人单位数和就业人员数上都占据着绝对优势，发展态势良好。尤其是体育制造业，超过八成的法人单位和就业人员都集中在东部，这与东部发达的经济水平，便利的交通条件和相对丰富的资金、技术、人力供给，及完善的、能够有效吸引资本投入的环境有着密切关系。总体来看，这三个行业无论是在法人单位数，还是在从业人员数上，基本呈东部地区、中部地区、西部地区、东北地区递减，且区域间差距较大的趋势。

表3-5　2018年体育制造、体育服务、体育建筑行业在四大区域中法人单位数及其占比[①]　　（单位：万个、%）

四大区域	体育制造业		体育服务业		体育建筑行业		合计	
	法人单位数	占比	法人单位数	占比	法人单位数	占比	法人单位数	占比
东部地区	3.6	85.7	11.9	61	0.2	53.7	15.6	65
中部地区	0.3	7.1	3.5	17.9	0.1	22.8	3.9	16.3
西部地区	0.1	2.4	3.3	16.9	0.1	18.4	3.5	14.6
东北地区	0.2	4.8	0.8	4.1	0	5.2	1	4.2
合计	4.2	100	19.5	100	0.3	100	24.0	100

① 按：资料来源于第四次全国经济普查。

表 3-6　2018 年体育制造、体育服务、体育建筑行业在四大区域中从业人员数及其占比① （单位：万个、%）

四大区域	体育制造业		体育服务业		体育建筑行业		合计	
	从业人员数	占比	从业人员数	占比	从业人员数	占比	从业人员数	占比
东部地区	207.6	81.7	123.1	60.1	4.3	71.7	335.0	72.1
中部地区	34.7	13.7	37.8	18.4	0.8	13.3	73.3	15.8
西部地区	6.6	2.6	35.4	17.3	0.7	11.7	42.7	9.2
东北地区	5.1	2	8.6	4.2	0.2	3.3	13.9	3
合计	254.0	100	204.9	100	6.0	100	464.9	100

体育产业过于集中在少数区域或大城市，削弱了体育产业的有效辐射。另外，中国不同区域的要素禀赋多元，但在体育产业布局时，还未能充分考察区域的比较优势，致使区域间体育产业同质化比较严重。笔者对全国各省区市及地方的体育产业相关规划进行梳理发现，多数地方规划趋同，对地方优势的分析和观照严重不足。区域布局结构不合理，导致全国性的，或者区域有效、差异化、高品质需求难以形成，加深了供给侧的结构性矛盾。

（五）要素性供给力度不够，存在结构性矛盾

长期以来，中国体育产业的供给模式相对粗放，依靠廉价的劳动力、自然资源，简单的技术模仿，以及政府的支持，甚至是政府直接参与投资建设（例如部分场馆设施建设、赛事和健身休闲活动等）来实现供给数量的扩张。创新的内在动力，及外在的驱动机制不足，生产效率不高，拥有自主知识产权的高品质产品偏少，营利比较困难。除此而外，在此供给模式下，由于要素在生产过程中的投入结构不合理，劳动力的价格、部分资源的价格被严重压缩，产品利益分配过于倾斜于资本，整体而言，除部分品牌企业外，从业人员收入普遍

---

① 按：资料来源于第四次全国经济普查。

不高，自然资源使用得不到有效补偿。更为严重的是，虽然利益分配倾斜于资本，但资本的获利能力并不理想。凡此种种，导致体育产业后续的增长比较乏力。

场地设施作为体育产业的依托型要素资源，对于全民健身国家战略的有效实施，对于体育消费的培育，对于体育产业开发的品质都有着重要影响。近年来，在中央和地方的重视下，中国体育场地设施供给状况得到极大改善。但据笔者考察，还存在着较严重的结构性问题。目前，中国体育场地设施建设中，热衷于建设标志性的、高端的、多功能的大型综合性体育场馆，以及以满足人民群众基本健身需要的、在全国各地同质化程度很高的全民健身路径等，而中等档次的，适合于社会投资的，能够满足人民群众多元化体育消费需求的场地设施供给严重不足。

人力资源供给出现的新变化，对体育产业的发展提出了新挑战。众所周知，过去，中国代工、中低端体育用品制造业之所以在市场竞争中具有价格优势，主要得益于作为劳动密集型产业，代工、中低端体育用品制造业的劳动成本比较低，很长一个时期，低廉劳动力所带来的红利支撑了相关行业对国内、国际竞争的参与。但近几年，随着社会经济的发展，人们的收入水平普遍得以提升，与此相对的，就是人力要素的成本大幅度上升，这对相关行业发展形成了严重挑战，低价竞争的市场优势正在逐步消失，中低端体育用品制造业不断让位给其他发展中国家和地区。另外，体育产业的发展，对既懂产业运营，又懂体育规律的复合型人才需求很大，但目前，这方面人才培养还比较薄弱，还不能有效满足业界的需求。

金融对体育产业的支持度不高，体育企业融资比较困难。近年来，随着一系列重磅体育产业政策出台，掀起了资本投资体育的热潮。但资本对体育产业的投资多落实在休闲实体项目上，以及职业体育领域、体育传媒领域。例如滑雪场、体育特色小镇这样的大型投资项目，由于投资额度过大、营利前景不明，资本回收周期长，金融领域对其兴趣不高。近些年，发生在体育领域的一些著名的投资失败案例，如资本疯狂投入的乐视"帝国"的崩塌，如陕西宝鸡"功夫小镇"PPP融资被叫停……使得社会资本对较大规模的投资体育产业态度谨慎。如前文所述，目前，无论是体育服务业，还是体育制造业，以小微企业为主，而这些小微企业由于规模较小，可供抵押的资产比较少，金融资本对其融资需求反应比较冷淡。融资困难在小微企业中很普遍。

（六）政策落实不到位，体育产业供给侧结构性改革有待进一步深化

近十年来，国家层面陆续出台了一系列政策，培育体育消费，加快发展体育产业，促进体育产业的高质量发展。各省（区、市）、及地方也相继出台了相关政策，对体育产业发展进行规范和支持。但由于体育产业的发展，往往涉及多个部门。部门之间由于利益纠缠，或者统筹协调的缺失，导致政策执行大打折扣。笔者对全国各地的调查中发现，对于国家政策中明文规定的土地、税收、电费、水费等优惠，地方真正落实的并不多。在对西安健身俱乐部行业的调查中得知，对于国家发展改革委文件中明确水、电、能耗价格优惠政策，在实际运行中，没有俱乐部真正享受到。一些有一定规模、懂政策的俱乐部多方反映，但一直得不到有效解决。根据西安"零距离"健身俱乐部提供的数据，如果水、电、能耗价格能执行国家发展改革委相关政策，每年俱乐部大约能够节约48.5%的成本。该俱乐部积极向有关部门反映、争取，但截至2021年6月，问题依然没有解决。

供给侧结构性改革的明确提出已有经年，近年来，出台的相关政策中，也多有"以供给侧结构性改革为主线"，或者"大力推进供给侧结构性改革"等类似的表述。但在政策的具体执行，以及体育产业业界的实践中，受思维和行动惯性的影响，更习惯于从需求侧去思考问题，或者缺乏创新意识，被动地由市场，或者需求牵着鼻子走，喊着"供给侧"，继续按"老一套"行事的现象比较普遍。调查中发

现,很多政策执行者对何为"供给侧结构性改革"不甚了了,甚至存在认知错误。特别是2020年底,中央经济工作会议强调"要紧紧扭住供给侧结构性改革这条主线,注重需求侧管理",有不少人片面解读为经济发展战略要从供给侧转向需求侧了,全然不顾"要紧紧扭住供给侧结构性改革这条主线"的表述。需求侧管理需要加强,但以此来削弱和否定供给侧结构性改革的主线价值是错误的,应该警惕,并加以明确和理顺逻辑关系。

四 该阶段体育产业结构的主要特征

总体而言,该阶段体育产业结构有四个主要特征。

其一,全面深化改革,以供给侧结构性改革为主线,同时逐步加强需求侧管理,着力提升体育产业发展质效,持续释放体育产业消费动能。强调在体育产业发展中,发挥市场在资源配置中的决定性作用和更好发挥政府作用,强调深化改革,简政放权,开拓创新,激发活力。

其二,专门政策上升至国家层面,标志着中国的体育产业成为国家经济发展战略和产业政策的重要组成部分,开始进入加快发展的历史阶段。不再是就体育产业论体育产业,而是将体育产业的战略地位和战略意义,提升到了经济发展、体育改革和惠及民生这一新的高度。进一步明确了深化体育体制改革的方向和任务;在保障和改善民生方面,提出了"将全民健身上升为国家战略"的重大决策。

优化产业结构,优化产业布局,创新驱动,产业融合,政府职能转变、市场在资源配置中决定性作用等,成为各种体育产业政策中的"关键词"。

其三,体育产业结构日益优化,体育产业体系日益健全。表现为:体育产业规模逐步扩大,对国民经济的贡献率有提升;体育产业体系逐渐健全,产业结构加速优化升级,产业融合不断催生新业态;

体育服务业占比和增速持续提升，体育用品制造占比和增速明显下降；体育服务业发展势头良好，内部细分业态各有亮点，体育健身休闲业快速发展，体育教育培训业迎来井喷式的发展，体育场馆服务运营管理改革持续深入，其他业态的发展态势也比较良好；体育用品制造业转型提质，科技创新驱动品牌建设；体育场地设施建设提速，能够更好地满足体育事业发展需要；体育产业区域特色鲜明，产业布局趋向合理。

其四，体育产业结构仍有较大优化空间，供给侧发力仍显不足。体育产业对国民经济的贡献率仍有较大提升空间；体育产业整体实力不强，有效供给不足，低效供给过多；产业的内部结构仍需进一步优化，体育本体消费有待培育；区域分布不均衡，地区差异显著；要素性供给力度不够，存在结构性矛盾；政策落实不到位，体育产业供给侧结构性改革有待进一步深化。

第四节 关于体育产业结构优化进程的若干基本认识
——侧重于供给侧结构性改革的视角

本章对1978年以来体育产业结构的演进、优化进程进行了回顾，也讨论了每一个阶段存在的问题。其中，2010年以来，体育产业结构的优化及存在问题，是本研究的重中之重，能够深刻地反映供给侧结构性改革对于体育产业发展的影响，并在此基础上去思考今后一个时期，如何更好地贯彻新发展理念，"以供给侧结构性改革为主线"，推进体育产业的高质量发展。对于1978年以来，特别是近十年体育产业结构演变，应该如何认识？笔者从供给侧结构性改革的视角进行了思考。

一 如何认识供给侧和需求侧在体育产业结构优化进程中的地位

1981年，党的十一届六中全会指出：在社会主义初级阶段，中国社会的主要矛盾是人民日益增长的物质文化需要同落后的社会生产之间的矛盾。当时，中国供给和需求的主要矛盾集中体现为产品和服务的供给数量不足。尽管在发展过程中，人们对产品和服务的质量也会逐步重视起来，但是从整体来说，此时人们的需求主要处于追求数量满足的初级阶段，产业发展，结构调整更多考虑的是如何应需求、满足需求。

党的十九大强调，中国社会主要矛盾已经转化为人民日益增长的美好生活需要和不平衡不充分的发展之间的矛盾。社会主要矛盾的变化，虽然都没有超越供给不能满足需求的总框架，但内涵却发生了变化。一是需求已从"量"更多地转向对"质"，以满足"美好生活需要"，对供给的质量提出了更高要求；二是，在党的十九大之前已经提出要推进供给侧结构性改革，反映了中央解决社会主要矛盾的思路发生重大变化，从被动地去满足需求，转向主动地通过创新驱动，通过供给创造需求。

体育产业作为有中国特色社会主义经济的组成部分，其结构的变迁及优化必然不能脱离中国的国情，社会经济发展的规律，社会主要矛盾变化对供给和需求关系的影响，都会折射到体育产业结构的变迁和优化中来。

1978年之后的很长一个时期内，影响中国体育产业结构变迁的主要动力来自对需求的满足，人民需要什么，我就供给什么；市场对什么有需求，我就去进行投资、布局和供给。基本上处于需求牵引供给阶段。再加之当时社会经济发展水平还较低，人们的收入有限，对于体育产品和服务的需求基本上处于初级需求阶段，主要解决的是有没有，有多少的问题；对需要支付较大费用的"高品质"产品和服务，市场需求并不旺盛。因此，那个时期，中国体育产业结构的变化主要是因应需求侧对量的需求，产品同质化、低端化比较严重。20世纪中后期，随着体育体制改革的推进，以及人民生活水平的逐渐提高，先富裕起来的人们开始追求发展和享受型的体育服务和产品供应，体育产业发展从早期过度地追求量，开始考虑"质"的元素。但总体上来讲，依然是从需求角度出发去讨论体育结构的优化问题，只不过是从单纯的追求量，转为既追求量，又考虑"质"；并且，对"量"的追求依然是主流，场地设施数量不能满足需要，基本的健身指导与服务不能满足需要，体育赛事及活动太少，不能满足需求等。这种状况持续到进入 21 世纪第二个十年，依然是体育事业发展中存在的主要问题。故而，从需求侧出发，去讨论体育产业结构的优化问题，是一个"旧常态"。

党的十八大以来，全面深化改革，中国社会经济发展突飞猛进。社会主要矛盾发生了重要变化，人民对于美好生活的需要也投射到体育领域中来，体育产业作为一个健康产业、幸福产业，其重要任务也转向满足人民对美好生活的向往。美好生活中的体育，不仅仅是"量"的满足，更强调"质"的提高。这里的"质"不仅仅是单一产品的"质"，更强调是否能够满足人们多样化的高品质体育需求，更强调可选择性。这对体育产品服务和产品的供给提出了新要求。另外，美好生活不是靠被动满足就能实现，美好生活更需要创造，创新驱动，创造多样化的、高品质的体育产品和服务，用供给去创造需求，在供给侧结构性改革明确提出后，成为国家和地方在制定优化体育产业结构，促进体育产业发展政策时遵循的主线。供给侧结构性改革下的体育产业结构调整，更注重创新提质，供给引领需求；注重横向整合，多元化、多层面、多角度地壮大体育产业；体育产业与越来越多的行业发生交集，新业态被不断"创造"出来。体育产业结构优化从追求"合理化"，向保有"合理化"的同时，追求"高度化"转变。

可以说，在新时代，体育产业结构优化要紧紧扭住供给侧结构性改革这条主线，这是今后一个时期体育产业发展的一个主基调，也是新常态。但也应注意到，强调供给侧结构性改革，并不是要否定需求侧的价值。需求牵引供给，供给创造需求，达到高水平的动态平衡，对于包括体育产业在内的经济社会发展意义重大。事实上，近些年来，在强调供给侧结构性改革作为发展主线的同时，体育产业发展中并没有忽视需求侧的重要作用，而是将二者放在同等重要的位置去看待，例如，2014 年，国务院 46 号文件的逻辑，就是通过"加快发展体育产业"去"促进体育消费"，通过"促进体育消费"去"加快发展体育产业"，二者是相辅相成的关系。再例如，国办发〔2019〕43 号文将促进全民健身和体育消费，作为推动体育产业高质量发展的重要动力源。特别是进入 2020 年，新冠疫情席卷全球，加上部分西方国家对中国经济的围堵，中国经济运行受到了较大的冲击。在国内外环境发生显著变化的大背景下，党中央提出要"加快构建以国内大循环为主体、国内国际双循环相互促进的新发展格局"，"国内大循环"要求牢牢把握扩大内需这一战略基点，这属于需求侧的问题。2020 年底，中央经济工作会议强调"要紧紧扭住供给侧结构性改革这条主线，注重需求侧管理"，非常明确地界定了供给侧和需求侧的关系。

整体而言，需求侧对中国体育产业结构优化的影响一直存在，并影响巨大，不仅以前是"主导"，而且在供给侧结构性改革提出之后，依然保持着巨大的影响力；供给侧结构性改革明确提出以前，在体育产业结构优化过程中，对供给侧也有考虑，如劳动力、土地、资本、制度、创新等，在一系列政策中都有体现；2015 年之后，供给侧结构性改革在各种政策中被强调为"主线"，且确实在体育产业结构的优化进程中得以初步贯彻，无论是注重技术创新，加强品牌建设，还是拓展新业态，都属于供给侧改革范畴；但由于对供给侧结构性改革的认识问题，在政策执行面，和体育产业发展实践中，供给侧"主线"作用的发挥还有诸多待加强的空间。

供给侧结构性改革和需求侧管理是中国调控宏观经济的两个基本手段。需求侧管理重在解决总量性问题，注重短期调控；供给侧结构性改革重在解决结构性问题，注重激发经济长期增长动力。没有高质量的产品和服务供给，人民对美好生活的需要就得不到满足。没有需求侧的消费需求牵引，供给也无法实现①。当前和今后一段时期，中国体育产业在对国民经济贡献率依然偏低，规模还需扩大，产业结构还存在诸多问题的情况下，既要坚持解决体育产业发展中的结构性问题不动摇，又要实现体育产业维持在一定增速水平上的高质量发展，把提升体育产业的有效规模问题摆到重要位置。体育产业结构的优化，需要我们在坚持供给侧结构性改革这条主线不动摇的同时，注重需求侧管理，把供给侧结构性改革和需求侧管理有效结合起来。

二　如何认识体育产业结构优化进程中政府和市场的关系

深化供给侧结构性改革重在处理好政府和市场的关系。党的十四大明确提出建立社会主义市场经济体制的改革目标；党的十五大提出要发挥市场在资源配置中的基础性作用；直至党的十八届三中全会明确提出，使市场在资源配置中起决定性作用和更好发挥政府作用。从"基础性"提升到"决定性"，是中国社会主义市场经济内涵"质"的提升。"基础性"作用，给人的理解是在市场之上还有一个力量在配置资源，那只能是政府。"决定性"的含义是指，其他力量可以影响和引导资源配置，但决定者不是别的，只有市场。因此基本经济制度、市场体系、政府职能和宏观调控等方面的改革，都要以此为基础②。

考察中国体育产业发展及结构的优化进程，发现，对于正确处理政府和市场关系，明显比国民经济的大多数领域迟缓。市场在资源配置中起基础性作用的时期，政府和"代表"政府的运动管理中心，及具有浓厚官方色彩的单项运动协会，几乎包办了从产业布局、结构调整，到具体的赛事、活动操办等大小事宜，市场的基础性作用有发

---

① 张占斌、杜庆昊:《把"需求侧管理"与供给侧结构性改革有机结合》,《光明日报》2021年1月5日第11版。

② 卢现祥:《市场:从"基础性"提升到"决定性"》2013年12月2日, http://theory.people.com.cn/n/2013/1202/c107503-23710275.html, 2021年8月10日。

挥，但占比不高，社会力量对体育产业有介入，但介入规模不大，介入深度欠缺。

进入市场应该起"决定性"作用，同时更好发挥政府作用时期后，虽然政府职能有所转变，比如，取消了商业赛事审批，推进体育社会组织改革等。但政府职能转变得并不彻底。例如，体育社会组织改革虽有推进，但推进状况并不理想，除了少数单项运动协会外，大多数协会实体化推进缓慢，协会在体育产业开发中应有的效能远未得以充分释放。政府依然介入各种具体事务中，笔者对陕西省近几年举办的精品赛事考察发现，绝大多数赛事的主办方是各级政府。这种现象在全国很普遍。时至今日，政府的有形之手在体育产业发展及结构调整中依然随处可见。这一方面对激发市场活力有压抑，另一方面使政府陷入具体事务纠缠中，降低了行政效能，亦使民众和市场形成对政府的依赖，从而使政府背上"无限"责任。

推进体育产业领域的供给侧结构性改革，必须继续深化体制改革，切切实实地、不拖泥带水地进行"简政放权、政社分开、管办分离"改革。要管好政府有形之手，解放市场无形之手。处理好体育产业发展中的政府与市场关系，破解体育产业相关领域中有需求，但缺乏有效、高质量供给的突出矛盾，尽快实现体育产业中的竞争性领域对市场全面放开，非竞争性领域引入竞争机制。处理好"三去一降一补"中的政府与市场关系。去产能、去库存、去杠杆的本质是实现体育市场的供求平衡，这更多的是需要发挥市场的决定性作用，运用市场手段、法治手段，推动相关业者调整低效、重复的产能，防范高杠杆带来的金融、资金风险；政府的主要职责是降成本、补短板，要在减税、降费、降低要素成本上加大力度。

以供给侧结构性改革为主线，近年来，中国各级政府出台了一系列政府来促进体育产业发展，促进体育产业的结构优化。政府不仅要制定好政策，还要为顺利落实提供服务。其中，最需要优先落实的"政策"，就是政府职能转变相关的政策。（关于政府职能转变问题，

将在后文中作详细研究）

三　如何认识体育服务业和体育用品业的比例关系

体育服务业（此处的体育服务业，不含体育用品及相关产品销售、贸易代理与出租，以及偏向于行政，或者事业属性的体育服务活动），尤其是其中的体育健身休闲业和体育竞赛表演业，在体育产业结构中所占比重偏低是中国体育产业结构还不够优化的突出呈现（虽然近年来增速较快，但由于基数不高，因此在体育产业中比重依然偏低）。与此相应的是，体育用品业（此处的体育用品业，包括体育及相关产品制造、销售、贸易代理与出租）在体育产业中的比重一直偏高，在体育产业发展的第一、第二阶段，比重甚至达到八成以上，近些年来，随着供给侧结构性改革的推进，体育用品业的比重有所下降，但依然在五成以上。

以体育竞赛表演业和体育健身休闲业等为本体产业的体育服务业占比偏低，实力较弱，其作为体育产业引擎的作用无法有效发挥。笔者在调研中发现，大众对体育产业无感的比例比较高。笔者在2019年组织学生在西安街头随机对行人，就其对体育产业的认识进行口头调查，有将近70%的人对何为体育产业不明所以，究其深层次原因，大多是因为对高水平赛事，或者消费型健身休闲活动没有切身体验，纷纷表示，常年都见不到有比赛，参加身体锻炼一般是在不收费的场所，故而对"产业属性的体育"没有感觉。这个调查结果从一个侧面说明了，当体育本体产业比较弱小、表现不佳时，会影响到民众对于整个体育产业的认知程度。如前文所述，体育产业的发展，可以将体育健身休闲和体育竞赛表演作为最上游行业，建构成互有联系的两大产业链，体育产业的其他构成部分，包括体育用品制造与销售，应根据其和这两大行业的联系，建构至相应的产业链中。可见，体育健身休闲业、体育竞赛表演业的发展关乎到整个体育产业的发展，而当前，该两个行业的发展还明显不足以发挥其应有的效应。因此，从供给侧结构性改革的角度来看，这两个行业属于体育产业发展的短板，应该着力补强。做大、做强体育健身休闲业、体育竞赛表演业，扩大其在体育产业中的占比，创新活动形式，提升服务品质，以高质量的供给引领消费，提高其对整个体育产业的贡献率，是推进体育产业高质量发展最为紧迫的任务。

体育用品及相关产品制造和销售在中国体育产业结构中占比虽有下降，但占比依然很大。从产业结构优化、产业链建构的角度讲，大力发展体育服务业是供给侧结构性改革的题中应有之义。但笔者认为，这并不意味着要削弱体育用品相关行业，尤其是体育制造业的发展。可以通过促进体育服务业的超常规发展来提升其对在体育产业的占比，适当降低体育用品相关行业的占比，但占比的降低，不是自身就不要发展了。体育用品相关行业，特别是体育用品制造在中国体育产业占有重要地位，甚至在东部一些地区居于主导地位，有其合理性。中国制造业是全球化很高的产业，体育用品更是全球制造基地[①]。1978 年以来，经过数十年的发展，中国已经形成较为完备的、延伸到全球主要地区体育用品制造产业链，成为全球生产体育用品种类最多的国家。在创新驱动下，经过多年的品牌建设，国内已经打造出若干国际知名品牌；而国外的知名品牌基于中国的广阔市场，以及相对优越的要素供给市场和营商环境，在中国投资设厂，合法竞争。可以说，体育用品制造及销售行业是中国体育产业各行业中开放程度最高，和国际融合度最高的行业之一。在中国发展体育用品制造业，具有强大的优势，也带动了就业和地方经济。在中国大力推进《中国制造 2025》的大背景下，体育用品制造等相关行业必须加强，使其能够持续健康地发展。从供给侧结构性改革角度讲，中国体育用品制造面临着去产能、去库存、降成本、补短板的问题。对于那些中低端的、缺乏市场竞争力的，甚至破坏市场环境产品应着力理清，并推动

---

① 江小涓等：《体育产业的经济学分析　国际经验及中国案例》，中信出版社 2018 年版，第 44 页。

去产能、去库存进程；国家和地方应通过金融扶持、税费优惠、要素价格优惠等政策降低企业运营成本；虽然中国已经有一些国际知名品牌，但毕竟数量太少，品牌建设滞后，自主创新不足依然是短板，需要去补齐。今后一个较长的时期内，中国体育用品制造及相关行业的发展思路应该是：保持适度增速，将重心从规模的扩充，切实转移到对质的追求上；以供给侧结构性改革为主线，强化技术创新，创造出更多、更优质，能够引领新需求，能够满足多样化需求的，具有国内国际竞争力的产品；在稳固扩大国内市场的同时，着力开拓国际市场，建构国内国际双循环的新发展格局。

体育服务业和体育用品业的发展是相辅相成的。体育服务业，特别是体育竞赛表演业和体育健身休闲业的发展，可以激活体育产业链，消费者对更高体育参与品质的追求，会促使其加大对优质体育用品及相关产品的购买；体育参与者对体育的喜爱会不同层面上投射到对衍生产品的消费上，例如高品质体育竞赛活动所衍生出来的"偶像"为广大青少年所追捧，会促使其加大周边文创产品，以及"偶像"代言的体育用品、服装鞋靴品牌的消费。另外，体育用品制造等行业已成为体育竞赛表演等服务业赞助的主要来源，为其发展提供了充足的资金支持。

因此，一个合理的、高度化的体育产业结构，应是大力促进以体育竞赛表演和体育健身休闲为代表的体育服务业，以较快的速度高质量发展，不断提升其对体育产业发展的贡献率；同时，促进体育用品等相关行业适度发展，以创新为引领，驱动体育用品相关行业，特别是体育制造业进行品牌化建设，将优质供给、创造需求、促进消费作为行业发展的主要任务。

四　如何认识体育产业在国民经济和社会发展中的地位

正确认识体育产业在国民经济和社会发展中的地位，对于优化体育产业发展的外部结构，为体育产业发展争取更多的政策、资金支持,和其他产业的融合助力,具有重要意义。大力发展新产业、新业态是供给侧结构性改革的一个重要着力点,从党的十八大以来中央的相关政策判断,体育产业将是未来中国经济转型发展的重要阵地之一。

长期以来,在体育系统内部,将体育产业和全民健身、竞技体育作为体育工作的三大任务[①]。但由于历史和客观原因,体育产业工作一直没有被摆到相应的位置,相对于其他两大任务,尤其是竞技体育,体育产业在很大程度上处于一个"必须时时强调,但又不需很用心做"的尴尬位置,成为体育工作的短板。经过四十年的发展,体育产业的总规模不断扩大,其增加值在 GDP 中的占比也有一定提升,但对国民经济的贡献依然偏低,和其他产业的融合大多处于初级阶段,对整个国民经济的带动还有限。除了体育部门因职责所在,对体育产业发展略加重视外,其他部门对体育产业的态度亟待加强。笔者曾经参加过多次省级体育扶持基金的评审工作,因工作需要,评审时,常常会请来省有关部门的负责同志出席。为了争取更多的财政和其他支持,常常在评审之余,评审专家、体育部门负责人齐上阵,对列席的相关部门负责人进行体育知识"培训",这些相关部门负责人对"体育产业"的"无知",常常令专家们"叹为观止"。之所以出现这种局面。究其深层次原因,主要还是因为体育产业的影响力太小了,以至于有关部门负责的同志没有想去主动、深入了解的动力。

这种状况对体育产业的发展是不利的。要改变这种状况,首先,要提升全社会对体育产业重要性的认知,必须从国家发展全局、战略的高度去认识体育产业发展问题。2021 年 3 月,十三届全国人大四次会议通过的《中华人民共和国国民经济和社会发展第十四个五年规划和 2035 年远景目标纲要》中指出,展望 2035 年,中国将建成文化强国、教育强国、人才强国、体育强国、健康中国,国民素质和社会

---

① 按:另有说法是将体育文化和其他三项工作并列,称为四大任务。

文明程度达到新高度，国家文化软实力显著增强①。之前，2020年10月，党的十九届五中全会审议通过的《中共中央关于制定国民经济和社会发展第十四个五年规划和二〇三五年远景目标的建议》对此已有明确表述，把建成体育强国和建成文化强国、教育强国、人才强国、健康中国并列，使其作为提升国民素质和社会文明程度，提升国家文化软实力的重要战略目标。可见，党和国家是从全局、战略高度来考虑体育发展问题的。因此，体育界，包括体育产业皆应有自信，并从国家发展全局、战略的高度去部署体育事业、体育产业的发展问题。要通过对国家政策的解读和宣传，让全社会认识到：体育产业是幸福产业、健康产业、绿色产业、新兴产业，体育产业的发展"有利于满足人民群众多样化的体育需求、保障和改善民生，有利于扩大内需、增加就业、培育新的经济增长点，有利于弘扬民族精神、增强国家凝聚力和文化竞争力。"②

  其次，体育产业自身必须做大做强。今后一个时期，体育产业在发展中必须坚持把社会效益放在首位，社会效益和经济效益相统一，紧紧扭住供给侧结构性改革这条主线，同时加强需求侧管理。主要做好以下几点：一是，推进体育产业管理体制改革，正确处理好政府和市场的关系，充分发挥市场在资源配置中的决定性作用，同时更好发挥政府作用，激活体育产业发展的内生动力，加快形成有效竞争的市场格局；二是，将鼓励创新，创造新的消费增长点，作为体育产业供给侧结构性改革的核心和重要抓手，实现产业的发展动力转换；三是，找准优势，促进生产要素禀赋的优化升级，做好区域体育产业发展定位，做好区域优势行业选择，促进区域间结构的优化；四是，推动体育产业与相关产业的互融共进，整合产业

---

① 《中华人民共和国国民经济和社会发展第十四个五年规划和2035年远景目标纲要》2021年3月13日，新华社，http://www.gov.cn/xinwen/2021-03/13/content_5592681.htm，2021年8月13日。

② 《国务院关于加快发展体育产业 促进体育消费的若干意见》2014年10月20日，https://www.gov.cn/zhengce/content/2014-10/20/content_9152.htm，2021年5月17日。

链，提高效率，发挥集群效应，创新业态，优化体育产业的内部结构和外部结构。通过以上措施，积极扩大体育产品和服务的高质量供给，推动体育产业成为经济转型升级的重要力量。体育产业只要能够充分利用国家政策红利，自身做大做强，不断增强其对国民经济与社会发展的贡献和辐射带动力，就一定能够真正得到全社会的高度重视，迎来发展的春天。

附：第三章部分基础数据

（数据来源：国家体育总局、国家统计局）

附 3-1　　2015 年国家体育产业总产出和增加值

体育产业类别名称	总量（亿元）		结构（%）	
	总产出	增加值	总产出	增加值
国家体育产业	17107	5494.4	100	100
体育管理活动	229.1	115	1.3	2.1
体育竞赛表演活动	149.5	52.6	0.9	1
体育健身休闲活动	276.9	129.4	1.6	2.4
体育场馆服务	856.2	458.1	5	8.3
体育中介服务	47	14	0.3	0.3
体育培训与教育	247.6	191.8	1.4	3.5
体育传媒与信息服务	100	40.8	0.6	0.7
其他与体育相关服务	299	139.6	1.7	2.5
体育用品及相关产品制造	11238.2	2755.5	65.7	50.2
体育用品及相关产品销售、贸易代理与出租	3508.3	1562.4	20.5	28.4
体育场地设施建设	155.2	35.3	0.9	0.6

注：若总量与分量合计尾数不等，是数值修约误差所致，未做机械调整。

附3-2　　　　2016年国家体育产业总产出和增加值

体育产业类别名称	总量（亿元）		结构（%）	
	总产出	增加值	总产出	增加值
国家体育产业	19011.3	6474.8	100	100
体育管理活动	287.1	143.8	1.5	2.2
体育竞赛表演活动	176.8	65.5	0.9	1
体育健身休闲活动	368.6	172.9	1.9	2.7
体育场馆服务	1072.1	567.6	5.6	8.8
体育中介服务	63.2	17.8	0.3	0.3
体育培训与教育	296.2	230.6	1.6	3.6
体育传媒与信息服务	110.4	44.1	0.6	0.7
其他与体育相关服务	433	179.7	2.3	2.8
体育用品及相关产品制造	11962.1	2863.9	62.9	44.2
体育用品及相关产品销售、贸易代理与出租	4019.6	2138.7	21.1	33
体育场地设施建设	222.1	50.3	1.2	0.8

注：若总量与分量合计尾数不等，是因数值修约误差所致，未作机械调整。

附3-3　　　　2017年全国体育产业状况

体育产业类别名称	总量（亿元）		结构（%）	
	总产出	增加值	总产出	增加值
体育产业	21987.7	7811.4	100	100
体育管理活动	504.9	262.6	2.3	3.4
体育竞赛表演活动	231.4	91.2	1.1	1.2
体育健身休闲活动	581.3	254.9	2.6	3.3
体育场馆服务	1338.5	678.2	6.1	8.7
体育中介服务	81	24.6	0.4	0.3
体育培训与教育	341.2	266.5	1.6	3.4
体育传媒与信息服务	143.7	57.7	0.7	0.7

第三章 中国体育产业结构的演变、优化及存在的问题

续表

体育产业类别名称	总量（亿元）		结构（%）	
	总产出	增加值	总产出	增加值
其他与体育相关服务	501.6	197.2	2.3	2.5
体育用品及相关产品制造	13509.2	3264.6	61.4	41.8
体育用品及相关产品销售、贸易代理与出租	4295.2	2615.8	19.5	33.5
体育场地设施建设	459.6	97.8	2.1	1.3

注：若数据分项合计与总值不等，是数值修约误差所致。

附3-4　　2018年全国体育产业状况

分类名称	总量（亿元）		结构（%）	
	总产出	增加值	总产出	增加值
体育产业	26579	10078	100	100
体育服务业	12732	6530	47.9	64.8
体育管理活动	747	390	2.8	3.9
体育竞赛表演活动	292	103	1.1	1
体育健身休闲活动	1028	477	3.9	4.7
体育场地和设施管理	2632	855	9.9	8.5
体育经纪与代理、广告与会展、表演与设计服务	317	106	1.2	1.1
体育教育与培训	1722	1425	6.5	14.1
体育传媒与信息服务	500	230	1.9	2.3
体育用品及相关产品销售、出租与贸易代理	4116	2327	15.5	23.1
其他体育服务	1377	616	5.2	6.1
体育用品及相关产品制造	13201	3399	49.7	33.7
体育场地设施建设	646	150	2.4	1.5

注：若数据分项合计与总值不等，是数值修约误差所致。

附3-5　　　　　　　　2019年全国体育产业状况

分类名称	总量（亿元）		结构（%）	
	总产出	增加值	总产出	增加值
体育产业	29483.4	11248.1	100	100
体育服务业	14929.5	7615.1	50.6	67.7
体育管理活动	866.1	451.9	2.9	4
体育竞赛表演活动	308.5	122.3	1	1.1
体育健身休闲活动	1796.6	831.9	6.1	7.4
体育场地和设施管理	2748.9	1012.2	9.3	9
体育经纪与代理、广告与会展、表演与设计服务	392.9	117.8	1.3	1
体育教育与培训	1909.4	1524.9	6.5	13.6
体育传媒与信息服务	705.6	285.1	2.4	2.5
体育用品及相关产品销售、出租与贸易代理	4501.2	2562	15.3	22.8
其他体育服务	1700.2	707	5.8	6.3
体育用品及相关产品制造	13614.1	3421	46.2	30.4
体育场地设施建设	939.8	211.9	3.2	1.9

注：若数据分项合计与总值不等，是数值修约误差所致。

第四章 供给侧结构性改革背景下体育产业结构优化的战略路径

本课题研究的前半部分，侧重于从供给侧结构性改革视角，回顾了中国体育产业结构演变、优化的历程，展现了体育产业结构优化取得的突出成就，挖掘了其中存在问题，尤其是供给侧发力不足的问题，结合问题，对体育产业结构优化进程中的几个重要命题进行了讨论，提出了明确观点。同时对体育产业供给侧结构性改革推进过程中可能存在的认识误区、行动逻辑进行分析。对以上研究进行淬炼，发现在当前和今后一个时期内，以供给侧结构性改革为主线，推进体育产业结构优化，应该从战略高度出发，着重解决好以下问题：处理好政府和市场的关系，激活体育产业结构优化的内生动力；创新驱动，培育体育消费新增长点，这是体育产业结构优化的重要抓手；以"体育+""+体育"，促进跨界融合，拓展体育产业新业态；厘清各区域发展体育产业的要素禀赋，找准比较优势，科学地确定区域应重点发展的产业类型，科学布局产业发展，促进区域结构的优化。

第一节 激活优化体育产业结构的内生动力：处理好政府和市场的关系[①]

市场运行机制是影响体育产业结构优化和产业增长的内生性驱动

---

① 笔者指导的研究生邱茜对本节内容撰写作出一定贡献，特致感谢。

因素。推动体育产业管理体制改革，发挥市场在资源配置中的决定性作用，同时更好地发挥政府作用，创造良好的市场条件和环境，对于提升市场的主观能动性，激活优化体育产业结构的内生动力，鼓励体育相关业者放手去创造更多优质的体育产品，促进产品供给从同质化到精品化的转变，促进体育消费市场的健康发展，有着重要意义。

充分发挥市场在资源配置中的决定性作用，是党的十八届三中全会提出的关于经济体制改革的核心问题。党的十八大以来，中央和地方的一系列关于体育产业的政策文件中，大都明确，或者将"发挥市场在资源配置中的决定性作用"的精神贯彻至政策文本中。无论是讨论体育产业的整体发展问题，还是讨论体育消费、体育竞赛表演、体育健身休闲、体育旅游、体育用品制造，抑或讨论足球、武术、冰雪等具体的运动项目产业的发展，都将市场作为加快产业发展，促进体育消费的首要因素，提出要充分依靠市场的力量，把凡是由市场能够自行调节与供给，且能够提高效率、不损害体育事业社会与民生价值的实现，以及公平公正的具体事务，都交给市场，由市场通过在规则范围内的公平竞争来决定资源的配置，并由此实现市场参与各方的优胜劣汰，促进产业结构优化升级。

当然，在上述政策文件中，也大都有另一个层面的表述，即在充分发挥市场在资源配置中的决定性作用的同时，更好地发挥政府的作用。在一个成熟的、合理化的、高度化的体育产业结构体系形成中。市场和政府一定是一种共生互补的关系。市场的作用是决定资源配置，政府通过政策引导、科学管理、加强服务等政府职能履行或者转变，向市场释放资源，激发市场活力，实施创新驱动，激发市场主体积极主动地参与产业结构优化的内生动力，最终形成政府"放管服"职能转变有成效，市场资源配置合理，市场有活力的体育产业发展新格局。

对于如何认识体育产业结构优化进程中政府和市场的关系。在本书第三章第四节已有较为详细的论述，本章不再大幅度展开论述。由

第四章　供给侧结构性改革背景下体育产业结构优化的战略路径

于政府职能转变，涉及政府和市场的关系，且截至当前，政府依然在中国体育产业结构优化进程中居于相对主导的地位，市场的决定性作用在实质层面上仍需进一步落实。故而本章将主要从供给侧结构性改革的背景下，去讨论体育产业发展中政府职能转变的问题。

一　供给侧结构性改革与政府职能转变的关系

政府在体育产业发展及结构优化方面，存在缺位、越位、错位现象。

缺位体现在体育公共服务供给缺失、产业发展相关文件的配套政策不完善、监督奖惩机制不健全等方面，政府职能的缺位导致市场经济发展进程中缺乏政府全面有效的引导和规范。

越位体现在政府部门对非本领域内的事务习惯性地插手管理，一方面造成行政效率低下，另一方面增加了企业制度性交易成本。

错位体现在相关政府部门对产业发展中的具体事务干预过多上，这十分不利于激发市场主体活力，发挥市场在资源配置中的决定性作用。

供给侧结构性改革需要政府、企业和社会同时发力、共同配合，推动经济结构升级，政府在深化改革上发挥着不可替代的作用[①]。完善制度建设，通过制定政策法规推进改革，保障生产者和消费者的合法权益、创造良性发展环境等方面，都必须要有政府的宏观调控。在供给侧结构性改革不断推进的过程中，具有普惠性质的改革内容持续推进，如今供给侧结构性改革进入攻坚阶段，对触动经济发展中部分市场主体及政府部门利益的改革即将进行，改革不会因困难而停止，因阻碍而绕行。在改革攻坚期，政府相关部门应首当其冲，从转变政府职能开始，慢慢啃下改革的"硬骨头"。

供给侧结构性改革的最终目的是为人民群众提供一个高效的经济

---

① 杨宏山：《供给侧改革的根本在于制度创新》，《人民论坛》2016年第7期。

供给体系，为达到这一目的，不仅要解放生产力，更需注重生产关系的改革。

解放生产力，需要厘清政府和市场的关系，需要政府进一步简政放权，充分发挥市场在资源配置中的决定性作用。政府通过降低市场准入门槛，激励社会主体积极参与"大众创业，万众创新"，为社会主义市场经济注入新鲜血液，为经济转型做好经济存量准备。政府通过创造公平公正的市场环境，加强监督机制，充分激发市场主体创新活力，实施创新驱动。

改革生产关系，需要政府部门进一步降低制度性交易成本，进一步下放或取消行政审批，加强政府公共服务供给以及政府部门依法行政观念，确保政府部门"有所为，有所不为"，收回政府部门"伸得过长的手，管得过宽的手，放错位置的手"，伸出"应该伸出的手"。在税收及财政上发力，降低中高端产品的制度性交易成本，真正做到实惠于民。

综合而言，供给侧结构性改革与中国政府职能的转变有着十分重要的关系，供给侧结构性改革需要相关政府部门进行实施和推动，同时供给侧结构性改革对政府部门所具有的政府职能又提出了新的更高要求。

中国体育产业的发展是在社会主义市场经济体制下进行的，其发展同样需要相关政府部门的宏观调控。供给侧结构性改革的提出，要求体育产业发展中的政府职能进行转变以调整产业发展规划，转变监管手段，营造和谐、公平竞争、开放的市场环境，增加体育产业有效供给，激发市场新活力。调整产业结构、产业深度融合需要政府部门发力，这要求相关政府部门在体育产业发展过程中转变政府职能，以提高体育产业对市场需求多样性的适应能力，有效通过供给侧结构性改革提高体育产品及服务的质量和数量，实现中国体育产业又好又快发展。中国供给侧改革是以机制创新为切入点，结构优化为侧重点……强调经济运行中政府和市场的双到位……在中国经济增速放缓大背景下提出的供给侧改革,对于体育产业而言既是挑战也是机遇。挑战在于由于经济增速放缓,必然导致体育产业市场萎缩,利润下降,尤其是体育制造业,基本进入了微利时代。机遇则在于在经济增长放缓的新常态下,国家出台一系列的政策将有利于体育产业结构转型、升级①。由此看出,供给侧结构性改革是中国体育产业转型升级过程中的一个机遇,但如何能避免经济增速放缓对体育产业所产生的不利影响,必须依靠相关政府部门转变政府职能为体育产业在供给侧改革中保驾护航。

二 供给侧结构性改革对体育产业发展中的政府职能转变提出的要求

(一) 简政放权

近些年来,中央在转变政府职能的过程中,一直将简政放权作为重要一环。中央提出供给侧结构性改革后,在推进过程中,更是将简政放权作为改革重点,相应的,从2014年国务院46号文件开始,诸多体育产业相关的政策中,只要涉及政府和市场关系,都强调要简政放权,转变政府职能。

除了宏观政策上要求政府职能简政放权,随着经济社会发展,相关行政部门在行使职权时所呈现出的不适应性,也要求中国体育产业发展中的政府职能要简政放权。

其一,中国体育核心产业发展过程中受行政体制影响较重,体育相关管理部门直接插手体育产业发展中的具体事务的经营与管理,导致中国体育竞赛表演业、健身娱乐业等核心产业发展缓慢、盈利甚微,因此如何切实做到优化体育产业结构,正确引导社会资本进入体育产业市场,激发市场主体活力,从而推动供给侧结构性改革,从源头提高中国体育产品质量和数量,简政放权是首要。

---

① 李博:《"供给侧改革"对我国体育产业发展的启示——基于新供给经济学视角》,《武汉体育学院学报》2016年第2期。

其二，供给侧结构性改革是促进生产要素的合理流动，提高要素生产率，这就要求体育产业相关管理部门一方面退出体育产业经营具体事务，另一方面要与体育单项运动协会彻底松绑，改变"两块牌子，一班人马"的现状。切实做到权力下放，行政"松绑"。

(二) 放管结合

简政放权强调的是"放"，是赋予市场对资源配置的决定性作用，是简化审批秩序，精简体育产业发展中的政府职能架构，是权力下放，赋予地方政府部门更多权力，是对体育产业发展的"松绑"。但是这并不代表中国政府部门彻底撒手，任其自行发展。

中国长期以来，特别强调从需求侧出发去考虑经济发展和产业结构优化的问题，供给侧结构性改革的提出，某种意义上讲，是具有"革命"性的。改革在带来无限可能的同时，就可能会面临一些未知的风险，就体育产业而言，这些风险市场本身是不能承受的，也是不能完成驱动和渡过难关的，因此其对中国体育产业发展中的政府职能要求是既要"放"又要"管"，合力促进体育产业健康可持续发展。

供给侧结构性改革对中国体育产业发展中的政府职能转变的要求不单只是"供给侧"定义上的要求，而是要考虑时代发展背景、产业发展特点的，因此在供给侧结构性改革背景下，体育产业发展中所产生的问题以及所要求的改革机制，同样是供给侧结构性改革对中国体育产业发展中的政府职能转变的要求。供给侧结构性改革要求体育产业发展中的政府职能要"管"，要有一个理性的宏观管理体系。中国体育产业起步较晚，发展却十分迅速，市场体系和产业结构至今发展仍不成熟，法制体系的形成落后于产业发展速度，因此，体育产业法制体系不完善、不全面，体育产业在发展过程中矛盾激化比较严重是不争的事实，所产生的诸如核心产业不发达、产业价值链低等问题是中国体育产业发展进程的重大阻碍。这要求中国政府职能要"管"，要针对中国体育产业发展中产生的遗留性问题制定引导性、科学性的政策措施，以促进中国体育产业可持续发展。简政放权对体育产业发展所带来的负面伴随性问题，如赛事"松绑"产生的"马拉松热"造成的运动员损伤、赛事质量下降、赛事资源不足等问题，需要政府职能"管"。通过制定一系列配套措施加以引导、规范、鼓励、整合，以使得中国简政放权政策可持续、科学实施，切实做到为社会、为人民服务，最大程度地发挥其正面导向作用。

供给侧结构性改革本身对体育产业转型发展的要求，也需要相关政府部门在体育产业发展过程中实施科学的手段和方法进行管理，以确保体育产业成功转型升级，体育产业树立"供给侧"和"需求侧"同时发力的观念，创新供给，提高企业管理和科学技术水平，以供给带动新消费，提高体育产品和服务的质量和数量，为中国稳步迈入体育强国做准备。

供给侧结构性改革要求"放"与"管"要默契配合，通过政府打出一套"组合拳"共同致力于体育产业完成转型升级。政府职能安心"放"的前提是在宏观层面上有科学的"管"。权力下放，赛事审批制度大部分取消并不代表中央政府部门和地方政府部门对体育产业的放养，而是要通过制定一系列配套措施，为体育产业发展创造一个良好的市场环境，使市场主体充分发挥主观能动性的同时又能有法可依、违法必究。"放管"默契，要求"放"是在渐趋成熟的"管"的基础之上的，也就是说，政府部门能放手的部分，应该是法律体系发展相对成熟并且市场体制和发展现状强烈要求的部分；"管"是"放"还未涉及的部分，是中国体育产业发展中法制体系以及产业发展程度还相对不成熟的部分。政府职能只有真正地做到放管结合，才能促进中国体育产业在转型升级过程中更好地体会供给侧结构性改革的要领，从而在供给侧结构性改革的引导下，去产能、去库存、去杠杆、降成本、补短板，做到创新供给，提供新动能，使供给侧结构性改革更好地引领体育产业发展。

(三) 优化服务

建设服务型政府正式提出于 2006 年 10 月召开的党的十六届六中

全会，强调在服务中实施管理，在管理中实施服务。2007年10月，党的十七大明确提出：加快行政管理体制改革，建设服务型政府。2012年11月，党的十八大进一步提出：深化行政体制改革，建设职能科学，结构优化，廉洁高效，人民满意的服务型政府。供给侧结构性改革是中国由经济大国向经济强国迈进，转变经济发展方式，成功渡过"中等收入陷阱"实现国民经济和社会飞速发展的重大改革，是在改革进程中为促进经济社会发展、充分释放政策红利的保障。其要求在政府职能转变上，不仅要简政放权，提高市场活力，放管结合，更好发挥政府作用，更要优化服务，净化市场环境。

在中国体育产业发展过程中，行政色彩十分浓厚，政府承包赛事居多，市场主体举办的赛事也多受到政府干预，相关政府部门对体育核心产业的发展表现出统筹管理"过死"的症状。相关政府部门不仅从赛事审批等前期准入条件上对体育竞赛表演业等相关产业进行管理，其"管理之手"更是伸向赛事经营过程中的具体事务上，这造成中国赛事举办难、市场主体活力欠佳、赛事质量不高及数量不多等问题。体育产业发展市场竞争不足，使得中国许多优势体育资源得不到开发以及资源在运营过程中浪费严重，政府对体育产业发展过程中的具微事务参与过多，同样也不利于催生体育产业相关人才的培养与发展。因此，为促进中国体育产业高质量发展，相关政府职能由管理向服务转变是关键。

市场经济逐渐深入过程中，为了更好地促进中国体育产业健康可持续发展，需要中国相关政府部门提供科学全面优质的公共服务。中国体育产业的发展是置身于社会发展大环境之中的，同时要面对国内和国际市场的竞争。降低政府管理程度，有利于中国体育产业结构优化重组，优胜劣汰，通过市场淘汰机制，提高中国体育产业市场适应能力、生存能力以及竞争力。通过政府提供服务，如购买公共服务，建设公共体育设施，有利于培育消费群体，为体育产业的发展提供潜在的保护。总之，建设服务型政府，可以为中国体育产业发展营造良好的市场环境，有利于创造新动能，激发市场活力，充分发挥市场主体的主观能动性。

（四）依法行政

推进体育产业供给侧结构性改革进程中，必须进一步完善涉及体育产业发展的法律法规体系，做好"放管服"方面的制度建设；必须依法管理，做到"法无规定不可为，法定职责必须为"。

强化依法行政观念，第一，要收回体育产业相关管理部门"伸得过长的手"。中国体育产业一直作为相关管理部门的自留地，其间利益网络庞大复杂，供给侧结构性改革要求相关管理部门"法无规定不可为"，从体育产业发展具体事务中抽离出来，做好宏观上的规划布局。

第二，要求相关体育产业管理部门从不属于自己管辖领域的事务中抽离出来，做好自己的本职工作。在中国目前的执法体系中，体育行政部门没有执法权，应就目前需要进行执法管理的事务与其他部门合作，协商产业发展的执法问题。

第三，体育产业相关管理部门要充分履行自己应尽的职责义务。政策由中央政府部门制定之后逐级下发，最后是由基层行政部门实施并监督，因此应加强基层体育行政部门依法行政的观念，上下级管理部门协调机制，在政策制定后仔细研读，认真履行，确保政策落地，充分释放制度和改革红利。

（五）政策引导

供给侧结构性改革要求体育产业相关管理部门要合理地对体育产业进行管理，从宏观层面进行调控、引导，要求体育产业相关管理部门加强制度建设，强化政策引导。

体育产业相关管理部门加强制度建设，有两方面的要求。第一，从深度而言，要求中国体育产业相关管理部门要针对体育产业发展中的结构性问题，精准施策。伴随着第二次产业转移的浪潮，中国体育产业迎来了黄金发展期，凭借着低廉的原材料、土地以及劳动力优势，中国承接了西方发达国家的产业转移。但刘易斯拐点的迫近，中国原有发展优势逐渐丧失，在中国体育产业发展过程中的缺陷与不足显现出来，并对中国体育产业的发展造成一定的冲击，因此正确定位中国体育产业发展地位、发展阶段、发展特点，并按部就班、逐一击破，精确稳准地制定针对措施，加强制度建设，是推动中国体育产业供给侧结构性改革的重点。对中国体育产业在发展过程中进行有针对性的政策制定，有利于缓解中国因成本上升、沿海土地紧迫以及价格上涨、劳动力成本上升等问题造成的压力，同时有助于解决针对中国体育产业发展过程中的特殊及个别情况，尤其是供给侧结构性改革背景下，对体育产业发展中的资源整合利用以及重新分配，从而更加利于中国体育产业创造新供给，提供新动能。精准施策，要求中国政府部门提高工作有效性，在政策制定之后，要确保政策的落地实施，充分做到"精准制策""精准施策"。

第二，从广度上而言，要求中国体育产业相关管理部门要完善体育产业制度全面化建设。简政放权要求权力下放，充分发挥市场在资源配置中的决定性作用，建设服务型政府强调为体育产业的发展提供公共服务，创造一个良好的产业发展环境。这二者的前提都是要有一个健全的法律体系，使深化改革、权力下放的同时，体育产业在发展过程中有法可依，违法必究。当前，中国正处在供给侧结构性改革的攻坚时刻，如何切实做到资源重组再分配、增加新供能、创造新供给以及中国体育产业在供给侧结构性改革中能否良好发展并完成转型工作，制度的完善程度起着关键性的作用。深化经济体制改革，利用市场的优胜劣汰机制提高中国体育产业生存能力、竞争能力与创新能力，一个良好的市场环境至关重要，因此中国政府部门做到制度全面化是秉承宏观调控、简政放权原则，为中国体育产业发展提供一个良性竞争、井然有序、有法可依的市场环境的重要前提。制度全面化，是供给侧结构性改革背景下，中国政府部门"看得见的手"的作用所在，是政府部门与市场和谐发展，共同调控体育产业发展的体现，也是中国迈向体育产业发展强国之路的必备条件,是体育产业市场成熟的重要标志之一。

(六) 顶层设计

供给侧结构性改革旨在调整经济结构,使供给侧的生产要素合理分配和流动,提高中国供给结构灵活性和对市场经济的适应性,不仅要求要简政放权,充分发挥市场的调节作用,更需要相关政府部门做好产业结构性改革的顶层设计,引导和规范产业结构性调整,使政府和市场这"两只手"在体育产业结构性改革进程中协调配合,共同致力于经济发展。

首先,要做好体育产业内部结构性改革的顶层设计。通过赛事"松绑",激发市场活力和市场主体积极性,吸引社会资本进入体育竞赛、健身产业,从而扩大竞赛表演业等核心产业在中国体育产业内的比例,更新体育产业领域盈利模式,通过核心产业带动体育用品等边缘产业的发展,刺激新消费,提供新动能,创造新供给。

其次,要优化体育产业与其他国民经济产业之间的关系,做好经济产业互动协同发展的顶层设计。2014年,国务院46号文件出台,体育产业在国民经济发展中不可替代的作用受到各方高度重视。相关部门要充分重视体育产业对其他产业如传媒产业、旅游业等的拉动效应,促进产业融合发展,带动其他产业创造新供给,提供新动能。

最后,要做好体育产业在空间发展上的顶层设计。中国体育产业发展存在着区域上的不平衡,东部地区从整体上要优于西部地区,城市整体上优于乡村。供给侧结构性改革是具有中国特色社会主义的改革,在体育产业发展中,政府必须立足于国情,做好顶层设计,充分发挥各地区资源优势,优化东西部、城乡产业发展结构,促进区域体育产业的协调可持续发展。

三 中国体育产业发展中政府职能履行存在的问题

(一) 简政放权力度不够

在中国大刀阔斧进行审批制度改革,取消一大部分审批尤其是商业赛事和群众性赛事审批之后，中国体育产业办赛热情、市场主体活力逐渐提升，但仍不可忽视的是，对于长期以来行政干预严重的体育产业的发展，目前所做的工作还不够，体育相关管理部门需要简政放权的领域还有很多。如长期以来的政府职能错位问题、体育相关管理部门对责任主体和实施主体之间身份的混淆等，仍是简政放权工作力度不够的领域。体育相关部门的主要职责是对体育产业进行宏观调控，政策引导，而非对体育产业的生产经营活动插手管理，既充当"裁判员"，又充当"运动员"，这种行为制约了中国体育产业的发展。

受体育事业管理模式的影响，"体育搭台，政府唱戏"的发展格局一度制约体育产业的发展，体育部门"包办一切"的管理模式抑制了体育产业市场主体活力。全国性的单项运动协会依附于各运动项目管理中心，导致行政色彩浓重，体制内的监督管理作用无法有效发挥，历史原因以及利益的驱使，导致中国体育部门与体育协会紧密联手，以社会组织的形式获取社会经济利益，以行政管理部门的身份颁布管理命令维护利益。例如，中国最早进行市场化运作的足球项目，备受诟病。《中国足球协会调整改革方案》的颁布，显示了足改"壮士断腕"的决心，但仍应看到，单靠一份足改方案并不能彻底解决中国足球运动发展中的问题，是否能切实做到管办分离，放权于足球协会，增强足球协会自主性以及承接政府职能转移的能力，激活足球市场活力，仍需进一步的实践和理论探索。

(二) 重政策制定，轻政策执行

1. 政策缺乏可持续性

中国体育产业发展仍处在初级阶段，中国相关管理部门在对其进行管理时，缺乏经验，产业的迅速发展，相关产业的政策制定只能针对当时的发展情况，着力解决当时问题，政策很难从一贯终对中国体育产业起到持续性的作用。如中国相关政府部门在扶持体育产业形成规模时，为了刺激中国居民的消费需求，为体育产业的发展培育市场，短期性的需求侧政策是最快速、行之有效的选择，从投资、消费、出口三驾马车出发制定相关政策，在短时间内能有效增加社会总需求，刺激中国市场经济迅速发展，积累一定的社会财富，同时也带动了一大批本土体育产业成长起来，使得中国体育产业在短时间内形成规模。但是短期性的以刺激消费为主的政策存在相当大的风险性，长期行使此类政策易造成通货膨胀等问题。因此该类政策在执行一个阶段后必须要进行调整，从供给侧方面进行改革，以促进体育产业健康可持续发展。

中国相关政府部门前期制定的不少体育产业相关的政策过于关注短期效益，因而导致政策执行的可持续性差。随着中国经济社会的进步，东部地区土地、劳动力等资源紧缺导致成本上涨，中国体育产业逐渐丧失原有的竞争优势，产业发展一度陷入寒冰阶段。在此阶段，为了促使中国体育产业尽快渡过难关，中国相关政府部门以周期短、见效快的政策制定为主，以期在短时间内恢复体育产业元气，扶持体育产业发展，促进体育产业转型升级成功。如2010年国务院办公厅发布的《国务院办公厅关于加快发展体育产业的指导意见》，对中国体育产业走出困境发挥了重要作用。但2010年文件并没有促使中国体育产业转型成功，中国体育产业仍存在供给体系对市场需求的适应性低、供给体系不灵活等问题，因此如何将2014年《国务院关于加快发展体育产业促进体育消费的若干意见》和供给侧结构性改革完美结合，制定出行之有效的可持续的政策，是中国体育产业发展中的政府职能应该考虑的首要问题。

2. 政策落实情况不理想

中国相关政府部门对体育产业的管理引导机制虽仍不成熟，但实际上也呈现出日益科学合理，相关政策文件日渐增多的趋势，但在实际执行过程中，政策文件的落实情况并不乐观。

原因之一，是政策过于理想化，缺少可操作性，执行难度较大。例如，2014年国务院46号文件中提出到2025年，人均体育场地面积达到2平方米，经常参加体育锻炼的人数达到5亿人，但经常参加体育锻炼的人群如何界定、如何培育缺乏可操作性。部分省市人均体育场地面积统计达标，但实际中仍存在健身无处去的问题。政策过于理想化，典型的案例之一是中国要求学校体育场地对外开放的问题。许多省市在统计体育用地时将学校体育场地纳入其中，但实际开放效果不好。对于学校体育场地对外开放的一系列问题，如场地设施维护、场地工作人员成本、师生安全问题以及群众入校健身安全责任归属问题都含糊不清，从中央到地方缺乏切合实际的政策文件出台。政策过于理想化的另一表现是文件的制定并不适合部分中小城市、中小企业的发展。地方贯彻中央文件的思想，在政策制定上难免脱离当地实际发展情况，抑或政策指向对中小体育企业的发展好处不大。此外，政策制定之后，对于政策执行情况缺乏监督和后续的反馈机制，因此对政策执行情况不能及时了解，对政策文件和执行情况中的不合理之处不能及时进行管理和调整，缺乏相应的监督奖惩机制，对政策文件执行中的违法行为不能及时给予惩处，对值得表扬和推广的地区和做法也不能及时嘉奖并推广出去。

原因之二，有一些政策是响应当时国家政治经济发展的大形势而提出来的，宣示意义大于执行意义，对于后续的实施细节，缺乏针对性的安排，因此，政策流于一纸空文，执行价值不大。此外，对于有执行价值的政策也大多缺乏具体的实施细则，空有目标和口号，却并没有具体的组织和计划的文件出台，基层管理部门没有官方的参考标准，执行起来难度很大。

原因之三，部门之间的协调机制未真正建立，导致政策无法执行。前期制定的很多政策层级较低，难以引起重视，很多政策是由体育部门牵头制定并颁布的，得不到其他部门的支持，尤其是与其他部门有交集的部分企业行为，体育部门针对这些行为制定的优惠政策很难保证确切落实。即使是国务院、人民政府颁布的文件，目前来看，除了体育部门等少数部门配合外，其他多数应该参与的部门仍然抱着一种置身事外的态度。体育部门没有执法权，在整个政府架构中地位较低，协调起来非常困难，因此关于体育产业发展的相关政策文件执行难度大，落实情况不好。

（三）公共服务供给有待加强

中国体育产业公共服务供给的政策体系建设还不完善，在中国相关法律文件中，虽然有针对公共体育服务的单项文件，但从全面性和针对性两个方面来看均显不足，对体育产业公共服务的政策文件更是少之又少。而在相关体育产业发展意见和规划等相关政策文件中，对体育产业公共服务的内容也不多，如国务院46号文件中，并没有针对为促进体育产业发展，专门加强和完善公共服务供给方面的政策措施，在后续配套政策措施的制定过程中，关于体育产业公共服务的政策体系、监督和奖惩机制以及反馈机制并没有跟进。

体育市场的培育对于体育产业的发展至关重要，一个良好的全民健身氛围对促进体育消费至关重要。有专家预测，如果政府在基本公共服务的投入到位，最少可以使目前的消费率提升3个百分点[①]。但中国相关政府部门在培育体育市场方面，公共服务供给还不到位。

为培育消费群体，首先要做到让群众健身有地方去，虽然中国现在致力于改善城乡居民健身条件，鼓励建设"十五分钟健身圈"等，但目前中国仍面临健身场地不足的问题，从政府层面来讲，有公共服务供给不到位的原因。如提出时间颇长的学校体育场馆对外开放问题，中小学体育场馆设施对外开放不足，原因复杂，但主要原因还是关于师生人身安全、责任纠纷、设施维护成本、人力成本等问题，中国政府部门缺乏对这些问题的解决机制，造成学校场地不敢也不愿对外开放。因此中国相关政府部门应尽快完成这方面的政策供给，为学校体育场地对外开放提供服务。培育体育市场，要提高人们的健身意识，但中国政府部门在体育健

---

① 中国（海南）改革发展研究院：《加快推进基本公共服务均等化》，世界知识出版社2010年版，第13页。

身知识、公共体育健身设施使用方法等方面的宣传还远远不够。这不仅造成中国公共体育服务利用率不高，也抑制了人们对体育健身的消费需求增长。

近年来，中国一直强调加强公共体育服务建设，建立体育产业发展信息平台，但在具体实施上仍显不足，目前中国权威的体育产业信息服务平台还没有建立起来，如对体育人才流动（求职、招聘）信息平台建设的缺失。单靠中国政府部门的力量，远远不能满足涉及体育产业发展的各方面主体、个人等对体育产业发展信息获取不断发展的需求，并且供给主体和渠道的单一化不利于市场竞争机制的形成，不利于公共体育服务供给侧质量和竞争力的提高，因此应引导社会资本进入体育产业信息服务行业。但目前为止在这方面的引导文件、行业标准、激励措施、优惠政策等还没有制定出来，导致社会资本主观和客观双方面进入公共体育服务领域仍有困难。

（四）依法行政理念需进一步提高

供给侧结构性改革要求中国体育产业相关管理部门依法行政，但现实是中国相关管理部门法治意识不足，依法治体进程困难重重，政府职能越位问题严重。

政府职能越位是超越本组织的权力范围去干工作，将权力作为一种资本，进而去干涉非本职工作的领域。体育产业的发展是市场经济行为，其经营过程及行为受工商部门、财政部门、税务部门等进行管理和规范。体育部门没有相应的执法权，其对体育产业的强行管理属于"越位"，其单方面对体育产业无法进行有效管理。此外，中国一再强调简政放权，充分发挥市场对资源配置的决定性作用，激活市场活力，丰富市场主体，提高企业创新意识和能力，满足人民群众对体育产品日益多样化的需求，但由于中国体育产业自身发展尚有诸多待规范之处，对自己应有的职责与职权界线不明晰，体育管理部门对体育产业发展中的诸多具体事务仍有涉足，如对体育赛事招商、赞助等事务进行干预。

(五) 制度建设亟待加强

1. 相关配套政策措施不完善

供给侧结构性改革要求中国政府部门继续简政放权，权力下放，充分发挥市场的决定性作用。近年来，在体育产业发展中开始持续推进简政放权，取消赛事行政审批制度，如 2014 年国务院 46 号文件，从宏观层面对中国体育产业发挥着调控作用。但该文件出台之后，中国体育领域面临着相关配套措施不足、亟须跟进的局面。中国"企业搭台子，政府来唱戏"的格局由来已久，部分政府部门对体育产业经营领域的事务进行"管理"也成为一种习惯，因此，如何切实做到简政放权，收回政府部门"伸得过长的手"，忍痛让利，还市场主体的自主经营权，还需依靠文件之后的相关配套措施进行深化改革。例如，该文件出台之后，确实激发了中国市场主体举办体育赛事的热情，引导了一大批社会资本流向体育产业，但群众一时的激情易导致体育产业无效供给的增加，资源浪费，甚至更多社会隐患问题的出现。如"马拉松热"造成的赛事扎堆，赛事质量不高问题；再例如，虽然，2015 年，国家统计局、国家体育总局出台了《国家体育产业统计分类》（2019 年进行了修订），对体育产业的内涵和类型进行了界定，但在实践中，由于部门间协调问题，部分体育产业的行业含义表述和界定仍不清晰；例如，当前，国家大力提倡发展健身服务业，但却在实践中面临很多尴尬，比如在纳税方面将健身房、瑜伽馆等归到特殊服务行业，收取着高额纳税、高额水电费，这与 2014 年国务院 46 号文件的确定的优惠措施有较大差异。

2. 监督机制和奖惩制度不完善

中国体育产业发展中的监督机制和奖惩制度不完善，一方面，是政策实施中的监督机制不健全。对于体育产业发展中的相关政策在实施过程中，是否切实做到了简政放权，下拨款项是否及时到达实施项目等问题，缺少相关的监督机制。另一方面，是政策实施后的监督机制和奖惩制度的匮乏。对于政策实施之后的进度、完成质量等问题，中国缺少健全的监督机制和奖惩手段,造成中国体育产业相关政策效果大减,产业发展局面混乱等问题。

(六) 体育产业结构性改革顶层设计不足

1. 实施创新驱动发展战略发力不够

供给侧结构性改革要求实施创新驱动发展战略,实现科技与经济的深度融合,强化企业创新主体地位,深化科技管理体制改革,但中国相关管理部门在对体育产业进行管理时,在实施创新驱动发展战略上发力不够。2014年国务院46号文件中虽强调体育产业的某些领域属高新技术产业,但相关激励政策仍显不足。对于强化中国体育产业创新主体地位,鼓励中国体育产业中的领头企业建立自主研发机构,中国目前给予的优惠政策相对于高企的研发成本仍属杯水车薪。

在创新驱动战略实施上,中国相关政府部门对自主知识产权保护制度供给不完善。虽然中国有《中华人民共和国著作权法》《中华人民共和国专利法》《中华人民共和国商标法》《中华人民共和国体育法》等法律文件,对中国体育知识产权保护起到一定的作用,但不可否认中国现行法律体系对中国体育知识产权保护仍存在缺陷,相当一部分体育成果并未得到知识产权法律的保护,例如竞赛表演、团体操表演等。之所以产生这样的认识,是外界认为这些体育成果并不能完全算是智力劳动成果,不具有思想表达形式[1]。此外,对于体育非专利技术知识产权的保护还未得到重视。如关键的运动技术动作、运动训练与恢复方法、体育运动测试方法与评价手段等这些既有使用价值又能为权利人带来经济效益的知识产权,中国还没有明确的法律政策对其加以保护[2]。对于科技管理体制改革问题,供给侧结构性改革强调对高校科研管理方法进行改革,提

---

[1] 金先军:《论我国体育知识产权法律保护制度的构建》,硕士学位论文,延边大学,2011年。

[2] 吴衍忠、张春燕:《体育知识产权保护现状及相关问题论析》,《北京体育大学学报》2007年第7期。

高科研成果转化率，但高校科研管理实践中，科研人员对于经费的自主权仍受限较多，怎样使政策踏实落地，鼓励科研人员技术创新，是中国相关政府部门需要着重考虑的事情。大众创业、万众创新能为体育产业提供新动能，满足体育消费新需求，催生体育产业发展新技术，提高体育产业供给结构灵活性，但目前还缺乏针对性的政策措施鼓励社会资本进入体育产业领域，以激发社会主体"双创"动力。

2. 人才供给激励引导机制落后

在一系列政策文件的推动下，中国体育产业发展势头迅猛，但迅速膨胀起来的体育市场却面临着因缺乏专业人才而导致质量不高的问题，除了市场对资源配置的调节作用，中国相关政府部门在对体育产业领域人才供给上的激励引导机制落后问题凸显出来。简政放权背景下，中国取消多项职业资格，除了具有高危险性如滑雪、攀岩、潜水、游泳等项目外，大部分运动项目体育指导员均改为水平评价类，大大降低了中国体育产业从业人员准入门槛，但对该项政策之后的评价体系建设、监管机制建设等工作还相对滞后。此外，中国相关管理部门在对市场急需的专业技术人才以及专业的管理人才的供给引导和激励机制落后，相关政策法规缺失，行动力不足。

3. 资本要素管理机制改革滞后

2014年国务院46号文件，及随后的相关政策中，提出完善投融资政策的一系列措施，提出将全民健身经费纳入财政预算。一系列政策措施的制定吸引了大批社会资本涌入体育产业领域，但如何引导、规范社会资本的相关政策措施还未出台，由此引起的社会资本扎堆现象已初现端倪。此外，文件规定的用于体育产业发展的财政支出落实情况并没有完善的管理制度，作为没有执法权的体育管理部门在面对其他部门时鞭长莫及，而财政资金的使用情况也没有合理的文件进行规范引导，缺乏健全的监督机制。

四 供给侧结构性改革背景下中国体育产业发展中政府职能的转变策略

转变政府职能,关键是简政放权;一系列中央政策提出优化服务,补齐公共服务的短板,从制度建设、市场监管等方面完善政策引导,建设服务型政府;供给侧结构性改革是对资本、劳动力、土地、创新四大要素进行合理配置,要求政府从供给侧发力,充分激发市场主体活力,为产业发展创造一个良好的政策和市场环境。基于中国一系列政策文件和改革措施对政府职能转变提出的要求,以及中国体育产业发展中的政府职能存在的问题,提出以下转变策略。

(一) 持续推进简政放权,进一步为体育产业发展松绑

转变中国体育产业发展中的政府职能,首要是进一步简政放权,为体育产业发展"松绑"。

首先,要明确简政放权不代表政府彻底放手体育产业。中国体育产业处在初级发展阶段,赛事审批、健身休闲产业的发展、足改等一系列政策文件的出台,在给体育产业带来机遇的同时也带来了诸多隐患,需要政府进行宏观引导和监督以建立良好的体育产业市场环境,规范引导产业发展。

其次,要秉承优化服务、放管结合的理念,建设服务型政府。在供给侧结构性改革的背景下,中国体育相关管理部门应以提供服务为主,加强体育公共服务建设,补齐服务短板。相关体育管理部门应从体育产业经营中的具体事务撤出,切实做到"政府搭台,企业唱戏",同时加强自主知识产权、税收等政策法规体系建设,为体育产业发展创造良好的市场环境。对相对成熟、应该放手的产业放手,充分发挥市场对该产业资源配置的决定性作用,对仍需扶持的产业进行理性扶持和引导,提供公共服务。

此外,中国体育行政部门关于体育产业的管理观念亟须转变。体育产业的发展应放到国家经济建设的大环境中,体育产业是体育部门

"自留地",附属于体育事业的想法必须调整。因此,体育行政部门应思考什么是自己应该管且有权力管的,什么不属于自己管理或是管不到的领域,明确自己对体育产业发展应有的职责,从观念上放手对体育产业的"包办一切"。明确体育产业的性质。体育产业是富有体育特色的经济产业,其发展重点应在经济属性的产业发展上,而非公共事业属性的体育上。体育产业的发展一方面要突出体育特色,但主要还是要发挥市场对体育产业资源配置的决定性作用,体育部门应纠正越位、错位现象,持续推进简政放权工作。

(二)加强市场监管与服务,维护体育产业市场公平

在中国体育管理相关部门转变政府职能进程中,不断简政放权,将自主权交到市场和企业手中,政府要做的就是加强对市场的监管服务。中国体育产业虽已有一定规模,但仍处在发展初级阶段,因此中国相关政府部门的监管任务任重而道远必须要建立起一个科学合理、及时有效、与时俱进、不断创新的监管模式,综合监管、审慎监管。

要厘清政府与市场、政府与社会以及政府部门间的关系,首先要厘清政府部门间的权责划分,防止监管过程中出现多头监管,权力寻租,但是非专门体育管理部门在制定监管事项和标准时要实行多部门联合参与,如税务、水电等部门在制定行业标准和监管事项时要和体育专门行政部门共同商议,以防"管得过死"现象出现。厘清上下级部门间的权责划分,防止监管过程出现漏洞以及互相推诿的现象。厘清政府与市场的关系,对于已经下放或取消的权限,不可借监管之名再加干涉,对于应由市场做主的部分相关政府部门应给予宽松的环境,坚持做到法无禁止,市场主体均可入;法无规定,政府部门不可为;法有规定,政府部门必须为。为促进中国相关政府部门更好履行监管职能,各部门应尽快制定出监管清单,厘清关系。

为"大众创业,万众创新"在体育产业领域的推进创造条件,进一步放宽市场准入机制,激活市场活力,凡是法律没有禁止的行业,市场主体均可进入。进一步降低市场准入门槛,对于潜在风险较大的

行业，同样要降低准入门槛，丰富市场主体，但政府部门要制定符合产业发展的行业标准，对行业设施、所提供产品服务进行有效、及时的监管，力争创造一个既宽松又严格的市场准入环境。

加强对"互联网+体育"的经营模式的监管。"互联网+体育"是一种新型的经营模式，在虚拟网络里，各种内容和形式的创业模式层出不穷，在充分释放市场活力、不干预企业经营具体事务的前提下，为维护这种线上经营模式良好的发展秩序以及保障消费者的合法权益，对该领域的监管应灵活掌握。对于能肯定利大于弊的线上经营模式和行业，相关政府部门应给予支持，提供相对宽松的发展环境，利弊相当或潜在风险大的行业，政府部门应制定具有前瞻性的行业标准以及相关政策进行监管。加强对体育产业线上线下同时监管，保证体育产业在创新经营模式的同时，不会造成竞争混乱。加大对自主知识产权侵权行为的惩处力度，鼓励高新技术产业发展的同时，要加大对自主知识产权的法律保护力度。加大对体育产业领域自主知识产权的界定工作，加大自主知识产权保护法及相关政策法规的执法力度，使企业在进行自主科技创新时能安心发展，为体育产业的发展创造一个良性竞争环境。

加强对体育产品及服务的质量监管。中国体育产业是经济社会转型升级的重要力量，加强对体育用品、服务和体育场馆设施的质量监管将更有助于中国体育产业完成粗放型向集约型、科技型、创新型生产方式转变。提高对体育消费者维权服务的效率，创造一个良好的体育用品及服务消费市场环境。

(三) 优化公共服务供给，补齐体育产业公共服务短板

1. 建立产业发展公共信息平台

为提高中国体育产业信息传达效率，由政府主导，或引进第三方社会机构，建设科学权威、全面及时的体育产业信息平台。整体上，体育产业信息平台应涵盖中国体育产业发展政策、产业动态及热点、政府公共服务、科技推广等内容，为中国体育产业发展提供依据和参

考，同时体育产业信息平台应与国际接轨，突出国际化特性，保持对体育产业发展动态的敏感性，加强与体育产业强国之间的信息交流。局部上，可以委托第三方机构建立体育人才流动（招聘、求职）信息平台等单方面平台的建设，为了强化突出局部信息平台的公共服务供给数量和质量，要加强相关单项信息平台的配套服务平台建设，如针对体育场馆的公共信息平台建设，不仅要包括全面及时的政策文件、场馆租赁、产业动态和热点等建设，同时还要有对于技术咨询、外包公司（如橄榄球场地草坪外包）信息服务以及与场馆经营相关的中介机构信息的公共服务建设。

此外，产业的可持续发展靠创新驱动，创新驱动要求有先进的核心技术，技术的研发要求有信息和数据的支撑，因此中国相关体育管理部门应加强数据公共信息平台建设。中国地域辽阔，除了经济发达的东部地区或科研经费充足的高校和科研院所，中国其他地区对于一手信息获取上还存在一定难度。如海关信息网对于商品进出口信息的对社会开放程度：涉及以企业性质、贸易方式等方式的信息需收取费用；在进出口信息免费提供上，每日设定限查次数，对科研工作和企业信息获取造成了很大不便。加强数据公共信息平台建设，整合体育产业发展数据，实现产业发展信息透明化，使体育产业发展数据信息更大限度、更便利地向社会公开，实现数据信息公共服务均等化，促进创新驱动战略实施。为不造成信息资源的浪费，对信息的使用有效监管，可以以实名认证或者相关权威信息认证的方式进行信息获取，对于具有一定私密性质的数据信息，可采用申请制，经审核后向符合条件的、有资质并且有需要的人或社会组织开放。

2. 优化政府公共服务供给，支持产业发展

做好基本公共服务的政府供给，做好社会资本进入公共服务领域的政策体系建设，通过这些举措提高中国政府体育产业公共服务供给质量和效率，培育消费群体，促进消费，支持体育产业发展。做好体育产业发展相关政策体系建设，盘活体育资源，充分激发市场活力。

优化中国公共体育服务供给结构，扩大供给主体。政府部门应做好具有普惠性质的基本公共体育服务建设，对于具有选择性的层级化公共体育服务建设，政府部门应积极鼓励市场主体参与，以满足人民群众不同层次的健身需求，最大限度地培育消费群体，促进体育消费。对于为满足群众不同层次、日益丰富的公共体育服务需求，政府相关部门应发挥宏观指导作用，从该领域的公共体育服务供给中部分撤出来，事前对社会资本进入公共体育服务领域进行引导和扶持，加强事中和事后监管，严防社会主体进入公共服务领域造成服务质量良莠不齐。中国各级人民政府应做好公共体育服务政策建设，联合体育行政部门加强体育公共服务层级清单建设。基本公共服务全面化和均等化建设方面，政府部门要列明政府提供公共服务的清单内容、实施规划，设立明确清晰可执行的目标，并建立公共体育服务监督和反馈机制。在基本公共体育服务供给上，中国相关政府部门目前应作为重点发展的是：加强农村公共体育服务体系建设，扩大农村公共体育服务财政资金的比例，加大基层部门在公共体育服务供给上的财政使用权，同时应加强对基层部门在财政资金使用上的监管，实现财政资金使用透明化，防止权力寻租。加强农村体育知识宣传教育以及对农村居民健身的指导，提高农村公共体育服务设施使用率，挖掘潜在的农村消费群体；虽然中国青少年公共体育服务体系建设取得显著成效，但针对存在的问题诸如场地不足等相关政府部门应提高重视，不断改进，鼓励现有体育场馆在青少年运动需求上给予支持；加强社区公共体育服务体系的建设。中国一直致力于消除城乡二元化结构，村改社区不断加速，城市规模扩大，社区成为中国重要的一种地缘组织形式，社区公共体育服务建设对提高城乡居民日益提升的健身需求满意度至关重要。中国相关政府部门应加强社区公共体育服务场地建设、管理制度建设以及职能部门权责划分进一步明晰等方面的工作。

做好社会资本进入公共服务领域的政策体系建设，实现社会资本进入公共体育服务方式多元化，通过合同、委托经营以及政府和社会资本合资模式（PPP）等多种形式，鼓励社会资本进入大型体育场馆的建设和运营，逐步形成公共体育服务产业化竞争机制。政府提供财政或税收上的支持，鼓励大型企事业单位建设体育场馆，低收费对外开放，政策引导民营体育场馆对中国公共体育服务体系建设作出贡献。

针对中国目前高水平、专业化的体育场馆和赛事经营团队的短缺，中国政府部门应做好体育中介机构的培育工作。加强对体育中介产业的公共服务供给，在技术和业务培训、税收优惠等方面给予支持，相关部门协调一致，将优惠和扶持政策落实到文件层面，指导产业发展。

进一步优化政府购买公共体育服务。总的来讲，当前，政府可以向社会和企业购买的公共体育服务主要包括：群众体育活动与青少年体育活动的组织执行和场地使用、相关业务及资格培训、国民体质监测与健身指导；体育公益宣传和互联网公共信息平台建设等。购买方式包括定向委托、有限竞争、公开招标等。支付方式包括全额购买、成本购买，以及定额补助、以奖代补等其他方式。

（四）着力深化政策创新，做好体育产业发展顶层设计

1. 制定政策，做好规划

第一，中国相关体育管理部门应做好政策法规体系建设，宏观引导体育产业发展，使体育产业发展有法可依。

建设有利于体育产业发展的政策法规体系，首先，要破除现有体制中不利于体育产业发展的政策措施，清除阻碍激活体育产业市场活力和阻碍推进供给侧结构性改革的相关政策，进一步减少行政审批事项，进一步降低或破除体育市场准入门槛。建设有利于体育产业发展政策法规体系，更要有科学严谨的精神和旨在促进体育产业发展的自律精神。在政策制定过程中，要以当前国家经济社会总体形势改革为指导，如现如今相关政策的制定应综合参考《"健康中国2030"规划纲要》《国务院办公厅关于加快发展健身休闲产业的指导意见》等相关重大文件，以确保政策法规体系建设顺应中国经济发展新常态。其次，在政策制定过程中，应避免政策过于理想化问题的出现，严禁目

标假、大、空。各省（区、市）以及下辖行政区针对当地体育产业制定政策法规，应在制定前对当地体育产业发展实况进行科学调研，严防政策指向与当地民众需求和体育产业发展水平严重脱节；供给侧结构性改革是为改善需求侧政策为在短期内刺激经济发展而遗留下的问题而进行的改革，其改革措施是长期执行的，因此中国现行体育产业发展相关政策法规体系建设应放眼长远，不应只注重于眼前利益，虽伴有"阵痛"，但要有"壮士断腕"的勇气和远见；关于体育产业发展的政策法规体系建设，应着重于公共服务和政策扶持方面的建设，同时应做好协调沟通、与时俱进。对于中国体育产业发展中的税收优惠等政策措施的制定要与税收部门等有效沟通，并及时制定出关于"营改增"之后体育产业各领域发展的税收优惠政策；对于连续出台的一系列政策文件，如《"健康中国2030"规划纲要》《国务院办公厅关于加快发展健身休闲产业的指导意见》，以及关于冰雪运动、户外运动等文件应及时根据中国各地实际情况制定出切实可行的相关配套政策；对国务院46号文件提出的取消赛事审批制度，以及之后政府提供相关公共服务的领域要制定相应的配套措施；完善自主知识产权政策体系建设，建立及时有效的监督和反馈机制，创造一个良好的产业创新环境；做好体育产业发展中的政府职能基础领域的工作，健全体育产业分类统计标准和统计制度，建立健全体育产业发展评价与检测机制等领域的建设。

第二，中国相关体育管理部门应做好体育产业规划布局，将体育产业的发展纳入城市、国民经济和社会发展大计划当中。为促进中国东西部地区经济社会协调发展，有效缓解东部地区因土地、劳动力等成本上升造成的竞争优势减弱，中国相关政府部门应积极进行体育产业全国布局，将占地面积大的劳动密集型产业迁移到中西部地区，缓解东部地区土地使用压力。在迁移过程中，建议以体育产业示范基地等能产生集聚效应的模式，循序渐进、有步骤有规划地进行。既要考虑到迁移产生的运输成本提升是否高于原地生产，又要考虑迁移目的地的条件是否适合承接该迁移项目，是否会对当地自然环境造成伤害。此外，制定相应的配套措施，促使迁移目的地劳动力回流是中国体育产业全国布局的重点关注点之一。

通过体育产业全国重新布局，从而为中国东部地区体育产业结构优化提供更多空间。通过政策引导和专项资金的支持，鼓励中国体育产业高新技术产业的发展。各省区市可针对本省体育产业发展情况，制定相应的产业发展政策，通过从产业用地、税率减免、水电优惠以及设立体育产业高新技术产业专项发展资金，鼓励体育产业领域领头企业建立自主研发机构，鼓励校企结合，提高科研院所和高校科研成果转化率。鼓励高校和科研院所自主创业，鼓励社会资本进入体育产业高新技术产业区，真正在体育产业领域实现大众创业、万众创新的"双创"规划，真正做到在东部体育产业迁移西部地区的同时，东部地区体育产业发展不会陷入虚空状态。通过对中国东部地区体育产业结构优化提升，从而提高中国体育产业供给结构灵活性，扩大有效供给。

2. 健全工作机制，严抓政策落实

体育产业的发展已经纳入国民经济发展总体规划当中，因此对体育产业的管理也不应只依靠专门体育行政部门，而应建立健全协同工作机制。中国之前关于体育产业发展的相关政策措施落实情况不理想，很大一部分原因是因为相关政策文件是由专门体育行政部门牵头制定的，缺乏了与其他部门之间的沟通，在执行上难度较大。近两年的相关政策文件在制定上采取了专门体育行政部门和其他职能部门协同牵头制定的模式，职能履行有显著改变。但仍应注意，政策制定之后的实施和落实阶段，应建立科学有效的工作机制，尽快划分权责界限，列明职责清单，避免多头领导的出现。

避免"多头领导"的出现，是为了防止权力寻租，对体育产业的发展"管得过死"，但更应该强调相关政府部门在推进政策落实上的职能和责任。加强对政策落实情况的督促和监督，建立严格的政策落实情况奖惩机制，提高相关政府部门行政效率。

（五）实施创新驱动，深化生产要素供给改革

1. 多渠道实施创新驱动

体育产业应牢牢把握住供给侧结构性改革的机遇，提高企业创新能力和自主核心技术发展，完成转型升级。中国相关政府部门应积极推进创新驱动发展战略，多渠道实施创新驱动。

创新驱动发展，强调科技创新驱动体育产业发展。鼓励企业科研机构及具有公益性质的科研机构发展，对此类科研机构的发展给予土地、税收、财政、水电等多方位的优惠和补助。进一步松绑高校及科研机构的资金使用制度，满足科研人员的预期，对体育产业科学技术水平具有重大发展意义的科研项目大力支持，提高科研成果转化率。多渠道创新驱动，相关政府部门应制定相关政策文件鼓励社会资本进入体育产业科技创新研究领域，对科研成果转化率高的专利发明或其他形式的科研成果，应给予鼓励和奖励。

多渠道实施创新驱动，首先要进一步降低体育产业市场准入门槛，并为企业创新发展提供良好的发展环境，充分释放大众创业、万众创新的政策红利。体育产业相关管理部门应出台相关政策文件，引导社会主体进入体育产业领域，在这一点上相关政府部门应做到政策文件宏观引领性强，社会主体自主选择空间大，创业创新环境相对安全并有巨大的吸引力，使社会主体愿意进入体育产业领域发展。此外，相关政府部门及科研机构应加强体育产业前瞻性研究，从供给侧方面对产业发展进行引导。"体育产业＋互联网"模式的兴起，一大批创业者涌入，诸如 Keep、咕咚等健身软件异军突起，但同时该行业也面临着功能开发单一、项目开发扎堆等现象，此时，中国相关政府部门的前瞻性政策引领至关重要。而对于蓬勃发展的体育产业中潜在的风险，中国相关管理部门也应早作防范，建设一个和谐有序的市场环境。

2. 优化体育产业劳动力结构

为确保中国体育产业转型升级过程中劳动力数量和质量双管齐下，中国体育产业相关管理部门应共同发力致力于中国体育产业劳动

第四章 供给侧结构性改革背景下体育产业结构优化的战略路径

力结构优化工作。

优化中国体育产业劳动力结构，首先要保障体育产业劳动力供给充足。体育部门应联合教育部门对中国高校内体育产业相关专业进行跟进及改革，在保持传统专业和项目不变的基础上，提高传统专业课程设置多样性及新兴项目教学，督促高校加快开展滑雪、攀岩、游泳等新兴休闲项目，为中国休闲体育以及体育产业转型升级提供充足的劳动力供给。对于中国目前开展水平不高的项目，相关政府部门应采取一系列政策措施鼓励高校教师出国学习。进一步全面放开社会培训机构，打造多渠道体育产业劳动力供给体系，制定相关配套措施做好服务，严格监督。

优化体育产业劳动力结构，应加强对中国体育产业领域高精尖人才的培养，提高中国体育产业人力资本质量。加强高校体育产业相关专业课程设置，课程设置多样化基础上具有针对性教育，鼓励体育专业与其他专业联合培养，打造复合型体育专业人才。鼓励社会资本进入体育产业培训行业，利用市场规律，优胜劣汰，打造中高端适合体育产业发展的培训平台。鼓励社会机构开展体育产业管理相关培训课程，为体育产业发展输送生产、销售、管理、运营、科技创新等领域的专业人才。

供给侧结构性改革强调人才的合理流动，包括人才进入和流出的合理有效性。

劳动力的准入机制改革是中国体育产业相关劳动力是否充足以及体育产业劳动力结构能否良性构建的前提，是中国体育产业能否有目的、有规划发展的基础。除了对具有高危险性运动等相关领域的人才准入进行严格把关外，对大部分领域应进一步降低或取消从业资格限制，为体育产业专业领域劳动力供给打开闸口。

人才合理流动同样也强调人才流出机制。人才流出是符合市场经济发展规律的。一是主动流出，尊重个人发展志愿或受到国家政策号召，劳动力在产业间流动或地区间流动；二是被动流出，由于个人职业素质不符合体育产业发展，因此在体育产业发展过程中被淘汰。人才流出是中国体育产业劳动力结构优化重组的重中之重，其能有效促进中国体育产业劳动力在产业内以及全国的流动，同时秉持优胜劣汰的原则，为中国体育产业发展构建良好的劳动力结构。

供给侧结构性改革促进劳动力合理流动也包括人才的垂直流动。劳动力在体育产业发展过程中，可根据其能力素质或专业培训情况进行垂直流动，要"能上能下"，形成良性竞争机制，促进员工职业素质提升，有效为体育产业发展注入新鲜活力和理念，提高创新能力。

3. 建立要素共享机制

中国地域辽阔，东西跨越幅度较大，涉及体育产业发展的地形地貌、气候民俗等自然人文资源十分丰富。自然资源包括平原、高原、山地、沙漠、灌丛、林地、洞穴、河流、峡谷、瀑布等地貌及水文资源以及多类型的气候资源，充分调动多种资源合理整合，从而使中国体育产业的发展更具特色、生命力和吸引力，是中国体育相关管理部门应考虑的一点。为积极响应供给侧结构性改革，中国体育产业相关管理部门或委托相关机构应逐步整合中国以及全球的体育产业发展中的自然资源，建立体育产业发展资源共享平台，为中国体育产业发展提供公共服务。此外，中国东部地区受到政策扶持，交通便利，发展迅速，体育产业开发较为充分，但随着经济社会迅速发展，土地、劳动力等诸项资源显示不足。中西部地区较之东部地区自然资源丰富，民族特色鲜明，体育产业开发尚有较大空间，且土地等商业经营成本低于东部地区。中国东西部地区经济社会发展确实存在较大差距，各项资源诸如人力、资本、土地资源等分配不均。国内外投资商倾向于将资本投入东部发达地区以确保利益回本，而不愿意投入西部等经济发展相对落后的地区，承担过大的风险；既懂体育又懂经济管理的复合型管理人才也更倾向于去东部地区进行个人职业发展，而不是西部地区。这就造成了中国西部地区空有丰富的体育产业资源，却得不到充分开发。供给侧结构性改革是对资源配置的优化重组，这就要求中国相关政府部门需合理有效地整合相关体育资源，促进东西部地区资源要素合理流动、重新分配。促进东西部地区资源要素合理流动,能有效发展西部地区体育产业,切实做到东部带动西部,共同发展。

中国是二元经济大国,城乡经济社会发展差距明显,体育产业在城市发展态势良好,但在乡镇地区动力不足。因此在供给侧结构性改革的驱动下,体育相关管理部门对于城市和乡镇之间的要素资源合理流动的管理也不容忽视。

4. 深化体育产业投融资体制改革

首先要确定企业投资主体的地位,明确政府投资主要起到的是引导作用。中国体育产业目前处在市场主体迅速增多、急速寻求发展、对发展资金十分渴望的阶段,因此鼓励有条件的省、自治区、直辖市设立体育产业发展引导资金,引导资金可从财政中直接拨款,也可设立由政府引导、社会资本参与的方式,以此为杠杆,撬动社会资本。以政府为主导的产业发展资金应投向市场调节失灵的纯公共体育服务领域,提高群众健身条件,培育体育消费群体。对于经营性体育产业领域,政府资本慎入,严防挤出效应的产生。

以《中共中央、国务院关于深化投融资体制改革的意见》为指导,尽快完善体育产业投资项目"三个清单"管理制度。首先,完善体育产业投资项目管理负面清单制度,进一步放宽市场准入,增加投融资主体动力和活力,凡是负面清单没有的项目,市场资本均可按照法定程序进入,以投资带动体育产业发展;其次,完善体育产业投资项目管理权力清单制度,将中国体育产业投资备案(核准)工作流程以清单的形式列明,明确哪个部门依法应对体育产业投资行为进行管理,防止"多头管理、踢皮球"等现象出现;最后,完善体育产业投资项目管理责任清单制度,按照谁审批谁负责的主要原则,依据各省区市具体情况,协调多部门共同监管负责,以追责为手段,促进体育产业相关管理部门协调合作,为体育产业投资市场提供监管服务。

进一步拓宽体育产业投融资渠道,鼓励各类金融机构在进行风险评估的基础上，经法定程序可以认购体育产业股权，同时鼓励各类金融机构丰富面向中小体育企业的信贷产品开发，鼓励符合条件的企业通过上市、债权等融资方式进行资本积累。推动体育系统投融资体制改革，促进体育部门所属的可用于经营的体育资产转变为体育资本，如：大型体育场馆可通过经营权转让、经营特许权拍卖、入股、合资等途径，盘活资产存量，扩大体育资本经济增长量。

健全投融资监督体制，相关政府部门要依据投融资管理办法和实际发展情况制定出切实可行的监督管理办法，对体育产业引导资金的使用加以监管，及时反馈产业引导资金使用途径和效率，严防挪用、截留等行为。加强对体育产业投融资市场的事前政策引领，事中和事后监管，为体育产业投融资市场净化环境，保驾护航。

第二节　体育产业结构优化的重要抓手：创新驱动，培育体育消费新增长点

供给侧结构性改革强调以创新驱动为主导。因此，体育产业供给侧结构性改革的核心应是着力于鼓励创新，推动体制创新，激活市场主体推动体育产业发展的主观能动性，推动科技创新、服务创新和业态创新，创造新的消费增长点，将创新作为改革的重要抓手，实现产业的发展动力转换。

一　推动体制创新，激发市场活力

（一）进一步推进政府职能转变

体制创新的首要问题是进一步推进政府职能的转变，在充分保障公平竞争不受损害的前提下创新政府管理与服务的模式，进一步简政放权，推进"放管服"改革。同时要处理好简政放权、"放管服"改革后出现的新问题，例如商业赛事审批制度改革后，因部门之间协调不顺畅出现的服务缺位、推诿扯皮等问题。当然，也不能因噎废食，

因为在改革中出现一些问题，就重回过去的老路。正确的态度是，要直面问题，提出创造性的解决方案，推动改革的进一步深化。政府职能转变，处理好政府和市场的关系，激发市场活力是体制机制创新的核心要素，因本章第一节进行了详细阐述，此处不再展开。

（二）进一步加强激活市场活力的政策创新

在激活市场活力方面，近些年，中央和地方已经出台了一系列政策。例如，通过商业赛事的赛事审批制度改革，激活体育竞赛市场；设置体育产业扶植、发展，或者引导基金，培育和壮大体育产业；推进职业体育改革，完善职业体育法人治理结构，改进职业体育联赛的决策机制，扩大职业体育的社会参与，充分发挥职业俱乐部的社会主体作用；积极推进体育场馆运营机制改革，推进体育场馆的所有权和使用权分离，激发场馆运营的活力，满足更多的人民群众对美好体育生活的向往；建立参与体育竞赛表演、体育健身休闲的组织机构，从业人员以及参赛人员（主要指体育竞赛表演）的信用保障机制，为市场营造一个风清气正的营运环境；等等。

这些政策的执行，对激活市场活力有一定效果，应在坚持有效政策的基础上，进一步加强政策创新，对政策进行完善、调整，保障政策最大效力的呈现。

一是，对已有政策的进一步调整、创新。例如，对体育产业扶植、引导基金产生的实际效果，笔者专门进行了调研。发现，有相当一部分省（区、市）注重扶植、引导基金的发放过程，制定了一套程序完备的评审程序，并且在实践中能够认真执行。但在资金发放后，对资助产生的效果如何不太关注。有的地方还对扶植、引导效果进行了形式上的考察，或者进行大数据分析，更多地方仅仅要求被资助方提交材料，实质性的监督、评估几乎没有。究其深层次原因，在访谈之中也了解到，主要是"扶植、引导资金发放是工作，是态度"，工作完成之后产生的效果和"有关部门"没有太多利益关系，故而"有关部门"对监督验收的积极性不高。对此，笔者组织了一次"头脑风暴"，大家提出，是否可以将扶植、引导基金改为由国有资产管理部门参与的"投资基金"，即由有关部门代表国家进行投资，但不参与具体运营，只参与投资后的利益分配；大家也提出一些其他方案，如加强对资助效果的考核，作为进一步资助，或者选择新的资助对象的依据……当然，这只是"头脑风暴"参与者们提出的一种初步想法，是否符合有关政策和制度安排，需要进一步论证。整体而言，目前，缺乏的不是政策体系，而是政策的执行力问题，这就需要创新政策制定思路，明确政策执行的监督程序和追责办法，制定更好的督促政策的政策，以确保好的政策能够真正落实，并且产生实效。

二是，认真研判进一步促进体育产业发展所需的政策供给，创造性地研制新的政策建议。例如，近些年来，体育产业和其他产业的融合度越来越高，体育部门应积极联合其他部门出台相应的政策。其他产业管理部门也应从产业发展和国民经济转型升级的战略高度寻求与体育部门的合作，探讨产业融合的契合点，并出台相应的政策建议。体育行业标准化管理是体育管理体制改革的重要内容，体育用品制造业需要标准，体育服务业需要标准。近来，体育产业在发展中出现了一些较为严重的安全事故，多是由于办赛、办培训、办活动等缺乏标准，或者有标准但没有严格执行。因此，科学制定体育产业各领域的相关标准体系，并制定保障严格执行的方案，应是今后一个时期体育产业政策创新的一个领域。针对扰乱市场秩序，恶意竞争，欺骗消费者，如假冒伪劣产品，健身俱乐部"跑路"等现象，应制定相关管理办法，加快建构体育产业的信用体系，保障合法经营者和消费者权利。降成本是供给侧结构性改革的一个重要任务，应加快制定能够真正落到实处的税收、能源消耗等方面优惠的政策法规，协助企业降低成本。促进国内大循环，拉动内需，给体育产业提供了机遇，应加快促进体育消费的实践创新和政策创新。

(三) 推进市场主体内部治理体系的建设

各类体育市场主体应在组织、管理、建设、运营、研发、生产等环节，健全内部治理体系，创新理念和模式，建立健全以章程为核心的企业法人治理结构和各项规章制度，提高体育商品或服务的质量，更好满足消费升级的需要。对中国体育产业的调查显示，凡是经营状况良好的体育企业，大都有较为完备的企业法人治理结构，有科学而明晰的章程，有完善的规章制度。依规行事成为企业的理念和常态。

市场主体在政策范围内自主进行运营管理，有志于体育产业领域真正做成品牌的企业，应建立起内部严格的自我监督和纠错机制，应建立以新产品、新服务研发为主导的科研创新平台，并给予充分的资金保障。应树立这样的观念：企业创新研发团队是决定市场未来的主力军，应在企业评价体系中给予最核心的地位，和最优厚的待遇，从体制上对创新加以保障。

二 以创新驱动体育用品及相关产品制造的转型升级，加强品牌建设

习近平在庆祝中国共产党成立100周年大会上的讲话中强调，"构建新发展格局，推动高质量发展"。在体育竞技装备和高端体育装备方面，曾经外国品牌是主流。随着民族体育品牌不断转型升级和加大科研投入，双方的差距正在逐渐缩小①。1978年以来，从代工模仿，到具备自主材料研发等科技创新能力，中国的民族体育品牌在国际体育市场上的竞争力不断扩大，也不断引领着国内体育消费的风潮。2020年疫情的冲击，对人民群众的身体健康产生了威胁，但反过来也提升了民众的体育参与意识。由于疫情防控的影响，居家健身成为风潮，适合于居家的体育用品销售逆势增长，再加上国际形势的影响，具有自主知识产权的国内知名品牌根据居家的需要创新产品设计，创新服务模式，出现销售旺盛的局面。中国的民族品牌也在2021年举办的"2020东京奥运会"上大放异彩。2022年北京冬奥会

---

① 庞梦霞、周义：《靠科技推动"国潮"——部分民族体育品牌发展观察》2021年8月5日，http://www.xinhuanet.com/2021-08/05/c_1127734375.htm, 2021年11月3日。

的筹办推动着中国相关产业和技术研发驶上"快车道"。仅用一年时间,国内第一台压雪机成功问世,中国成为世界上第三个能够自主生产压雪机的国家;2020年11月,北京冬奥会第一块二氧化碳跨临界直冷制冰冰面在首都体育馆诞生,成为目前世界上最先进、最环保的制冰技术(碳排放趋近于零)[①]。

创新驱动取得突出成效。今后一个时期,体育用品及相关产品制造业转型升级,必须以供给侧结构性改革为主线,进一步淘汰落后的产能,消解低端产品的库存,通过技术创新补自主知识产权产品偏少的短板,把民族体育品牌建设良好的发展势头延续下去,使中国早日从体育制造大国迈入体育制造强国的行列。

(一)推动体育产业技术创新联盟的建构

产业技术创新战略联盟(以下简称联盟)是指由企业、大学、科研机构或其他组织机构,以企业的发展需求和各方的共同利益为基础,以提升产业技术创新能力为目标,以具有法律约束力的契约为保障,形成的联合开发、优势互补、利益共享、风险共担的技术创新合作组织[②]。体育产业技术创新战略联盟的构建有利于加强产学研协作,促进体育技术创新体系建设;有利于促进体育产业,主要是体育用品及相关产品制造的技术集成创新,优化产业结构,提升相关产品的国际、国内竞争力。近年来,体育产业领域也开始进行组建体育产业技术创新战略联盟的实践。例如,早在2009年,由泰山体育产业集团有限公司、青岛英派斯健康科技有限公司、清华大学、南开大学、华东理工大学及中国科学院深圳先进技术研究院等21家法人单位就联合组建了新型健身器材产业技术创新战略示范联盟。该联盟和由中国体育用品业联合会作为责任主体单位组建的公共体育设施产业技术创

[①] 陈晨曦、范佳元、李洋:《自主创新,加快建设体育强国》,《人民日报》2021年2月2日第15版。

[②] 科学技术部等:《关于推动产业技术创新战略联盟构建的指导意见》2009年2月24日, https://www.most.gov.cn/xxgk/xinxifenlei/fdzdgknr/fgzc/gfxwj/gfxwj2010before/201712/t20171219_136917.html, 2021年8月18日。

新战略联盟,由于建设成效显著,都入选了"国家产业技术创新战略试点"。为了通过技术合作解决冰雪体育科技领域的"卡脖子"问题,以及成果转化"堵点",促进科技资源向产业集群集聚,带动冰雪体育科技产业核心竞争力的提升,2020年底,黑龙江省成立冰雪体育科技联盟①。从已成立的联盟的运作来看,体育产业技术创新战略联盟在合作攻关、知识产权共享、技术转移成果转化和人才流动方面取得了突出的成效,有效地提升了联盟参与企业的国际核心竞争力。因此,在当前和今后一个时期,一是充分发挥产学研机构的主观能动性,二是主管部门可以通过政策适当引导、整合相关产业集群,建构产业技术创新战略联盟。将成立产业技术创新战略联盟作为集中力量快速在创新上实现突破的一个重要抓手。

(二)加大科研创新的投入力度

研发能力的提升,离不开对科技研发的重视和投入。据调查,2020年,安踏集团投入了超过7亿元的研发费用,这是"安踏"品牌跻身国际知名品牌的制胜法宝。对于有志于打造知名品牌,或者提升市场竞争力的企业,必须树立自主创新意识,并对自主创新进行保障,以强化科技创新核心能力。第一,应将技术创新机构建设放在企业核心战略层面加以重视;第二,在做好成本管控的前提下,根据企业发展战略,给予研发创新以充足的资金保障;第三,应建立研发创新考核激励机制,将研发创新成果转化效益与相关科研人员薪酬挂钩;第四,要注重基础科学的研究,基础科学研究可能不如应用技术研究那样,能够产生直接的成果转化,但基础研究对于应用技术研究来讲是基础,必须予以加强,对于承担基础研究的机构,国家应予以适当的补贴和支持。

(三)技术创新应引领和对接需求

市场主体应充分做好市场调研,超前部署,把握未来体育需求方

---

① 谢靖、王艳:《把"冷资源"变成"热经济" 冰雪体育科技联盟成立》,《黑龙江日报》2020年12月7日第2版。

向，利用数字技术，对接体育竞赛表演、体育健身休闲中的个性化需求，根据不同人群，例如运动员、青少年、老年人、残疾人的需要，研发多样化、适应性强的用于体育竞赛表演及健身休闲的器材装备。鼓励研制新型健身休闲器材装备、可穿戴式运动设备、虚拟现实运动装备等，通过技术创新，以功能更为个性化、时尚化、科学化的新产品，引领消费新风潮，创造新需求。

（四）加强品牌营销和建设

在市场主体通过技术创新，提升体育用品及相关产品的附加值和软实力的基础上，鼓励市场主体加强品牌营销，创建和培育自主品牌。应推动优势品牌企业实施国际化发展战略，扩大国际影响力。2020年东京奥运会上，多个中国品牌亮相赛场，以其优质的产品性能和内在品质，赢得了使用者的赞赏，这是非常有效的国际行销战略，应创造条件，加以鼓励和推进。应鼓励市场主体与国内和国际的各级各类运动项目协会等体育组织开展合作，通过赛事营销等模式，提高品牌知名度。

三 以创新驱动体育产业业态拓展，拉大体育产业体系框架

创新驱动发展战略不仅体现在体育用品制造方面，更体现在体育服务相关的行业中。笔者在对陕西省某运作体育赛事的体育文化公司负责人访谈时，了解到，从2018年，该公司基本上不再招募体育术科专业出身的新员工。究其原因，他认为，体育术科专业毕业的学生，从竞技体育角度去策划、组织赛事是没有问题的，关键是，该公司当前举办赛事的思路发生了重大转变，更强调赛事的娱乐性，希望将赛事办成"嘉年华"，希望以"赛事+娱乐"的形式引领更多的受众参与，达到城市（或区域）营销的目的。而体育术科专业毕业的学生，由于专业"惯性"的影响，总是把赛事策划得"太正规"，与公司经营定位不合拍。虽然，该负责人对体育术科专业学生的认知并不全面，但从对他的访谈中也得到一个讯息，就是体育文化企业为了

更好地发展,将目光已经投到"体育+"领域,希望通过新业态创新在激烈的市场竞争中突围。

中国体育服务业发展中,往往依赖对产品本身的经营来营利,利润空间非常有限。例如,中国的职业体育,俱乐部投入甚巨,但盈利点只有门票、广告、赞助,及电视转播等,不注重全产业链的开发,不注重周边产品的开发,因此,常常陷入亏损状态中。笔者认为,体育竞赛表演、体育健身娱乐、体育培训等行业在发展中,应积极创新产品形式,创新情境模式,创新配套服务,并与文化、教育、旅游、传媒,以及体育用品等领域的创新相结合,创设全产业链的发展模式,创新新业态(关于业态融合问题,将在本章第三节进行详细论述,此处不再展开)。

四 深度研究4-1:出口技术复杂度视角下中国体育用品及运动服饰业发展研究[①]

创新驱动、技术升级是供给侧结构性改革的重要内容。2020年4月,习近平总书记在中央财经委员会第七次会议上指出:"全面加大科技创新和进口替代力度,这是深化供给侧结构性改革的重点,也是实现高质量发展的关键。"[②] 对于体育用品及运动服饰业的出口贸易而言,提高其竞争力,根本途径在于提升产业核心技术、自主研发水平及创新能力。而出口技术复杂度是衡量一国出口产品技术含量的重要指标,近年来,学者应用出口技术复杂度理论进行细分产业技术水平的研究成果来越来越多,但在体育产业领域,应用该理论的相关研究仅有零星报道。因此,从出口技术复杂度视角,探讨中国体育用品及运动服饰业出口技术的水平,以及如何通过技术升级、新动能创造来提高供给体系质量和效率,推动相关产业的供给侧结构性改革,具有重要的理论和实践价值。

---

① 笔者指导的研究生邱茜对本部分内容撰写作出了重要贡献,特致感谢。
② 习近平:《国家中长期经济社会发展战略若干重大问题》,《求是》2020年第21期。

(一) 概念界定

1. 出口技术复杂度

出口技术复杂度研究始于哈佛经济学家里卡多·豪斯曼（Ricardo Hausmann，2003），他指出"各经济体（或产业）在市场小规模的自我探索过程中，会形成一种国际贸易格局：具有高技术优势的国家出口技术含量相对较高的产品，劳动密集型国家出口技术含量较低的产品，产业出口技术复杂度是以经济体产业出口的综合表现，集出口产品技术含量和出口生产率于一体的综合概念"。该理论的提出实现了产品出口由"量"向"质"的研究转变，为国际贸易研究提供了一个全新的视角。

国内学者中，陈晓华在对相关理论和研究进行梳理的基础上，出版了专著《产业出口技术复杂度演进的动因与效应研究》[①]，为中国对出口技术复杂度的研究和运用提供了较为系统的参考资料。虽然中国引入出口技术复杂度理论时间尚短，但已有学者从出口技术复杂度的理论依据和演进、测度方法和修正体系、影响因素等方面做了深入研究[②]；亦将其运用在中国细分产业出口技术水平研究上[③]。研究结果表明，技术复杂度模型在测算技术水平上，对宏观和微观层面上的各种业态均有一定的应用价值。

2. 体育用品及运动服饰业

本研究中体育用品产业及运动服饰业涉及《体育产业统计分类

[①] 陈晓华：《产业出口技术复杂度演进的动因与效应研究》，浙江大学出版社2014年版。

[②] 参见陈晓华《产业出口技术复杂度演进的动因与效应研究》，浙江大学出版社2014年版；杜运苏《出口技术复杂度影响我国经济增长的实证研究——基于不同贸易方式和企业性质》，《国际贸易问题》2014年第9期；谢新、齐俊妍《中国本土和外资企业出口技术复杂度的差异及影响因素分析》，《天津财经大学学报》2014年第6期。

[③] 参见赵红、彭馨《中国出口技术复杂度测算及影响因素研究》，《中国软科学》2014年第11期；张军、王容博《农产品出口技术复杂度与经济增长——基于跨国动态面板数据的实证分析》，《价格月刊》2018年第9期；王爽《我国服务贸易出口技术结构演进及提升路径——基于出口复杂度的视角》，《学习与探索》2018年第7期；沈玉良、彭羽《全球价值链视角下中国电子产品的技术复杂度提升了吗？以智能手机为例》，《世界经济研究》2018年第6期；田思、常焙筌、高长春《创意产品贸易出口技术复杂度多国比较研究——基于灰色预测模型》，《复旦学报（自然科学版）》2014年第6期。

(2019)》（国家统计局令第 26 号）① 中的三个大项，即 1011 体育用品及器材销售、1012 运动服装销售和 1013 运动鞋帽销售。按国际通用的 HS 编码进行统计分类，见表 4-1。

表 4-1　体育用品及运动服饰业涉及统计类别及解释

类别	HS 编码	条目解释
体育用品类	9504	视频游戏控制器及设备、游艺场所、桌上或室内游戏用品，包括弹球机、台球、娱乐专用桌及保龄球自动球道设备
	9506	一般的体育活动、体操、竞技及其他运动（包括乒乓球运动）或户外游戏用本章其他品目未列名的用品及设备；游泳池或戏水池
	9507	钓鱼竿、钓鱼钩及其他钓鱼用品；捞鱼网、捕蝶网及类似网；囮子"鸟"（品目 9208 或 9705 的货品除外）以及类似的狩猎用品
运动服装类	6112	针织或钩编的运动服、滑雪服及游泳服
	621111	男式游泳服
	621112	女式游泳服
	621120	滑雪套服
运动鞋靴类（此处只统计运动鞋靴类产品出口额）	640212	滑雪靴、越野滑雪靴及滑雪板靴
	640219	橡胶或塑料制外底及鞋面的其他运动鞋靴
	640312	橡、塑、革外底，皮革制鞋面的滑雪鞋靴和板靴
	640319	橡、塑、革外底，皮革制鞋面的其他运动鞋靴
	640411	橡或塑外底，纺织材料鞋面的运动鞋靴

（二）样本对象和测度方法

1. 样本对象

样本涉及 2000—2018 年间，中国及美国、德国、比利时等国家和地区的体育用品类、运动服装类和运动鞋靴类产品出口额（部分研

---

① 国家统计局：《〈体育产业统计分类（2019）〉（国家统计局令第 26 号）》2019 年 4 月 1 日，https://www.gov.cn/gongbao/content/2019/content_5419214.htm，2021 年 3 月 20 日。

究用到1999年数据)。其中将中国作为核心样本,其他样本主要用于和中国进行比较[各国数据来源于 UC Comtrade Database(联合国商品贸易统计数据库)①]。

2. 测度方法

本文借鉴 Hausmann 等②的测度方法,对中国体育用品及运动服饰业出口技术复杂度进行计算:

$$PRODY_i = \sum_j \frac{X_{ji}/X_j}{\sum(X_{ji}/X_j)} Y_j \qquad 式4-1$$

式4-1中,$PRODY_i$(Productivity)是中国体育用品 i 的出口技术复杂度,X_{ji} 是中国体育用品 i 的出口额,X_j 是中国的出口总额。Y_j 代表中国人均 GDP(基于购买力平价的人均 GDP)。利用公式4-1计算出中国体育用品 i 的出口技术复杂度水平,进而加总到中国整个体育用品产业的出口技术复杂度,计算公式如下:

$$EXPY_j = \sum_i \frac{X_i}{X} PRODY_i \qquad 式4-2$$

式4-2中,$EXPY_j$(Export Productivity)是中国体育用品产业的出口技术复杂度,X_i 是中国体育用品 i 的出口额,X 是中国的体育用品产业出口总额,$PRODY_i$ 是由式4-1计算的中国体育用品 i 的出口技术复杂度。

(三)中国体育用品及运动服饰业出口发展趋势

1. 出口的总体发展趋势

1999年至2008年,中国体育用品及运动服饰的出口整体上呈攀升态势(见图4-1)。但也有波动,受全球金融危机以及人民币汇率升高的影响,2009年前后,中国体育用及运动服饰品出口出现一定程度下滑。

2011年以后,出口虽逐渐回升,但发生在中国其他产业发展过程中的问题,在中国体育用品及运动服饰产业发展过程中凸显出来。

---

① 联合国商品贸易统计数据库的网址为 https://comtrade.un.org/data。
② Ricardo Hausmann, Jason Hwang, Dani Rodrik, "What you export matters" *National bureau of economic research*, No. 8, 2005.

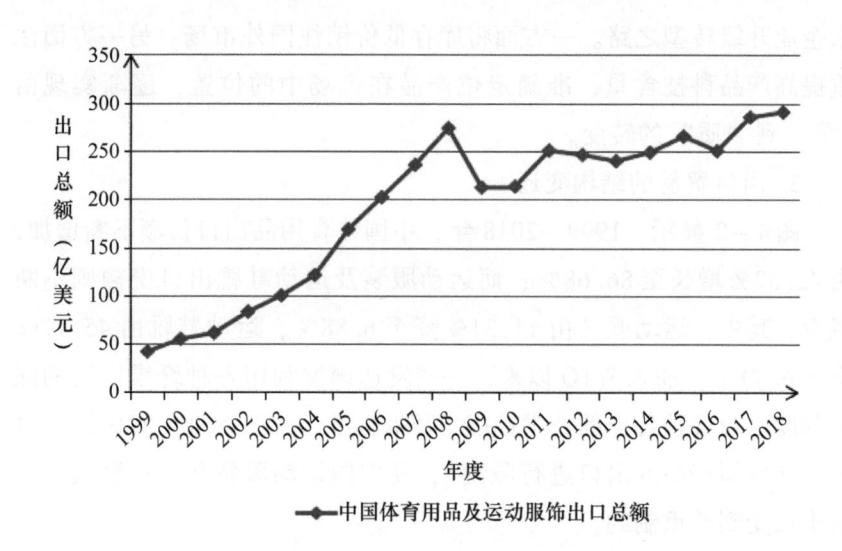

第四章　供给侧结构性改革背景下体育产业结构优化的战略路径

图 4-1　中国体育用品及运动服饰出口总额的总体发展趋势

首先，在一个较长的时期内，中国绝大多数本土品牌主要依靠低廉的劳动力、原材料成本，采用粗放型生产方式，随着原材料以及人工费用上涨，产业链各环节利润不断压缩。原有优势弱化以及国际产业转移，使得中国体育用品及运动服饰业销量锐减，库存积压严重[①]。2012 年中期业绩显示，六大品牌包括李宁、中国动向、安踏、特步、361°和匹克，总库存达 37.21 亿元[②]。

其次，日本等国家推行"中国+1"政策，将部分生产基地从中国转移到劳动力及原材料相对低廉的东南亚地区，并从泰国、印度尼西亚等地区采购日常生活较低廉的商品，使得中国体育用品出口举步维艰。外生型经济增长动力的消退[③]，促使中国各大本土品牌积极寻

[①] 朱艳、侯力、周学政:《从社会经济发展史视角解析现代体育用品业的演变》,《北京体育大学学报》2017 年第 7 期。

[②] 李媛:《安踏五年来净利润首次下滑　国产体育品牌遭遇寒冬》2013 年 2 月 26 日, http://finance.people.com.cn/money/n/2013/0226/c218900-20600548.html, 2021 年 2 月 24 日。

[③] 许春蕾:《体育用品上市公司产品战略转型影响因素的实证研究——基于 2008—2015 年面板数据》,《北京体育大学学报》2017 年第 5 期。

求企业升级转型之路。一方面将库存低价销往国外市场；另一方面注重提高产品科技含量，准确定位产品在市场中的位置，逐渐实现由"量"到"质"的转变。

2. 出口贸易的结构变迁

图4-2显示，1999—2018年，中国体育用品出口份额不断增加，由43.52%增长至86.68%；而运动服装及运动鞋靴出口份额则不断减少，其中，运动服装由11.31%降至6.88%，运动鞋靴由45.17%降至6.44%。加入WTO以来，一些发达国家利用各种纤维协定的配额制度以及各种各样的技术标准、环保标准、社会标准，对中国体育服装和鞋帽产品的出口进行限制[①]，使中国运动服装和运动鞋靴产品的出口受到严重制约。

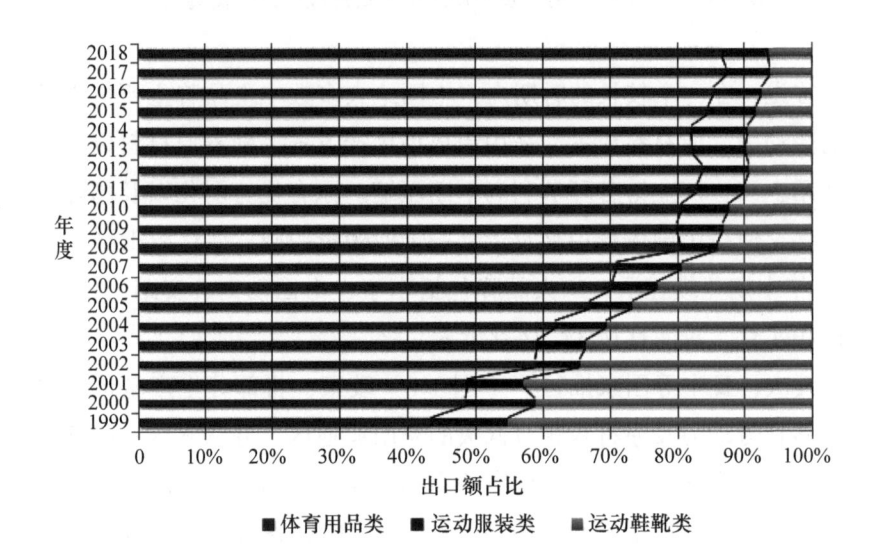

图4-2 中国体育用品及运动服饰出口贸易的结构变迁

---

① 邹玉享：《我国体育服装出口贸易的瓶颈及策略选择》，《对外经贸实务》2013年第5期。

中国体育用品及运动服饰企业在出口面临诸多挑战的情况下，开始着力于转变发展方式，由粗放型经济向集约型、科技型转变。在国际企业将部分生产运作转移到东南亚地区背景下，中国体育用品及运动服饰业出口结构发生了变化，相关运营商积极进行海外布局，希冀通过将产品出口到国外，从而在国际市场上占领一席之地。这些举措对于提升中国体育用品及运动服饰的出口技术复杂度，提升其国际竞争力具有重要作用。

（四）中国体育用品及运动服饰业出口技术复杂度相关数据测算及分析

1. 中国体育用品及运动服饰业各行业的出口技术复杂度

将2000—2018年中国体育用品及运动服饰业出口及相关数据，代入出口技术复杂度测算模型进行测算，结果见表4-2。

表4-2　　体育用品及运动服饰业各行业出口技术复杂度　（单位：美元）

年份	体育用品	运动服装	运动鞋靴
2000	397.48	665.53	320.35
2001	394.15	669.6	429.42
2002	514.06	549.57	489.08
2003	681.91	523.96	532.88
2004	721.32	535.65	502.01
2005	929.40	670.17	603.94
2006	1037.74	791.61	546.71
2007	904.35	1283.23	525.47
2008	1014.29	910.32	305.15
2009	977.35	1035.6	609.54
2010	1034.86	1045.84	555.46

续表

年份	体育用品	运动服装	运动鞋靴
2011	1236.23	1199.78	423.03
2012	1329.97	1259.05	355.5
2013	1385.46	1336.19	405.54
2014	1455.98	1449.26	360.09
2015	1281.25	1339.41	361.26
2016	1967.76	1459.65	278.94
2017	2104.05	1604.86	254.74
2018	2012.15	2022.58	380.07

总体而言，中国体育用品及运动服装出口技术复杂度发展态势相对良好，至2018年分别为2012.15美元和2022.58美元，较2000年分别实现了1614.67美元和1357.05美元的提升。

但运动鞋靴的出口技术复杂度则没有展现出显著提升，相对于体育用品及运动服饰业来讲仍是短板，主要原因有三点。

其一，可能是随着中国人均可支配收入的提高，人们对运动鞋靴类产品的需求暴增，巨大的市场及利润使得一大批厂家蜂拥而至，造成产品同质化严重。

其二，除了几大本土知名运动鞋靴品牌对产品科技性、舒适性、技能性给予重大关注外，其余中小企业仍处在模仿、加工的最低端。大量的加工贸易使得中国一直被排除在核心价值链之外，造成中国运动鞋靴产品一直徘徊在低端。

其三，美国等国家对运动鞋靴等产品提高关税，抑制了中国运动鞋靴在海外的扩张，造成运动鞋靴出口额不高，其出口技术复杂度与体育用品及运动服饰出口总额相关系数极低。这说明，如果中国运动鞋靴仍以价值链低端的低技术附加值产品出口为主，其出口额将不会有显著提升，其技术复杂度将难有提升。

2. 中国体育用品及运动服饰业出口技术复杂度及国际比较

中国是体育用品及运动服饰出口大国，几乎每年体育用品及运动服饰出口额均占世界之最，将近几年体育用品及运动服饰出口额排名紧随中国之后的美国、德国、比利时作为比较对象，对体育用品及运动服饰业出口技术复杂度进行比较。

图 4-3 显示，2000—2018 年，中国体育用品及运动服饰业出口技术复杂度整体上较之其他国家普遍偏低，但呈现逐渐升高的发展趋势，近几年，已经略微优于德国。出口技术复杂度的测量在一定程度上受到产品贸易额占比一国总出口额的影响。即如果相对于一国其他产品而言，体育用品及运动服饰的技术水平较高，那么该国就会倾向于更多出口体育用品及运动服饰。中国是体育用品出口大国，而不是强国，虽然体育用品及运动服饰业出口额较大，但在总出口额中却占比很小，因此体育用品及运动服饰业出口技术复杂度不高。而美国等发达国家，在其他诸多产业领域均拥有全球领先的技术水平，其体育用品与运动服饰业仍有很大的出口优势。

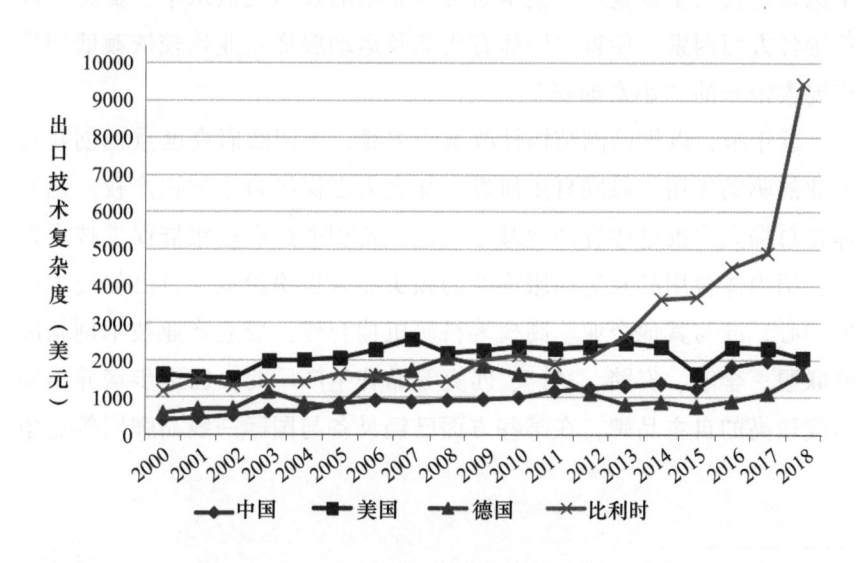

图 4-3 中国与部分发达国家体育用品及运动服饰业出口技术复杂度比较

(五)基于出口技术复杂度的中国体育用品及运动服饰业发展评析

1. 产业技术水平不高,但在逐步提升

中国体育用品及运动服饰业总体生产技术水平不高,产品技术附加值低。1978年以来,第三次产业转移,中国东南沿海以低成本、低劳动力价格等优势承接了美欧日等发达国家转移的价值链低端生产环节,成为世界体育用品及运动服饰加工厂。在此阶段,国际体育用品及运动服饰企业对中国进行直接投资,产生技术外溢与技术扩散效应,中国体育用品及运动服饰企业形成了以"模仿"为核心特征的低成本技术研发模式,即"模仿—套利"的技术形成内在机制[1]。随着中国体育用品及运动服饰出口规模的扩大,以及经济领域国际地位的提升,产业转移国家开始对中国进行技术封锁,固有的"模仿—套利"模式所带来的技术发展受到阻碍。一方面中国体育用品及运动服饰技术研发水平一直不高;另一方面长时间的模仿模式所造成的思维惰性,以及企业管理水平有限,使得体育用品及运动服饰企业领导者不愿意耗费大量资金进行技术研发。有限的技术发展水平、资金、政策等各方面因素,使得中国体育用品及运动服饰企业比较依赖低端生产要素带来的"小富即安"。

近年来,以供给侧结构性改革为主线,中国政府高度重视创新对产业的驱动作用,鼓励自主研发,加大力度保护自主知识产权。国家体育总局大力推进体育产业基地建设,希望通过产业集群促进技术发展;国内体育用品及运动服饰业的领头品牌也纷纷成立自己的技术研发中心,或与其他企业、高校等科研机构合作,成立产业技术创新战略联盟。李宁、安踏、361°、匹克等品牌生产厂商,已逐步培养出知名度较高的自主品牌,在某些方面已经具备与国际一线品牌同等竞争

---

[1] 刘英梅:《我国体育用品制造业模仿—套利行为分析》,《体育文化导刊》2010年第1期。

的能力①。当前,中国体育用品及运动服饰产业的发展正处于由模仿向创新的过渡阶段,技术研发水平不高还将持续一段时间,但出口技术复杂度的测度也显示,其技术研发水平正在逐步提升中。

2. 体育用品及运动服饰出口额与出口质量发展不均衡

享受第三次产业转移的红利,中国成为体育用品及运动服饰加工厂及代工平台,体育用品及运动服饰海外销量迅速发展,一度成为体育用品及运动服饰对外贸易最大国。2008年及之后的一段时期,受全球金融危机的影响,中国体育用品及运动服饰出口贸易有所下降,增速放缓。同时因为刘易斯拐点的迫近,中国由低端生产要素带来的优势逐渐丧失,国内国外销量锐减。但这一严酷的现实同样刺激中国体育用品及运动服饰企业开始思考生存发展方式转变问题,对产品技术研发以及创新的重要性认识到达一个新的高度,因此在产品出口贸易萎靡之际,产品技术研发与创新得到发展。2009年以来,中国体育用品及运动服饰对外贸易虽逐渐走出困境,但环比增长速度仍呈现不稳定的状态,暂时未能恢复到之前的发展速度(见表4-3)。而中国体育用品及运动服饰企业及政府在技术研发及创新上开始发力②,以促进体育用品及运动服饰产业转型升级,抵消刘易斯拐点迫近所带来的压力。

不容忽视的是,虽然中国体育用品及运动服饰出口技术复杂度稳定提升,但较之出口额定基发展速度仍呈偏低状态(见表4-3)。这一方面说明中国正处在模仿到创新的过渡阶段,技术研发及创新虽有发展但仍发力不足;另一方面也表现了在中国体育用品及运动服饰企业发展过程中,用于技术研发与创新的资金在企业总资本中占比仍有较大提升空间。

---

① 谢军、张博、白震:《从GVC到NVC:我国体育用品产业升级路径的研究》,《体育学刊》2015年第1期。

② 吴建堂:《"中国制造2025"战略背景下的体育用品制造业发展路径研究》,《体育与科学》2016年第5期。

表4-3 中国体育用品及运动服饰出口额与出口技术复杂度发展速度对比 （单位：倍）

年份	定基发展速度		定基增长速度		环比发展速度		环比增长速度	
	出口总额	PRODY	出口总额	PRODY	出口总额	PRODY	出口总额	PRODY
2001	1.11	1.1	0.11	0.1	1.11	1.1	0.11	0.1
2002	1.51	1.29	0.51	0.29	1.36	1.18	0.36	0.18
2003	1.82	1.58	0.82	0.58	1.2	1.22	0.2	0.22
2004	2.21	1.63	1.21	0.63	1.21	1.03	0.21	0.03
2005	3.08	2.1	2.08	1.1	1.39	1.29	0.39	0.29
2006	3.68	2.31	2.68	1.31	1.2	1.1	0.2	0.1
2007	4.29	2.21	3.29	1.21	1.17	0.96	0.17	-0.04
2008	4.99	2.31	3.99	1.31	1.16	1.05	0.16	0.05
2009	3.87	2.37	2.87	1.37	0.77	1.03	-0.23	0.03
2010	3.89	2.48	2.89	1.48	1.01	1.05	0.01	0.05
2011	4.57	2.93	3.57	1.93	1.17	1.18	0.17	0.18
2012	4.48	3.14	3.48	2.14	0.98	1.07	-0.02	0.07
2013	4.37	3.27	3.37	2.27	0.97	1.04	-0.03	0.04
2014	4.53	3.44	3.53	2.44	1.04	1.05	0.04	0.05
2015	4.83	3.08	3.83	2.08	1.07	0.9	0.07	-0.1
2016	4.56	4.59	3.56	3.59	0.94	1.49	-0.06	0.49
2017	5.2	4.98	4.2	3.98	1.14	1.08	0.14	0.08
2018	5.3	4.85	4.3	3.85	1.02	0.97	0.02	-0.03

3. 企业规模、集群程度与科技创新水平成正比

企业的技术创新是一项耗资巨大且"高风险"的投入，其一方面要面临耗费大量资金进行技术研发，另一方面要面临技术外溢与"被模仿"，从而导致技术附加值降低的风险。因此，在中国体育用品及运动服饰产业发展过程中，充分发挥领头企业的带头革新以及产业基地的辐射作用，是实现中国体育用品及运动服饰产业跨越式发展的有

效途径，而国家的一系列政策也正在推动领头企业及产业基地作用的发挥。企业规模大小以及产业集聚程度与科技创新水平呈正相关，发展较好、规模较大的公司更愿意增加在技术研发上的投入。例如：早在1998年，李宁在广东佛山建成中国第一个运动服装与鞋的设计开发中心；2004年，成立香港设计研发中心；2009年，湖北荆门李宁工业园区建成投产，实现了由个企向产业集聚发展形成带动效应的发展模式。上海红双喜体育用品公司在发展初期，一直将产品研发作为发展之道，并成功跻身国际市场，2002年，建成红双喜体育用品技术中心，将技术研发作为发展动力，并于2013年始启动生产基地项目建设。至2014年底，匹克在中国北京、广州、泉州以及美国洛杉矶成立了四家国际设计研发中心，并先后建立了泉州、惠安、上高以及菏泽匹克工业园。

现阶段，中国体育用品及运动服饰产业集聚最好的机遇就是体育部门在大力推进体育产业基地建设。"鼓励国家体育产业基地采取多种形式培养符合体育产业实际需要的各类人才。"鼓励"（地区名称）国家体育产业基地、国家体育产业示范基地、高校和研究机构组成技术培训联盟，加速培养体育产业人才"是国家体育总局对国家体育产业基地建设的重要要求[①]。产业集聚程度越高，规模越大，越有利于体育用品与服饰企业与技术研发机构的对接，越有利于自主品牌的建设。如作为国家体育产业基地的乐陵泰山体育产业集团与中国科学院、华东理工大学及山东大学合作建立了3个体育用品研发中心，自主研发的纳米人工草丝拉丝、碳纤维纳米比赛用杠面、电动撑杆跳高架、"爱动"在线运动健身产品等均具有国际领先水平，成为北京奥运会和第11届全运会最大的器材供应商[②]。尝到甜

---

① 国家体育总局：《关于印发〈国家体育产业基地管理办法（试行）〉的通知》2011年12月6日，https://www.sport.gov.cn/n315/n331/n403/n1957/c783824/content.html，2021年7月4日。

② 邢尊明等：《国家体育产业基地：实施进程、特征分析与推进策略》，《体育科学》2014年第1期。

头后，该集团在创新研发上着力越来越大，2020年，该集团牵头行业上下游企业、高等院校和科研院所等创新主体组建山东省体育用品产业创新中心。

（六）促进中国体育用品和运动服饰业发展的建议

1. 实现中国体育用品及运动服饰企业与国内外技术研发机构的有效对接

技术创新作为企业发展支撑，是国际品牌形成与发展的核心所在。提升中国体育用品及运动服饰业出口技术复杂度，加强中国本土企业的技术研发以及创新能力是关键。

其一，规模较大、有相应实力的企业可自主建立技术研发中心，聘请国内外先进管理及研发人才，提高中国体育用品及运动服饰企业自主研发创新水平，打造企业核心生命力。

其二，与国内及国际高校科研机构及相关科研院所合作，建设技术创新战略联盟，利用学科先进性进行技术研发，更大限度地提高科学知识技术转化率。中国体育用品及运动服饰企业科研创新能力的提升，有利于提高中国体育用品及运动服饰出口附加值及国际竞争力，是中国本土品牌国际化发展的必然指向。

总之，要充分利用此次供给侧结构性改革带来的机遇，从生产端和要素端发力，提高供给产品质量，促进体育用品及运动服饰企业转型升级，同时积极发挥市场的决定性作用，使中国体育用品及运动服饰产业凤凰涅槃，实现由"量"向"质"转变的跨越性发展。

2. 优化体育用品及运动服饰业发展的环境

中国相关政府部门应制定相应的法律法规体系，积极促进中国体育用品及运动服饰企业转型升级，增加产品技术附加值以提高企业抗风险能力。

其一，要给予已经依靠科技创造价值的体育用品与运动服饰企业一定的政策倾斜，制定一系列促进该行业向高新技术产业转型升级的优惠政策。

其二，要加大自主知识产权保护力度，为体育用品及运动服饰企业进行自主技术研发创造健全的法制体系保护。

其三，要完善投融资机制，通过简化贷款手续，以及降息等措施，为体育用品及运动服饰中小企业的发展提供资金支持。

其四，面对当前由美国挑起的贸易战的冲击，中国相关政府部门及行业协会应尽快制定行业标准，实现中国技术标准与国际接轨；企业应尽快完成产业转型升级工作，提高产品质量和技术含量，以积极应对国际挑战。

3. 加速政府主导型体育产业基地建设

体育企业在地理空间上的集聚能减少固定资产投资、实现资源共享，降低生产成本，从而提升规模效率[①]。建立国家体育产业基地能有效促进产业集群创新发展，提高竞争力，推动体育企业转型发展。

在第四次国际产业转移浪潮中，中国应抓住机遇，将东南沿海地区要素密集型产业积极向中国中西部地区及国外转移。在转移过程中，坚持有条不紊、可持续发展的原则，在经济相对不发达的中西部地区，建设政府主导型国家体育产业基地，通过政府布局，规划调控，促进体育用品及运动服饰制造业在中西部地区的发展。

4. 国内国际双循环，积极开拓多元化市场

为应对体育用品及运动服饰产业对外贸易风险，降低对外贸易依存度，中国体育用品及运动服饰企业应积极开拓国内市场，逐步形成以国内大循环为主体、国内国际双循环相互促进的新发展格局。

相对于国际市场的不确定性、风俗以及地区体育差异等问题，国内相对统一的经济体育背景将更有利于本土体育用品及运动服饰企业发展。因此，应对中国体育用品及运动服饰市场及消费人群进行准确定位和层次划分，通过技术创新，打造适合中国人的个性化品牌和服务，稳固与扩大国内市场。

---

① 胡佳澍、黄海燕：《要素视角下区域体育产业效率及其影响因素——基于上海市各辖区2014—2018年数据的实证分析》，《体育学刊》2021年第2期。

在对外贸易中,应打造多元化市场,挖掘新兴市场。在积极应对欧美日等市场竞争的同时,开拓拉美市场;抓住第四次产业转移的机遇,将部分要素密集型生产链环节转移至东南亚地区,并开拓当地市场;通过国外生产基地建设有效避免国际贸易壁垒。逐步形成国内与国际市场同步发展,国际市场多元化发展的格局。

第三节 体育产业结构转型的新思路:促进跨界融合,拓展体育产业新业态

当前,以"体育+"带动的跨界融合效应正在显现,多元融合的新模式,不仅为传统资源注入了活力,重构了产业经济的生态环境,也为打造更多个性化、分众化、多样化的体育产品和服务拓展了新思路。

一 以"体育+"为要素核心,促进体育和其他产业的融合发展

"体育+"是以体育为引领的产业的横纵联合,"体育+"是体育产业供给侧结构性改革的要素核心。从体育产业角度出发,去讨论业态融合问题,必须以"体育"作为核心要素,去考察其他业态和"体育"的融合点,以更好地创造新供给、满足新需求,提供体育产品和服务供给体系的质量和效率。"体育+"融合的内容主要包括以下几方面。

"体育+科技"。借助现代高科技的快速发展,为体育所用,并加强自主研发,以技术全面创新,促进体育科技产品和服务的创新,提高体育产品和服务的科技含量,并对传统的体育产业进行改造,提升要素禀赋,提高要素的利用率;科技赋能,以数字驱动新的体育消费模式,推动体育产业的数字化、智能化。

"体育+文化"。体育和文化互融互助,相辅相成,共同发展。体育产业中能够提供可以产生经济价值的精神产品的行业,例如体育竞

赛表演业、体育休闲健身业等，其本质具有精神文化特质①，体育为文化产品制作或创作提供了丰富多彩的素材；而文化产业中的一些行业，如出版、影视、媒体等又可以为体育产业发展提供平台；以创意设计和形象授权为引领，文化元素亦可以融入体育产品和服务的研发、设计等价值链高端环节；文化产业""娱乐产业"的核心是"内容产业"，鼓励以数字媒体为支撑，以生产、流通和交换体育内容为主要目的，大力发展体育内容产业（关于体育场内容产业的价值链构建与增值问题，本研究在深度研究4-3中进行深入讨论）。

"体育+教育"。以提升人民群众运动技能水平，满足其多样化体育健身休闲需求为目的，大力发展体育培训业；通过政府购买服务、组建依托学校的青少年体育俱乐部等方式，引进优秀的教练员和退役运动员，以及体育培训机构介入学校体育课外训练、竞赛，以及义务教育阶段的第二课堂、兴趣班辅导；近年来，社会力量投资在各地建设了一批体育基地和运动营地等，应以产学研对接，与体育教育联动，将其纳入青少年研学体系，开发以体育为特色的青少年研学基地。

"体育+医疗"。充分发挥体育"治未病"、康复医疗、健康促进方面的功能，大力推广"运动处方"，加强对体育运动、科学健身的指导；大力发展运动医学和康复医学，积极研发运动康复技术，鼓励社会资本开办康体、体质测定和运动康复等各类机构；体育部门在运动员康复、理疗、运动伤病防治方面积累丰富的经验，有过硬的医疗、康复训练水平，可以将这些资源优势进行开发，在保证服务好竞技体育的同时，向社会开放。

"体育+旅游"。以品质化和品牌化方式，促进体育和旅游的融合，促进体育旅游产品和服务创新，提高体育旅游内容和形式的开发深度；推动实施体育旅游精品示范工程，打造一批有影响力的体育旅

---

① 张金桥、王健：《论体育产业与文化产业的融合发展》，《上海体育学院学报》2012年第5期。

游精品线路、精品赛事和示范基地提高体育旅游的发展强度；认真研判不同区域体育旅游资源禀赋，准确定位，开发具有地域特色的体育旅游产品，防止区域间的低水平重复。

"体育+地产"。以体育设施（体育场馆、运动公园等）、商业地产为依托，打造体育服务综合服务体；以体育为"卖点"，通过体育运动公园、大型体育设施的建设，以及体育赛事、活动集聚，拉动体育与住宅、休闲、商业综合开发。

此外，"体育+会展""体育+广告""体育+养老""体育+康养"等诸多新业态在不断被创造出来，持续的丰富着体育产业的内容体系。

二 以"生活+"为重要支撑，不断实现人民对美好体育生活的向往

体育是提高人民体质健康水平，满足人民群众对美好生活向往，促进人全面发展的重要手段。2015年，《国务院办公厅关于加快发展生活性服务业促进消费结构升级的指导意见》（国办发〔2015〕85号）中提出，要"重点发展贴近服务人民群众生活、需求潜力大、带动作用强的生活性服务领域"，发展好体育服务业是加快发展生活性服务业的一个主要任务，提出要"重点培育健身休闲、竞赛表演、场馆服务、中介培训等体育服务业，促进康体结合，推动体育旅游、体育传媒、体育会展等相关业态融合发展"。

生活化的体育，才能更贴近于人民群众，更有利于人们体育观念的转变和体育参与的强化，更有利于体育消费的培育，进而促进体育产业的高质量发展。体育用品及相关用品制造需要"生活+"，介入家庭消费，进入生活领域是体育用品及相关产品制造业着力打造的一个创新方向。"生活+体育"更应着力于体育服务业。加快发展更贴近于生活的体育服务业，是推动体育产业增长动力转换的重要途径，也是实现体育产业提质增效的重要举措，是通过体育改善民生的重要手段。

第四章　供给侧结构性改革背景下体育产业结构优化的战略路径

"生活+"的重点在于提升体育服务业的内涵和品质，推动体育创意、设计服务、体育旅游、体育康养等新型体育服务业发展；在于更准确地研判人民的体育生活方式，并以此来调整、创新体育供给的内容、模式，以更好地满足人民对美好体育生活的向往。例如，夜晚是人民群众参与体育的一个黄金时段，应围绕"夜经济"，讨论"夜体育"的开展，使体育成为人民群众美好"夜生活"的重要选择（关于夜经济与体育消费问题，本研究在深度研究4-3中进行深入讨论）。

要强化"生活+"，需要做好以下两点。

其一，应该增加有效供给。鼓励各类市场根据人们体育消费结构、水平和消费升级的发展动态，创新体育服务业的业态，创新体育服务业运作、经营与管理模式，优化体育服务结构，增加人民亟须，但又短缺的体育服务供给。生活性体育服务业应以贴近于人民群众为原则，能满足"15分钟健身圈"的要求，应遵循产城融合，产乡融合，宜居宜业的发展要求，科学规划空间定位，合理布局服务网点，完善服务体系。

其二，满足人民群众对生活性体育消费的有效需求。深度开发能够满足人民群众在不同的生活场景和时间（如茶余饭后、夜晚时光、休闲旅游、工间休息等），出生到终老的不同环节，以及高中低不同收入群体的多样化、个性化的生活性体育服务。笔者组织的一次座谈中，一位从军队医疗系统的退休人员提出这样一个问题："现在有适合于老年女性的活动，比如广场舞，中老年女性喜闻乐见，而且活动量适中；但缺乏适合老年男性的健身活动，现在老年男性参加的体育活动，要么过于激烈，活动量大，易造成老年人受伤，要么活动量过小，虽然'养性'，但'修身'效果偏低。能否研制出一个既让老年男性喜闻乐见，易于推广，又具有适宜活动强度的活动？"该问题，提出一个"生活+体育"的命题：体育工作者，或者市场主体应通过认真调研，科学赋能，研发出适应不同生活场景，或者生活阶段的新产品、新服务，培育新型体育消费。

三 以"互联网+"为引导,提升体育产业的创新力和生产力

"互联网+"解决的是供给侧结构性改革的方向问题①。2020年5月,李克强在十三届全国人大三次会议上所做的政府工作报告中提出,全面推进"互联网+",打造数字经济新优势。2020年10月,党的十九届五中全会通过的《中共中央关于制定国民经济和社会发展第十四个五年规划和二〇三五年远景目标的建议》中提出,要"发展数字经济,推进数字产业化和产业数字化,推动数字经济和实体经济深度融合"。互联网+体育"不是简单的互联网和体育两者相加,而是利用现代数字技术以及互联网平台,抢抓产业跨界融合发展新机遇,运用互联网、大数据、云计算等推动业态创新、管理创新和服务创新,让互联网与体育行业进行深度融合,提升体育产业的生产力,创造新的发展生态,开发潜在服务需求。(关于"互联网+"与体育产业发展问题,在深度研究4-4中进行深入讨论,此处不再展开论述。)

四 以"+体育"为助推,提升体育产业在国民经济中的地位

如果说"体育+",是以体育产业为本位,来寻找与其他产业的融合点,以及确定融合方案;"+体育"则是以金融、地产、建筑、交通、信息、食品、制造等"其他产业"为本位,强化与体育部门的合作空间和领域,来拓展自身的新业态。应鼓励"其他产业"与体育产业的交互融通,以市场化手段,介入体育产业领域。例如运动饮料、运动营养保健品、健身指导技术装备、可穿戴运动设备、汽车露营(房车)基地、航空运动产业等。一个基本逻辑:"体育+"更多强调的是"体育"的立场,"+体育"则侧重于强调"其他产业"的立场,如果有更多的"其他产业"能够关注到体育元素在促进

---

① 齐骥:《文化产业供给侧改革研究:理论与案例》,中国传媒大学出版社2017年版,第60页。

"本产业"转型升级中的作用，且实质性地推动与体育产业的深度融合，一方面可以印证体育产业本身的影响力越来越大，另一方面会进一步有效提升体育产业在国民经济中的地位。

应特别关注"金融+体育"，金融是现代经济发展的血液，体育产业快速发展亟须金融支持。应进一步探索提高资源整合效率，推动金融业介入体育产业发展的机制，拓宽体育企业融资渠道，搭建银企对接平台。根据前期调查中发现的小微企业金融服务获取比较困难的现状。应积极探索小微体育企业金融供给方法及防控机制。鼓励各省（区、市）、地方完善与体育产业相关的资金政策，加大对优质品牌赛事、活动的资助，以撬动更多社会资本投资体育，带动体育产业结构的优化和规模发展。

五 深度研究4-2：体育内容产业价值链的构建与增值[①]

（一）问题的提出

数字化、信息产业、文化产业、娱乐产业等的发展，让我们关注到了"内容产业"这一新兴产业形态。从口语媒介、文字媒介、印刷媒介到电子媒介，不同时期不同的媒介形态都对当时的社会产生了巨大影响，形成了一定的产业形态。电子媒介的发展同样产生了新的产业形态，这就是以广播影视、互联网、新媒体等数字媒体为基础的内容产业。提及内容产业，人们一般会想到广播影视、文化艺术等文化产业内容。虽然体育产业和文化产业是并列关系[②]，但谈及体育产业，不可忽视其具有的文化属性部分，如竞赛表演、体育文化艺术等，其本质具有精神文化特征，具备跻身内容产业的天然因子。

---

① 本部分内容作为阶段性成果已经在《体育科学》2022年第3期发表，本书根据研究需要进行了必要的调整。笔者所指导的研究生李英杰在本部分撰写中作出了重要贡献，特致感谢。

② 张金桥、王健：《论体育产业与文化产业的融合发展》，《上海体育学院学报》2012年第5期。

黄升民[①]认为："当媒介经营到了一个水准后，决定胜负的就是内容了。在媒介经营过程中，内容是出发点，也是终结点。"可见，优质的体育内容是体育内容产业得以发展的关键。国际大型赛事的渗透，给中国体育内容带来了全新的诉求，人们对于体育内容的关注有了全新姿态，为电子媒介和内容平台提供了更多的可能性和机会。

1985年，哈佛大学商学院教授迈克尔·波特在《竞争优势》一书中提出价值链（Value Chain）理论，通过讨论企业内部价值创造和价值流动的过程（每个企业都是在设计、生产、销售、发送、辅助的过程中进行各种活动的集合体，这些活动都可以用价值链来体现），分析从原材料投入到产品输出过程中的价值转换，帮助企业降低成本，实现竞争优势[②]。价值链的建构对于扩大包括体育内容在内的内容产业的竞争优势和实现高质量发展有着重要意义。

近年来，关于内容产业的研究日盛，亦有少量研究涉及体育内容产业的元素。如徐开娟等[③]认为，在中国体育产业高质量发展中，应加快体育产业内容创新；吴阳等[④]认为，中国特色小镇建设中缺乏体育内容；张盛[⑤]以体育内容为切入点对电视体育传播内容进行分析；付晓静等[⑥]认为，在"互联网+"时代，体育传媒转型时要着重对体育内容的分析。但系统的体育内容产业研究鲜见报道，关于体育内容产业价值链建构的系统研究更是凤毛麟角。因此，本研究借鉴价值链理论，构建体育内容产业价值链模式。

---

① 黄升民：《出路在于内容产业化》，《中华新闻报》2003年9月29日第T00版。
② ［美］迈克尔·波特：《竞争战略》，陈小悦译，华夏出版社1997年版，第79—95页。
③ 徐开娟等：《我国体育产业高质量发展的路径与关键问题》，《上海体育学院学报》2019年第4期。
④ 吴阳等：《我国体育特色小镇发展的问题与对策研究》，《哈尔滨体育学院学报》2019年第5期。
⑤ 张盛：《生态、渠道、内容：电视体育传播的迭代与创新》，《上海体育学院学报》2019年第6期。
⑥ 付晓静、付志华：《连接"体育与人"："互联网+"时代体育传媒的转型——基于颠覆性创新理论的考察》，《体育科学》2020年第7期。

(二) 基本概念界定

1. 体育内容产业

内容产业 (Content Industry), 又称数字内容产业、创意产业或信息内容产业, 内容和数字技术是其产生及发展的两大核心要素。内容产业的产生依赖于多媒体技术的发展, 是长久以来媒体融合发展的产物。Moschella[①] 将信息产业的发展划分为 4 个阶段, 认为经历了以系统为中心的初级阶段、以个人计算机为中心的普及阶段和以网络为中心的发展阶段后, 2005 年将进入以内容为中心的飞跃阶段。

内容产业的提法首次出现在 1995 年"西方七国信息会议"。1996 年, 欧盟"Info2000 计划"将内容产业的内涵明确为制造、开发、包装和销售信息产品及其服务的产业, 其产品范围包括各种媒介的印刷品(书、报、杂志等)、电子出版物(联机数据库、音像服务、光盘服务和游戏软件等)和音像传播(影视、录像和广播等)[②]。经济合作与发展组织(OECD)在专题报告《作为新增长产业的内容》中将内容产业界定为"由主要生产内容的信息和娱乐业所提供的新型服务产业", 具体包括出版和印刷、音乐和电影、广播和影视传播等产业部门。欧盟对内容产业的定义突出其是承载内容的载体, OECD 则更准确地对内容涉及的领域进行了阐述。

美国的数字内容产业概念源于版权产业。美国知识产权联盟(International Intellectual Property Alliance)于 20 世纪 90 年代对版权产业做出界定, 认为数字内容产业属于版权产业中内容数字化的部分。英国在创意产业方面全球领先, 其核心部分就是数字内容产业。日本内容产业国际战略研究会对内容产业给出如下定义:"所谓内容产业, 就是可以给人的精神(心)带来享受的信息, 是可以进行经

[①] Moschella, D. C., "Waves of Power: The Dynamics of Global Technology Leadership, 1964–2010" *American Management Assoc. Inc.* 1997.

[②] 缪其浩:《内容:一个大产业》,《世界科学》2000 年第 3 期。

济经营的财产。"①

国内学者在研究内容产业时，多引用欧盟"Info2000 计划"中对内容产业的定义。亦有部分学者综合各方观点，提出了自己的见解。赵子忠②在《内容产业论——数字新媒体的核心》一书中将内容产业定义为：内容产业是依托内容产品数据库，自由利用各种数字化渠道的软件和硬件，通过多种数字化终端，向消费者提供多层次的、多类型的内容产品的企业群。内容产业代表新媒体，它将会成为新经济中新兴产业的代表。上海数字内容产业白皮书③将数字内容产业定义为："依托信息基础设施和各类信息产品行销渠道，向用户提供数字化图像、字符、影像、语音等产品与服务的新兴产业类型。"

综合以上各方关于内容产业的定义，笔者认为，赵子忠的观点较好地涵盖了产品、渠道、受众、主体（企业群）等元素，能够较为清晰地呈现内容产业的样貌，即内容产业是以数字媒体为支撑，以生产、流通和交换信息为主要目的的产业。随着科技的进步，信息技术成为内容产业的重要保障，其快速的进步会推动内容产业的发展，也会带动内容产业结构不断变化；内容的生产、流通和交换是内容产业的核心，通过内容的生产、流通和交换，满足不同层次、类型消费者的需求，以此实现内容产业的经济效益。

基于此，可以根据内容产业的概念给出体育内容产业的定义：以数字媒体为支撑，以生产、流通和交换体育内容为主要目的的产业。文化产业、娱乐产业的核心就是内容产业，因此，体育产业中涉及文化和娱乐的内容都属于体育内容产业的范畴，如体育文化、体育艺术、体育影视、体育文学、电子竞技等，体育内容产业的核心素材来

---

① 李海春：《日本内容产业现状及发展要因》，《现代传播（中国传媒大学学报）》2007 年第 1 期。

② 赵子忠：《内容产业论——数字新媒体的核心》，中国传媒大学出版社 2005 年版，第 1—15 页。

③ 上海市数字内容产业促进中心：《2008—2009 年上海数字内容产业白皮书》，http：//max.book118.com/html/2018/0609/171783975.shtm，2018 年 6 月 10 日。

源于竞赛表演。有观点认为，体育可以归入内容产业的部分是观赏性体育，即与经济类体育赛事相关的部分——这些赛事需要以媒体为桥梁，为用户所消费，成为内容产业的组成部分①。不论是体育文化产业还是体育娱乐产业，都是以具体的体育内容为依托，经过团队创意与研发，最终以不同的形式向大众呈现出来。

2. 体育内容产业价值链

随着价值链理论的发展，它在多数行业得到广泛应用。不过，在不同的行业，价值链的构成存在很大差异。作为经营性行业，体育内容的素材整合、生产制作、交易、运营、消费市场、衍生产品这一系列活动，本身就是创造价值的过程。价值链的构建是竞争优势的基础和来源，作为促进资源和产品增值的业务过程，价值链上的每一环节都是相互联系的。体育内容产业价值链将体育内容产业的各环节有机结合起来，通过对价值链各环节的分析，协调各环节关系，形成服务于社会的大市场。

（三）体育内容产业价值链环节构建

体育内容产业价值链包括为受众创造价值的基础活动和辅助活动，既包括体育内容的主体部分，又包括相应的配套部分。构建体育内容产业价值链的目的是通过整合体育内容产业资源，帮助该产业厘清各环节的关系及主要任务目标，以此确定体育内容产业形成竞争优势的重要环节，并在该环节给予相应的资源支持。

体育内容产业数字化后的内容资产将形成巨大的市场资源。实际上，就目前而言，中国体育内容市场已经具有与众不同的独特性和巨大的发展潜力，这为内容产业价值链的构建奠定了基础。体育内容产业价值链的环节（见图4-4）包括大数据内容整合与细分、体育内容生产制作、体育内容交易、体育内容运营、受众及消费市场、体育内容产业的衍生效益。

---

① 刘珊、黄升民：《再论内容产业：趋势与突破》，《现代传播》（中国传媒大学学报）2017年第5期。

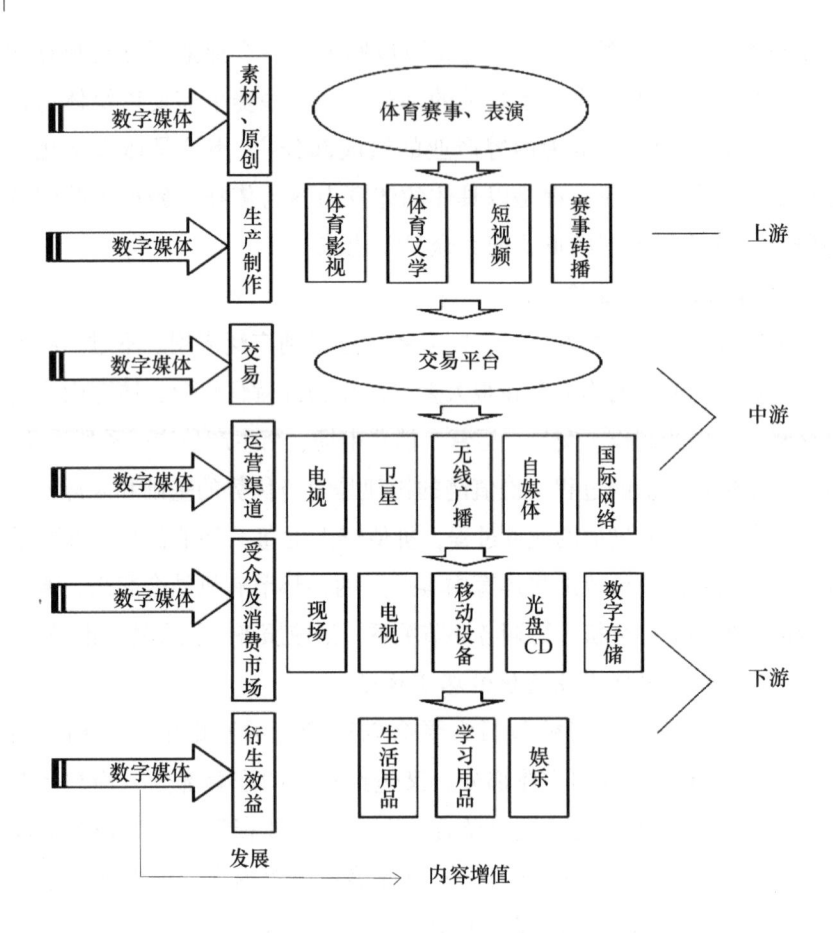

图 4-4 体育内容产业价值链模式构建

根据微笑曲线①理论，在体育内容产业价值链中，上游为体育内容的生产制作，具有较高的附加价值；中游是体育内容产品的交易和运营；下游是受众及消费市场和体育内容产业的衍生效益，具有极高的利润空间和附加值。

1. 体育内容整合与细分

整合和细分是内容产业发展的必然趋势。"互联网+体育"的深

---

① 施振荣：《微笑曲线》，《竞争力》2010年第4期。

度融合，为体育内容的整合和细分提供了技术支撑。内容整合必然伴随着细分，体育内容专业化的趋势正在于此。内容产业的源头是素材，通过数据库对相关体育内容进行分类、归纳、整理，并向大量体育内容生产制作平台提供素材，可为体育内容产品的生产制作奠定基础。

（1）体育内容的整合

体育内容的整合体现在体育内容的深度和广度上。体育内容产业的主体是赛事表演，除了有效地挖掘、筛选和整合赛事背后深层次且有价值的信息外，还应挖掘除赛事表演以外的其他能为内容服务商创造效益的元素。在大数据时代，体育内容素材提供商必将以大数据资源为竞争点①。

高价值的体育赛事内容已成为拓展用户规模和增强用户黏性的关键②。体育赛事表演作为体育内容的核心素材来源，各媒体平台应着力构建和整合自身的体育内容资产库，积极与其他平台联合，保证体育内容素材质量，为体育内容的生产制作提供基础条件。

（2）体育内容的细分

科学技术的进步带动了云计算、互联网、人工智能等一系列全新技术的发展，助力企业更好地感知、采集、监控受众在日常活动中产生的大量数据，包括用户兴趣数据和行为数据。数据是内容产业必不可缺的生产要素，可以通过分析用户的数据，对受众进行准确的评估、判断和预测。通过大数据进行信息采集，可在充分了解用户需求的基础上，整合体育内容素材，并根据内容时效推荐、重点内容推荐、用户兴趣推荐三大智能推荐逻辑，精准匹配用户喜好，拥有个性化的内容体验。

---

① 熊澄宇、孔少华：《数字内容产业的发展趋势与动力分析》，《全球传媒学刊》2015年第2期。

② 张盛：《生态、渠道、内容：电视体育传播的迭代与创新》，《上海体育学院学报》2019年第6期。

体育内容的细分体现在体育内容的专业和精准上。全媒体时代，受众个性化日益凸显。内容产品的分类标准越来越倾向于受众的个体需求。例如，抖音、今日头条、快手等自媒体平台，会针对受众的兴趣及关注点推送内容，这是内容细分的结果，也是自媒体的优势所在。对于没有时间观看比赛，但对比赛有一定兴趣、想了解赛事情况的受众来说，这种碎片化的精准推送能够很好地契合受众需求。但同时，个性化的推送会导致受众接收的体育内容单一化、同质化，以致"疲劳"。

2. 体育内容生产制作

生产制作处于体育内容产业价值链的上游部分，是价值链上的关键环节。体育内容的生产制作涵盖两个层面：一是对体育内容素材的直接利用；二是对体育内容素材的二次创作，即内容素材加工、内容创意并向各媒体平台提供有价值的内容资产的过程。从经济学角度来说，真正提高内容产品附加值的是产品的设计创意与数字化过程[①]。内容的二次创作是实现内容增值的关键，赋予受众积极参与的可能，实现内容的自生裂变和繁衍。

（1）体育内容生产主体多元化

内容产业的需求是无限的，生产也是无限的。在互联网环境下，人人都是自媒体，任何人都能参与内容的生产，内容生产者的多元化趋势愈加明显。用户生产内容进一步抢夺了受众的时间和注意力，但真正优质、"看到有所得"的专业整合体育内容也不可忽视。

判断用户生产内容和专业生产内容的依据是：是否具有专业的制作团队。专业生产内容，如央视体育、门户网站、专业类 App 等，在体育内容的深度和专业度上具有一定的优势，但对于受众来讲，观看体育内容所需的时间和精力较多，无疑会丧失"快餐式"的受众群体。用户生产内容，如抖音、快手、虎扑等，能够很好地契合"快餐

---

① 原源、吴朝阳：《微笑的内容生产链——内容产业的特点及演化轨迹》，《经济问题》2016 年第 11 期。

式"生活习惯的受众群体,在市场细分上具有无可比拟的优势,但易带有个人主观色彩,不可避免会出现夸张、失真、断章取义的内容,缺乏相应的市场监管机制。

不可否认,在互联网等信息技术高速发展的时代,传统媒体和自媒体都有专业生产内容。传统媒体以专业生产内容为主流,专业生产内容也逐渐渗透至自媒体,但目前,自媒体仍以用户生产内容为主。同一平台内,用户生产内容和专业生产内容可以并存,既满足受众对体育内容的专业诉求,又契合受众的碎片化时间。

国外运动员经常会在Facebook、Twitter、TikTok等个人社交媒体发布训练、比赛视频及生活"花絮"。在符合中国法律相关规定的前提下,国内网站也会转发此类内容。近年来,国内运动员逐渐使用微博、微信、抖音等社交媒体平台制作内容,发布比赛、日常训练、生活的视频或文字,抒发比赛感想等,而且专业化程度越来越高,不少运动员的社交媒体账号交由专业团队运营。国家体育总局发布的《"十四五"体育发展规划》提出,要"加强优质内容供给,用好用活青少年聚集的网络平台……打造社会影响力大、形象正面的明星运动员和教练员,传播体育正能量"。国家政策的支持,加上接地气的内容、强大的交互性营造的粉丝与体育明星的共情空间,运动员等体育明星群体必将逐渐成长为体育内容供给的中坚力量。

流媒体又叫流式媒体,是边传边播的媒体,指在互联网上以数据流的方式实时发布音频、视频等多媒体内容的媒体。流媒体借助互联网和强大的平台服务支撑器,彻底革除了先下载后欣赏的消费门槛限制。近年来,在欧美国家,流媒体作为新型供给平台异军突起,在线流媒体成为付费订阅的最大市场,受众对免费流媒体的需求越来越大。体育直播在流媒体平台上的受欢迎程度持续增高。福克斯旗下广告支持的OTT平台Tubi的一项研究显示,体育节目有望成为流媒体直播内容中增长最快的部分。迪士尼推出新的流媒体"ESPN+",以赛事版权存量为基础,允许用户直播各种主流和小众赛事,在运行前

5个月积累超过100万订阅用户。在英国,利用流媒体平台观看体育直播的人数基本上可以与传统付费电视平台分庭抗礼。而在国内,流媒体亦成为体育内容供给的重要平台。例如,在2021年7—8月东京奥运会举办期间,央视频道组累计观众规模达8.83亿,人均收视时长涨幅44%。

(2)体育内容服务高质量化

随着流量资费的走低与网络的多次提速,户外已成为收视的主要场所,人们可以随时随地享受体育内容,场景碎片化逐渐成为体育内容产业的一大趋势。加之体育内容生产主体多元化趋势,用户对体育内容的兴趣和认知不断发生变化,都加剧了体育内容的迭代升级,受众对优质、高质量体育内容的需求更加强烈。德国足球甲级联赛(以下简称"德甲")在中国拥有大量受众,这是它在中国长期转播的效果,也是德甲在数字化上提供内容获得的成绩。在微博上,德甲拥有280万粉丝,而它不只看重粉丝数量,也看重内容质量。德甲的标语"足球,本应如此"是被分享次数最多的联赛标语。内容服务质量是内容产业能够可持续发展的根本动力①。因此,体育内容生产制作平台应极力开发有价值的体育内容,实现内容取胜。

好的创意和创新是打造优质和高质量体育内容的关键,这意味着体育内容生产主体亟须增强创新活力。首先是体育内容创意,其次是技术创新以及技术创新引发的一系列变化,如区块链技术引发的短视频文本形态创新等。目前,赛事直播、体育赛事集锦深受各大体育类App、自媒体等平台青睐,在此基础上,体育内容生产者可以不断创新体育内容类别,如纪录片、运动员幕后故事等,持续扩大体育内容产业生态。

(3)体育内容产品移动化

要坚持移动优先策略。移动优先就要优先创新移动新闻产品②。

---

① 李晓玲、李会明:《内容产业的产生及其影响》,《现代国际关系》2003年第5期。
② 求是编辑部:《媒体融合:用得好是真本事》,《求是》2019年第6期。

截至 2020 年 12 月，中国 9.89 亿网民中，手机网民占比 99.7%①。体育内容产品的生产制作应紧跟时代潮流，迎合时代发展，注重受众需求，致力于创新移动体育内容产品，坚持移动体育内容优先。全媒体时代，信息传播由单向传播向交互式传播转变，体育内容生产制作平台不仅要适应新媒体平台，更要注重受众对体育内容的互动和反馈。因此，体育内容的生产制作除了要生产高质量、移动化的体育内容产品外，更要注重不同受众的评论和交流，形成体育内容产品生产→传播→反馈的闭环系统，真正落脚到交互式的全员媒体。

3. 体育内容交易

数字内容产业的发展已呈现实体与虚拟平台同步发展的态势，平台模式促进了数字内容产业的迅猛发展②。平台经济③可以促成双方或多方供求之间的交易，建立体育内容交易平台的意义就在于为体育内容供给方和需求方搭建桥梁。学者们提出并丰富了"内容银行"这一概念④，认为应该建立公开、透明、内容货币化的系统平台。该平台的核心功能是评估、展示、竞价，集内容制作、传播、营销于一体，能够评估内容价值，建立交易标准。目前，内容银行这一概念已应用到实践中，行圆汽车和中国传媒大学内容银行重点实验室联合发起圆融内容交易服务中心，致力于为买方和卖方提供一系列服务交易。平台本身不负责制作、生产和传播内容，它通过制定公平、公开、透明的交易标准，将内容转化为制作方和供给方共识的货币，促成内容交易。平台经济是利用互联网、物联网、大数据等现代信息技术，围绕集聚资源、便利交易、提升效率，构建平台产业生态，推动

---

① 中国网信网：《中国互联网络发展状况统计报告》2021 年 2 月 3 日，http://www.cac.gov.cn/2021-02/03/c_1613923423079314.htm，2021 年 7 月 15 日。
② 李鹏：《数字内容产业的自我规制研究》，《软科学》2017 年第 2 期。
③ 按：平台经济是利用互联网、物联网、大数据等现代信息技术，围绕集聚资源、便利交易、提升效率，构建平台产业生态，推动商品生产、流通及配套服务高效融合、创新发展的新型经济形态。
④ 周艳、龙思薇：《内容银行：从学术概念、框架到产业实践——内容银行七年研究综述》，《现代传播》（中国传媒大学学报）2016 年第 3 期。

商品生产、流通及配套服务高效融合和创新发展的新型经济形态。

从交易平台的供给和需求来讲，各大体育视频网站、央视体育、自媒体等在体育内容传播中承担内容制作的角色，既作为体育内容产业交易平台的买方，又是卖方。在全媒体环境下，体育内容形式更加多样化，受众更加个性化，买方对优质素材和内容的需求更加强烈。这要求体育内容交易平台的卖方更精准地把握大数据，紧抓优质内容和素材。但就目前的国内体育内容市场而言，具备此条件的内容提供商少之又少，从国外引进的美国男子职业篮球联赛（National Basketball Association，NBA）、足球联赛、奥运会等大型赛事内容在国内具有相对广泛的受众基础。相较而言，各大体育视频网站、央视体育、自媒体等作为卖方，直接将购买的体育内容向其他平台输出，或再加工、再创造，实现体育内容产业的二次价值传播。

体育内容有其自身的特殊性，制播一体化和制播分离并存。与其他文化类内容产品的区别在于，体育内容产品尤其是体育赛事内容，自身生产和消费的同时性及较强的时效性决定了体育内容制播一体化的特征，体育内容生产制作的同时也是传播的过程，此类体育内容的版权交易在生产制作和传播之前就已完成。直接转播赛事，或对已播出的体育赛事内容进行的精彩片段集锦等二次创作，制作完成之后再播出体育内容，即制播分离，制播分离只是针对制作和传播两个环节而言，并不意味着制作和传播必然是不同的平台。

严格意义上讲，体育内容交易平台并未真正建立起来，体育内容交易的主体大多承担多重角色，不论是买方还是卖方，不论是制播一体化还是制播分离，抑或利用自身传播途径达成体育内容交易，都处于自购自产自销阶段。在强调内容付费的时代，需要对体育内容付费模式进行持续探索。这也提醒我们，有必要建立一个规范、公开、透明的体育内容交易平台。内容银行的设想为我们建立体育内容交易平台提供了借鉴，但在实际构建过程中，还必须考虑到体育内容产品区别于其他内容产品的特征和规律。

4. 体育内容运营

体育内容运营是体育内容产业价值链中承上启下的重要环节，是体育内容运营平台根据自身限定范围及相应受众甄选出的具体内容，最终提供给自己的消费群体。如何运用互联网思维，针对体育内容的特性，创新运营模式，是体育内容交易平台盈利的关键。

（1）IP 运营，构建体育内容生态体系

知识产权（Intellectual Property，IP）运营，即通过优质内容聚集粉丝用户并实现商业价值的运营模式①。优质的 IP 在吸引用户和增加广告两方面表现出极大的优越性，可以吸引更多不同类型的用户，也可以带动品牌的传播辐射全球。在融合创新时代，内容创意的竞争已经从传统的作品模式升级到更高层次的 IP 模式②。在数字媒体时代，体育内容 IP 化运营是必然趋势。体育内容产业应积极借助互联网和各类自媒体提供的有利条件，扩大宣传广度，形成明显区隔于其他同类 IP 的核心吸引力，塑造品牌，实现用户集聚和用户感情培养，增强用户黏性。例如，爱奇艺体育宣布了以超级体育 IP、潮流运动 IP 极限赛事 X-Games China 等大量国际潮流运动 IP 和原创体育节目为核心的全新内容战略，从直播、点播、长视频、短视频、图文资讯等多维度构建内容生态体系。2021 年 3 月，快手与 CBA 达成合作，成为 CBA 官方直播和短视频平台，并允许快手用户进行内容二次创作。3 天后，微博也与 CBA 达成合作，成为 CBA 社交媒体战略合作伙伴，同样支持用户二次创作。可见，优质的体育内容 IP 已成为各类媒体平台争夺的重点。

（2）内容付费，优化体育内容盈利模式

作为内容产业，以直接出售内容为盈利模式，无疑是第一选

---

① 王若鸿：《数字媒体时代动漫形象品牌的 IP 化运营探析》，《出版广角》2018 年第 19 期。
② 刘庆振：《"互联网＋"风口下的内容产业转型》，《新产经》2016 年第 8 期。

择①。无论是欧洲国家,还是美国、日本,付费是体育媒体盈利的唯一方式②。内容付费的根本来源是对于优质内容的强烈需求③,广泛的受众基础和用户的高忠诚度是实现内容付费的前提。但单纯靠内容盈利是很困难的,用户培养需要较长的周期,到目前为止,内容付费并没有成功的案例,受众对体育内容付费的接受度参差不齐④。中国各大体育视频平台针对内容付费正处在尝试阶段,大多采取免费、付费并行模式。例如,PPTV 针对不同类别人群采取不同的付费模式,可购买高级会员观看所有赛事,也可付费观看单一赛事,或在购买高级会员时附赠其他会员。爱奇艺体育推出了体育大众会员和体育专业会员,分别是每月 2 场付费直播和所选套餐的全部比赛直播,其中都包括多语解说和额外付费直播优惠等,对于非会员用户实行单场比赛付费制。

(3) 融媒体协同,多渠道发布体育内容

人民网在线推出融媒体协同发展平台,致力于打造最具公信力的大数据应用平台⑤。体育内容产品的运营商应紧跟时代步伐,通力合作,推动传统媒体与新兴媒体融为一体,优势互补,拓宽体育内容传播渠道,确保在所有重要的平台上都有精彩的体育内容,从而增加受众的选择性。同一体育赛事或节目可以借助不同的形式和版本在自媒体、电视、广播、报纸等多个平台同时上线,使体育内容产品传播更广、更深(见表 4 - 4)。德甲与 PP 体育达成 5 年(2018—2023)的全球独家版权合作;国际乒联与《中国体育》(zhibo.tv)的数字版权合作也是非常好的模式,对乒乓球世界是一种良好的补充。在 2018

---

① 汤雪梅:《互联网内容产业的十大赢利模式》,《出版发行研究》2016 年第 12 期。
② 刘建宏:《收费是体育内容产业绕不开的路》2016 年 7 月 18 日,https://t.qianzhan.com/daka/detail/160718-b5b52fe5.htm,2021 年 5 月 16 日。
③ 姜源:《新媒体时代内容付费模式初探》,《科技传播》2019 年第 4 期。
④ 禹唐体育:《中国体育内容市场具有与众不同的活力、独特性和巨大发展潜力》2019 年 3 月 14 日,https://www.toutiao.com/i6668174710242542087/,2021 年 5 月 16 日。
⑤ 《从竞争到合作 人民云打造融媒体协同发展平台》2019 年 4 月 19 日,http://yuqing.people.com.cn/GB/n1/2019/0419/c209043-31040193.html,2021 年 5 月 23 日。

年俄罗斯足球世界杯比赛中，央视网"我爱世界杯"专题网站集图片、热门话题、长短视频于一体，并根据平台特征进行一定程度的改造和包装，在各类体育 App、微博、微信、网页搜索引擎、看点、论坛等平台共同发布，增加了受众在观看时间和地点上选择的自由度，也为内容集成提供了便利条件。

表 4-4　　　　　　　　体育内容发布平台特征对比

	专业性	灵活性	交互性
电视台	高	低	弱
体育专业赛事 App	较高	较低	较低
大众娱乐平台	低	高	强

5. 受众及消费市场

以产品为中心转变为以用户为中心，是传统企业向互联网企业转型的必由之路，体育内容产业的发展也是如此。充分了解受众需求，有针对性、创新性地开发受众需要的体育内容产品，是各类媒体平台努力的方向。

(1) 体育内容多样化，满足受众需求

受众对体育内容需求的多元化逐渐成为趋势，正在成为一种时代方向。用户消费模式已全面升级，受众不再是被动接受有限选择的沉默者，而是具有独立自主选择权的"VIP"[1]。选视分层是为了满足以及体现人们个性化需求的内容资讯，这是最高层次的需求[2]，以用户需求为源头，实现体育内容产品与用户的共鸣。体育是一项具备极强延展链接功能的文化产品，专业球迷和普通观众希望获取的内容是完全不一样的。因此，PP 体育会针对受众不同需求生产不同的内容，

---

[1] 文娜：《内容产业的"下半场"》，《浙江经济》2017 年第 13 期。
[2] 柴欣、郁珅菊：《互联网视域下数字创意产业内容研究》，《中国报业》2018 年第 16 期。

如将德甲各种形式、不同长度的内容呈现给受众。NBA品牌不断突破国界和文化,注重利用球员吸引不同特征的受众,并用不同的语言传播内容。

(2) 体育内容沉浸化,提高用户体验

内容产品更多的是一种情感体验消费,为受众构建良好的体验场景成为视频内容产业新的竞争优势①。在体育内容产业中,用户体验与虚拟现实(Virtual Reality,VR)技术密不可分,VR技术打造的新平台将在未来创造体育内容新生态。VR技术可以有效地改善用户体验,不断吸引新受众。Libero系统与PP体育研发的虚拟应用,可以让用户获得更好的体验。2018年,PP体育北京柏莱特建成的演播室,有多个多媒体高清及4K演播室,涵盖多种项目,可让用户感受到有品质的体育内容。《中国体育》(zhibo.tv)注重为用户提供不同的观看体验,除了标准的解说外,还可以选择球迷、退役球员或合作伙伴的解说。

(3) 体育内容本地化,引发情感共鸣

最强内容产业根基来自深度文化共鸣,内容产业核心之处在于满足人和自我心灵沟通的需求。根据社会学理论,社会网络成员之间的共享语言、符号、故事以及愿景等,构成他们共通的意义空间。这一空间决定了成员之间沟通、理解的程度,有利于个体社会资本与企业社会资本的积累②。本地用户具有较强的现实基础,将体育内容与本地习俗、文化、特色相结合,易于建立信任和认同,激发用户深层次的情感,也更容易形成兴趣群组。哈佛商学院发表了一份关于德甲联赛对美国影响的案例研究,强调需要更多的本地化,与球迷建立更深层次的互动。体育内容应以寻求情感共鸣为出发点,匹配算法智能驱动,全网分发体育内容,实现体育场景全覆盖。

6. 体育内容产业的衍生效益

内容产业是具有强大外部经济性的特殊产业,决定了体育内容产

---

① 王天铮:《视频内容产业价值链的重构与创新》,《编辑之友》2017年第2期。
② 张小强、徐晓露:《从数字新媒体的社会学特征看数字出版策略选择》,《科技与出版》2014年第2期。

第四章 供给侧结构性改革背景下体育产业结构优化的战略路径

业具有强大的产品衍生性,这也是体育内容产业的真正价值所在。在数字化背景下,创意是内容产业的灵魂,内容创意是体育内容产业价值实现的源点,以体育内容为核心的体育内容产业形成新兴的产业链,其源头是具有自主知识产权的内容创作和知识生产,包括体育文化、体育艺术、体育教育、体育电影以及电子竞技等,下游则是为了储存、传递、转换和服务等技术开发的软件和硬件①。围绕体育内容原创产品,可以产生大量的产品与服务,也能渗透到其他行业(见图4-5),形成由内容向其他产业的辐射。

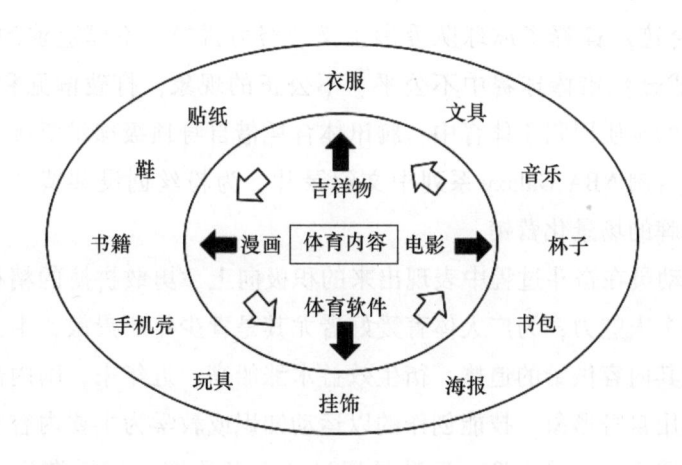

图 4-5 体育内容产品的衍生效益

就 2008 年北京奥运会吉祥物来说,"福娃"承载着中国人的奥运情怀,由 5 个拟人化的娃娃衍生出各种授权产品——服装、挂饰、书籍、玩具、音乐等。据统计,2008 年北京奥运会吉祥物商品收入(奥运特许商品)共计 6 亿美元,折合人民币 40 亿元,占奥运会收入的 15%,同时充分反映了浓厚的中国特色和丰富的中国文化元素,

---

① 刘果、王梦洁:《数字内容产业发展:基于经济、产业、用户的视角》,《求索》2017 年第 7 期。

用最美的社会形象呈现了"同一个世界"的奥林匹克精神①。

专业体育赛事直播内容在用户层面有很强的社交属性和口碑效应,可以衍生出其他相关体育内容,直接提升广告收入。优酷在孵化体育内容品牌的基础上,以优质体育内容为矩阵,形成体育内容品类的强势入口,并辅以阿里云、口碑、天猫、音乐等业务,构建了完整的体育消费内容生态链。

体育内容的衍生性,不仅表现出能提高传统产品市场价值的业绩,还表现在个人体育精神的诠释、社会问题的映射上。最具代表性的是体育电影,如《光辉岁月》通过橄榄球队突出种族歧视的问题;《冰上奇迹》诠释了冰球队爱国主义、努力拼搏、不懈追求的精神;《点球成金》借棒球赛中不公平、不公正的现象,打破偏见和执念,让竞技的本质回归于体育中;腾讯体育凭借自身顶级球星资源、内容策划,自制 NBA Galaxy 系列中文纪录片,为粉丝创设共情空间,带动了品牌的场景化营销。

运动员在奋斗过程中表现出来的积极向上、勇敢拼搏的精神,及独特的个人魅力,为广大体育爱好者尤其是青少年所崇敬,由此带来受众对其内容供给的追捧,衍生效益水涨船高。近年来,国内部分运动员利用自身形象、技能创作的以运动知识或教学为主要内容的微视频、慕课等,广受欢迎;运动员通过"公益比赛+直播带货"等形式,致力于乡村宣传和扶贫,既弘扬了正能量,又促进了地方经济发展;经运动员授权后开发的周边创意"小物",也为广大体育迷尤其是青少年所喜爱,市场前景广阔。

(四) 体育内容产业价值链增值策略

构建体育内容产业价值链的目的在于提升体育内容产业的竞争力,促进体育内容产业的发展。上文主要致力于构建完整的体育内容产业价值链,明确价值链各环节的主要目标和任务。厘清价值链各个

---

① 汪剑、陈文菁:《北京奥运会吉祥物商业化市场效益研究》,《商场现代化》2006年第12期。

第四章 供给侧结构性改革背景下体育产业结构优化的战略路径

环节的逻辑关系，实现价值链增值的目标，是下文需要解决的问题。

要想实现体育内容产业价值链增值的目标，最先需要明确的是此价值链是否可行且具有增值空间。具体而言，判断中国体育内容产业价值链可行的三大要素是微观（体育内容产业中的细分领域），中观（体育内容产业），宏观（中观内容产业）。需要注意的是，成熟度的三大指标可以从静态上反映当前中国体育内容产业价值链的可行性和成功的可能性，内容创意、受众市场、衍生效益三大要素则从动态上决定体育内容产业价值链是否具有增值空间。如前文所说，内容创意是体育内容产业价值链的战略环节，受众市场和衍生效益处于价值链的下游环节，即创造效益、衡量体育内容真正价值的环节，同时是体育内容产业价值链增值的动力。

基于三大成熟度要素和三大动力要素，本研究构建了体育内容产业价值链增值空间立方体模型（见图4-6），图中阴影部分为当前中国体育内容产业价值链所处模块。

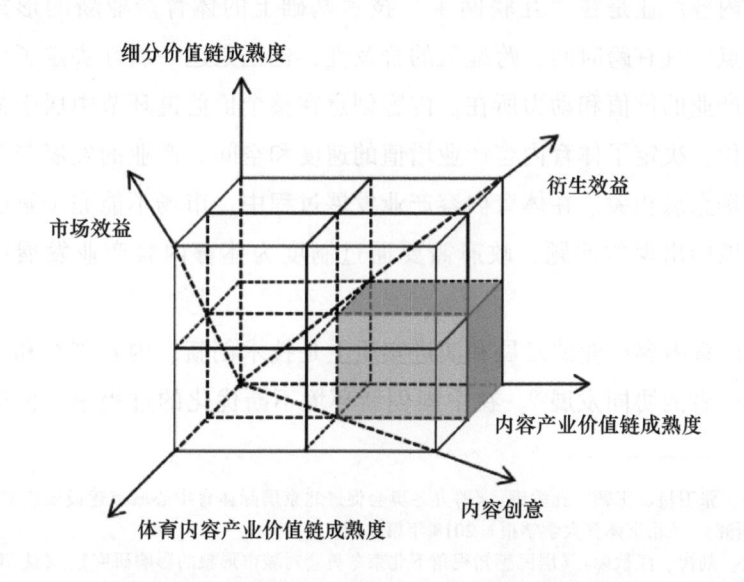

图4-6 体育内容产业价值链增值空间立方体模型

现阶段，中国体育内容产业及细分领域的价值成熟度相对较低，中国内容产业价值链类似于影视、文化等都发展得相对成熟，可以为体育内容产业价值链的形成和发展提供成功经验。中国体育内容产业还处于起步阶段，能够形成好 IP 的内容创意远远不够，而好的 IP 一旦形成，其能够带来的受众市场和衍生效益是不可估量的。体育 IP 最大的优势在于能够凝聚全国力量，有广泛的市场基础。例如，2022 年北京冬奥会可以在很大程度上促进城市建设和提升城市形象，加强文化传播和交流[1][2]，对其他产业也有积极带动作用。

综上，探究体育内容产业价值链的内在逻辑，明确其增值路径，有助于推动体育内容产业的高质量发展。

1. 体育内容产业技术、内容、制度三维协同创新

体育内容产业是技术、内容与制度的有机统一，技术和内容是体育内容产业产生的核心要素，制度是体育内容产业得以良性发展的保障。互联网技术是体育内容产业得以形成和发展的依托与基础环节，体育内容产业是在"互联网＋"技术基础上的体育产业新的形式和关注点，具有跨时间、跨地区的普及性，也正是这一属性决定了体育内容产业的价值和动力所在。内容创意在整个价值链环节中居于战略性地位，决定了体育内容产业增值的速度和空间。产业的发展与政府和市场息息相关。在体育内容产业发展过程中，市场不能完全解决产业发展中出现的问题，政府需要通过制度为体育内容产业发展提供保障。

体育内容产业的发展和演进实质上是技术创新、内容创意和制度完善三者的协同发展[3]。在中国创新环境不断优化的过程中，促进技

---

[1] 张卫星、王颖、孔垂辉：《筹办冬奥会促进北京国际体育中心城市建设效应及发展策略研究》，《北京体育大学学报》2018 年第 5 期。
[2] 刘巍、汪秋菊：《居民感知视角下北京冬奥会对城市形象的影响研究》，《沈阳体育学院学报》2019 年第 5 期。
[3] 臧志彭：《数字创意产业全球价值链重构战略研究——基于内容、技术与制度三维协同创新》，《社会科学研究》2018 年第 2 期。

术不断更迭，并将其应用到体育内容产业的生产和传播中，为中国体育内容产业的发展注入活力，提供技术支撑。新技术为受众带来了对体育内容全新的体验。例如，5G 技术提高了赛事转播的流畅度，为体育赛事提供了更广阔的受众群；电子移动设备的不断更新，促使体育内容形式多样化，催生了新的体育内容业态；VR 技术使得电子竞技进入人们的视野。技术与内容的持续创新也带来了新的社会问题，这就需要政府通过制度手段进行有效的制约和规范。体育赛事网络实时转播权和体育赛事节目的版权保护还存在争议；作为体育产业新兴的一部分，电子竞技自产生起就面临《全国电子竞技竞赛管理办法》(2006 年)等政策法规的规制；2022 年北京冬奥会也对知识产权保护提出了新的诉求①。

技术创新、内容创意与制度完善三者协同促进体育内容产业的发展，但并不意味着三者必定是同时发展的，往往是技术创新带动内容发展，对制度提出新的诉求。在供给侧结构性改革的背景下，人们对于体育内容新的创意和形式的追求，为技术创新带来了动力。同时，技术和内容具有双面性，如果没有制度规范，技术和内容可能反其道而行，带来风险。

2. 体育内容产业价值链与企业整体战略相契合

体育内容产业价值链不是一成不变的，作为体育内容企业运营的主体部分，其发展战略要与企业整体发展战略相适应，在实施和运营过程中必然要将企业整体定位、价值取向以及文化风格等放在首位。将体育内容产业价值链与企业发展战略有机地结合起来，才能为实现体育内容产业价值链增值的目标夯实基础。

例如，腾讯公司平台与内容事业的整体定位是推动互联网平台与内容文化生态融合发展，以技术为驱动，推动 IP 跨平台发展，为用户提供优质体验。腾讯体育及电竞产业自然地契合腾讯平台的发展战

---

① 陆森召、杜长亮：《北京 2022 年冬奥会知识产权保护研究》，《首都体育学院学报》2019 年第 6 期。

略和企业定位,借助腾讯平台的社交、流量、技术、优质 IP 等优势,实现用户联动,为自身生态内容创造更好的生长和发展环境。同时,腾讯体育在扩大用户群、塑造企业形象方面也具有无可比拟的发展优势。

不同的企业或平台,战略定位不同,在体育内容的选择、呈现以及受众市场定位上也会存在差异。或将体育内容作为主体部分,以开拓市场、获取更多经济效益和商业价值为追求,或将体育内容作为丰富内容运营的补充和策略;或以为受众提供优质内容为主,或代表国家和政府。中国体育内容产业在考虑经济效益和商业价值的同时,也必须履行社会责任,甚至将社会责任放在更优先的位置。例如,新华网、人民网、央视网以及企事业单位对于体育内容的选取、呈现都相对严肃,专业性很强,在考虑商业的同时更注重社会效益与主流价值观的传播。企业、平台或门户网站则是在履行社会责任的基础上,最大限度地追求经济效益和商业价值,这也与其整体的运营模式及利益取向相契合。

因此,体育内容产业价值链的各环节在实施和操作时应与整体战略一致,针对不同的企业战略,明晰不同的市场定位和价值取向,并做出调整,以获得战略竞争力,实现产业增值,是体育内容产业价值链构建应重点注意的问题。

3. 优化体育内容产业价值链内部关系

体育内容产业价值链是一个相互联系、相辅相成的整体。优化体育内容产业价值链各环节的内部关系,提升内容质量,实现价值链的联动,才能真正实现价值链增值的目标。

从中国体育内容产业发展现状来看,体育赛事是体育内容产业的主体,其他形态的体育内容虽然有良好的群众基础,但缺乏媒体运作的效益和动力[①]。因此,我们应该积极寻找这部分体育内容中能为服

---

① 王凯:《产业链视角下我国体育赛事媒体版权运行困境与破解路径》,《体育文化导刊》2019 年第 8 期。

务商创造效益的元素,促进体育内容要素的多元发展。

综观中国体育内容产业最具代表性且发展相对成熟的体育赛事板块,可以发现,体育内容的交易和运营在整个价值链中处于居高临下的态势,占据主导地位。在如今内容为王的时代,除去高水平、影响力较大的赛事主办方外,内容提供商还处在弱势地位。一般来说,平台应该购买赛事版权获得赛事的转播权,但现实情况恰恰相反。国内优质的体育赛事内容供给不足,难以满足平台、媒体对赛事转播的需求[1]。近年来,马拉松赛事呈井喷式发展。为了扩大赛事影响力,提升城市形象,达到城市营销的目的,内容提供商也就是赛事主办方不得不向平台支付费用,购买在平台播出赛事的时间段。这种模式不利于保护内容提供商的权益,从而降低其探索新内容、新模式的积极性,也从侧面反映出当前国内体育内容产业发展总体水平不高。造成上述问题的根源则是中国对本土体育赛事和内容培育不足,对与国际组织联盟打造优质体育内容重视度不够。因此,非常有必要鼓励内容提供商打造优质体育内容,寻求与平台方多样化的合作机制,探索新的合作模式,充分利用双方的核心资源优势。

此外,体育内容产业价值链下游环节的受众市场和衍生产品的研究与开发要和体育内容紧密结合。围绕具体的体育内容,对受众市场进行准确定位,提供与之契合的优质体育内容,避免出现体育内容与受众脱节的问题,对于体育内容产业价值链来说是不可忽视的一环。

(五)结语

拓展体育产业新业态,优化体育产业结构,是以供给侧结构性改革为主线推动体育产业高质量发展的核心要义之一。体育内容产业在客观上早已存在,但作为概念明确提出并逐步引起高度关注则是在近几年,其相对快速的发展得益于数字技术的创新与提升。故而从某种意义上讲,体育内容产业应属于体育产业的一个新业态,有着广阔的

---

[1] 王凯:《体育赛事媒体版权产业链的理论建构与基础路径》,《成都体育学院学报》2019年第2期。

研究价值和前景。体育内容产业价值链构建的核心价值在于，通过内容资源整合与细分、生产制作、交易、运营、受众、衍生产品等环节的相互衔接和优化组合，打造竞争优势，以逐步达成体育内容产业价值链增值、产业实力提升、市场良性拓展的目标。其研究对于推进体育内容产业高质量发展有一定的借鉴价值，同时也有益于厘清体育内容产业的内涵与研究边界，为今后进一步研究体育内容产业奠定坚实的理论基础。

六 深度研究4-3：体育夜间经济与消费研究[①]

（一）夜间经济与体育

"夜间经济"这一概念产生于20世纪70年代，最初是大都市为改善城市中心地带夜晚空巢现象而提出的经济学概念[②]，当前已经成为城市经济发展的重要组成部分，是促消费、稳就业的重要载体。"热气腾腾"的夜间消费，可以激发商业活力，促进消费回补和释放潜力。2020年10月，党的十九届五中全会通过的《中共中央关于制定国民经济和社会发展第十四个五年规划和二〇三五年远景目标的建议》明确提出，加快构建以国内大循环为主体、国内国际双循环相互促进的新发展格局，坚持扩大内需这个战略基点，全面促进消费，这对提振消费提出了更高要求。而体育夜间经济，宏观上事关一个城市的精气神和活力；中观上可直接带动消费；微观上和人们的健康息息相关。体育夜间经济发展是当前人们休闲体育消费水平不断提升、寻求新消费亮点、延展消费空间及时间的结果，是中国体育供给侧结构性改革不断释放活力、动力的延伸产物。因此，把体育消费作为"夜间经济"的亮点之一，既有可行性，也有操作性，更有现实意义。

夜间经济不是简单的"夜市经济"，也不是一味延长工作时间的

---

① 笔者所指导的研究生王炫卿对本部分研究作出一定贡献，特致感谢。
② Bevan T, Turnham A, License A, "Sydney Night Time Economy: Cost Benefit Analysis" *Long View Partners*, 2011.

"熬夜经济",而是以时段性划分的一种经济形态。夜间经济下的体育消费是为了满足民众多元化的体育需求,通过延伸晚间体育参与时长,持续提供多样化、个性化的体育消费内容,进而提升体育消费空间,延展体育消费范围的经济业态,具体来说,指当日下午6点到次日清晨6点,人们在诸如体育场馆、健身俱乐部等参与体验型、观赏娱乐型服务的消费场景中,以运动项目为主要消费内容,达到娱乐休闲、放松身心、促进健康等消费目标的经济形态。体育夜间经济以第三产业为主,囊括了线上线下、实物及虚拟产品的多业态,是衡量城市活力和经济水平的重要指标。

体育夜间经济是进一步扩大体育消费,促进体育产业高质量发展的重要板块。近年来,各地出台了一系列政策鼓励体育夜间经济的发展。国务院办公厅出台了《国务院办公厅关于加快发展流通促进商业消费的意见》等文件,其中"活跃夜间商业和市场"等内容,为地方制定体育夜间经济发展规划指明了方向,全国各地纷纷出台"夜经济"相关政策。如山东省潍坊市体育局2020年6月15日发布《关于拉动体育消费促进体育夜间经济发展工作的通知》,2020年8月上海市商务委在答复名为"提升夜间经济供给数量质量"的提案中,将"深挖夜间赛事经济"纳入赛事体系建设中,促进了体育夜间经济的发展与改革(中国各地鼓励体育夜间经济的政策汇总,见表4-5)。

表4-5　　中国各地鼓励体育夜间经济发展政策汇总

省(区、市)	政策名称	主要内容
北京市	《北京市关于进一步繁荣夜间经济促进消费增长的措施》	引导夜间体育消费新风尚:持续支持体育运动项目经营单位延长营业时间至22:00,加强在京举办的重大体育赛事引进,在公园增设体育健身设施和运动场地,满足年轻人体育消费需求,不断丰富体育健身和体育竞赛表演市场
	《持续打造有品质有特色有温度"夜京城"冬季活动措施》	在巩固夏季夜间经济发展基础上实施七大措施丰富"夜京城"冬季消费供给,其中包括开展冬季夜间体育健身活动

续表

省（区、市）	政策名称	主要内容
上海市	《上海市商务委等九部门关于本市推动夜间经济发展的指导意见》	推动上海"夜间经济"繁荣发展。2020年8月，上海市商务委在答复"提升夜间经济供给数量质量"的提案中，已将"深挖夜间赛事经济"纳入赛事体系建设中，将依托体育场馆（地）设施，打造夜间体育赛事消费空间，结合大型体育赛事的举办节点，支持举办球迷狂欢夜、嘉年华等活动
西安市	《关于推进夜游西安的实施方案》	重点培育夜间观光游憩、文化休闲、演艺体验、特色餐饮、购物娱乐五大夜游经济产业；打造体育健身在内的古城休闲体验夜游产品；通过亮化工程，步道与慢道体系建设及夜跑、健身等公共服务设施建设，引导参与健身等夜间活动，带动西安夜游市场扩容等
潍坊市	《关于拉动体育消费促进体育夜间经济发展工作的通知》	号召体育馆、健身馆夜间延长营业时间至22:00，积极鼓励健身场馆免费对外开放，并倡导开展免费体验、优惠促销、让利打折、积分兑换等促销活动，打造更加惠民的消费环境
济南市	《持续打造"夜泉城"冬季夜经济措施》	发掘培育夜经济单元、开展冬季主题活动、拓展商业综合体及大型体育场馆等商业聚集效应、开展冬季夜间体育健身活动等七方面措施，不断丰富"夜泉城"冬季消费供给
	《关于推进夜间经济发展的实施意见》	丰富夜间经济消费业态，繁荣"夜游"主题观光活动、"夜娱"文化体验活动、"夜购"时尚消费活动、"夜宿"品质休闲活动等，其中提到延长体育馆等日间设施开放时间，规范发展电竞等
昆明市	《昆明市促进夜间经济发展实施意见》	繁荣发展夜间体育消费，鼓励体育运动项目经营单位延长营业时间；鼓励社会体育指导员、体育工作者、志愿者积极组织、参与夜间文体活动；鼓励企业充分利用公园、公共绿地、文体广场、体育场馆、健身房、商业中心空地等空闲资源，在夜间时段开展电子竞技、瑜伽健身等各类体育赛事和健身休闲活动，不断丰富体育健身休闲消费和体育竞赛表演市场
广州市	《广州市推动夜间经济发展实施方案》	完善夜跑基础设施，塑造夜间体育品牌；依托广东奥林匹克体育中心等设施，引进国内外知名夜间体育赛事项目，打造球迷经济产业；支持夜间竞技、体育服务、旅游消费融合发展；通过亮化工程，进一步完善步道、夜跑、健身等公共服务基础设施，为市民参与夜间健身提供便利等

续表

省（区、市）	政策名称	主要内容
浙江市	《关于开展省级夜间经济试点城市创建工作的通知》	各地突出特色，丰富夜经济的文化、旅游、娱乐、体育等消费业态，塑造城市夜间经济品牌；打造一批"食、娱、文、体"的夜间网红打卡地点
呼和浩特市	《呼和浩特市促进夜间经济发展的指导意见》	引导夜间体育消费新风尚；推动体育运动项目经营单位延长营业时间；完善公园体育健身设施和运动场地，满足市民健身消费需求；加强体育赛事组织和引进，不断健全体育健身休闲和体育竞赛表演市场

（二）夜间经济中体育消费的供给现状

以《体育产业统计分类（2019）》为依据，结合夜经济属性特点，将夜间经济中体育消费的类型分为观赏型、活动型、实物型三种，分别对应体育竞赛表演和体育旅游、体育健身休闲活动和体育教育与培训、体育用品及相关产品销售三种产业业态（见表4-6）。

表4-6　　　　　　　　　　　**体育夜间消费类型**

层次	产业业态	具体内容
核心层	体育竞赛表演 体育旅游	夜间线上线下付费观赛等 夜间体验性体育旅游活动（体育小镇等）
	体育健身休闲活动 体育教育与培训	24小时健身俱乐部、夜间群众体育活动等 青少年体育培训、体育运动项目培训等
外延层	体育用品及相关产品销售	健身器材、夜间运动装备等

1."双循环"格局与多渠道化传播，助力夜间"观赛经济"

赛事多样化、高质量赛事IP的开发、夜间生活的日益丰富等多重因素，带动夜间观赛这一娱乐休闲方式的发展。在当前国内大循环为主体、国内国际双循环背景下，体育竞赛表演业的产业带动性将进一步推动夜间体育消费。体育赛事通常安排在周末下午、晚上或周一到周五的晚上，除了考虑运动员竞技状态，更多的是便于体育爱好者到现场观看，或者通过电视、网络转播观看，这样也保证了转播机构、播出平台的商业回报和职业联赛的商业价值。2018—2019年的CBA赛事多安排在晚间20点左右举行，安排在下午的较少，新冠疫情防控常态化后，CBA复赛后的第二阶段赛会制常规赛和季后赛，晚上安排的比赛更多；2019赛季中超联赛共进行了240场比赛，超过半数赛事的开球时间在18点后，2021赛季，因应疫情防控，中超在大连、苏州两个赛区举行赛会制比赛，主要时间也多安排在晚间18点和20点这两个时段比赛。不仅联赛如此，国际综合性赛事中的重要赛事也常常安排在晚上举行，以满足主要受众观赛需求。例如，由于国际奥委会80%的基金来源于美国电视转播费，为适应美国电视网NBC的需求，2008年北京奥运会游泳和体操等深受美国人欢迎的项目决赛由北京时间晚上改为上午进行，以满足美国广告商及当地电视受众夜晚观赛的需求①。

当前，流媒体和互联网发展使赛事传播打破了时空限制，夜间会员付费观赛模式、多渠道化传播推动了夜间体育观赛与消费。体育赛事的受众基础在于年轻群体，夜间线上观赛的出现有利于缓解部分年轻用户因时间原因无法观看完整体育赛事直播的矛盾，提高其付费意愿。根据中国夜间经济报告，晚上21点后78.8%的人们在使用手机等移动设备，通常情况下，内容消费是在移动设备上进行，包括观看体育短视频、体育赛事直播等所涉及消费。中国体育赛事新媒体转播，以腾讯、爱奇艺、PP体育、新英、乐视五大平台为例，2020年夜间直播的赛事包括CBA、英超、四甲、中超、欧冠、欧联、赛车（F1、WRC）、电竞、NFL、法网等。电竞作为体育新领域，同样成为体育夜间经济的重要业态之一，电竞爱好者从玩家角色开始转化为成熟的观赛用户。2020年英雄联盟全球总决赛的线下观赛只有一场，

---

① 白敬锋：《奥林匹克运动与商业化传播》，《现代传播（中国传媒大学学报）》2013年第4期。

第四章　供给侧结构性改革背景下体育产业结构优化的战略路径

且凭抽签到场，在很大部分人不能前往现场观赛的情况下，前往线下场地观赛成了电竞观众退而求其次的最优解。进入线下，一场比赛，有的演变成一次旅行、一顿聚餐、一场酒局的机会，从而带来宝贵的消费流量。此外，疫情期间，国内外体育赛事停摆，用新型体育直播方式既可以保持运动员的竞技状态，同时让体育迷有比赛可观。因此，线上比赛成为趋势，夜晚直播形式也丰富多彩，如 2020 年 4 月 18 日晚，《中国体育》直播平台举行乒乓球直播对抗赛，明星运动员吸引众多球迷进入直播平台，仅平台内一个转播房间的关注人数就达到 30 万，乒乓球明星通过直播平台与球迷实时互动，通过刷礼物的方式，适时使用"暂停权"，把控比赛的走向。

2. 群众类赛事活动供给端发力，营造夜间体育消费氛围

体育运动的参与，需要有钱、有闲、有场地、有组织，从时间角度来看，除周末外，非周末的夜间，是大多数市民的余暇时间，也是体育爱好者参与全民健身运动的主要时段。夜间开展赛事活动有其独特优势，如 2020 年 8 月 8 日在丽水举办，400 多人共同参与的"城市定向赛"考虑到温度因素，定于夜间举行。8 月份丽水市白天的温度较高，而晚上相对凉爽，从安全角度以及参赛者体验角度看，夜间进行比赛效果更好，且晚间更利于群众抽出时间参与体育活动。

其一，夜间赛事活动供给逐渐多样化，掀起全民健身热潮。在夜间群众性赛事供给方面，夜跑逐渐成为青年人的健身方式，并通过跑步软件，每天晚上完成打卡，形成社交圈，湖州、丽水、温州在夜间举办了系列"月光夜跑"线上打卡系列赛、体育夜市、温州篮球超级联赛等赛事活动；每年 5 月到 7 月的周末晚上，北京市东单体育中心篮球场，就有一场专门为业余篮球爱好者组织的"日落东单"夜赛；三明市 2020 年从 9 月开始，每周六开展各类挑战赛，举办"三人篮球""谁是镖王"及"健康达人"挑战赛，先后举办了 15 场，近千名爱好者参加。在夜间体育节庆活动供给方面，天津举办了以培育特色夜间体育活动，联合各大商圈、夜间经济街区、体育健身场馆

等推出了"天津夜生活节",以 2019 年天津河西区体育节为例,从 8 月 8 日开始的 17 天,日均客流量达 1.83 万人次,提升了体育元素在天津夜经济中的地位;南昌首届体育夜市开市,将体育元素与夜市场景深度融合,设"免费玩、超值购、看展演、领福利、刮体彩"五大主题,内容涉及运动表演、趣味互动、健身体验、体育用品展销。因此,随着夜间体育活动供给花样多,呈现出人们运动健身热的景象。

其二,夜间体育培训业的快速发展,激发夜间体育消费潜能。作为体育培训重要对象的青少年群体,白天要上学,因此培训只能放在晚上和周末。据笔者对工作单位周边的体育培训机构调研,除周末和寒暑假外,周一到周五,培训课程一般安排在晚上进行。

其三,通过各类夜间健身活动的开展,吸引市民走出家门,加入健身行列,带动了食品、饮料以及周边体育用品装备销售等实物型消费。据了解,在西安,以每周晚上踢三到四次球的足球爱好者为例,每月花在场地费和装备上的钱在 1000 元左右;以每周打四场晚场羽毛球的爱好者为例,场地费和购买羽毛球为主要消费。当前,成都、重庆、武汉等城市购物中心的体育运动品牌以及相关设备设施建设也开始步入快速发展的阶段,纷纷加大了对商业体育类业态的培养力度,当下随着"夜跑族"队伍的壮大,市场开始加大对印有反光条的衣服和鞋子,以及专为夜跑者设计的头灯、反光手环、脚环等夜间体育用品的供应。

3. 健身俱乐部 24 小时智能化,实现运动健身"不打烊"

快节奏生活下人们的健身时间往往在 18 点以后,为夜间健身市场发展提供了有利条件。2020 年 5 月 7 日,微信发布的《"五一"夜经济数据》显示,运动健身类消费比在小长假期间翻三番,健身房消费环比增长 225%。截至 2019 年底,从重庆美团娱乐休闲项目供给情况来看,运动健身以 23% 的占比排在理疗养生、酒吧、KTV 等供给项目的首位,而大多数的体育健身休闲消费均发生在夜间。乐刻运动发布的2018年杭州健身大数据显示，选择在深夜健身的会员比重达1/10，近六万人次选择在深夜的0点至4点健身，有25814人次在午夜0点走进健身房，1万多人次凌晨1点仍在打卡。笔者对西安市部分健身房实地调研发现，健身房上午人流量最少，中午迎来第一个小高峰，下午回归平静，傍晚6时开始进入客流高峰期，尤其晚上7时30分至8时是高峰时段，该时间段很多俱乐部重点推出团课，晚10点之后人渐少。其中，很大一部分人群是朝九晚五的上班族，所以晚间前往健身的人数是白天的3倍，根据这一特点，健身房晚上安排了瑜伽、健身操、动感单车等丰富多彩的健身活动。

中青年、中高收入人群是夜间健身房运动参与的主力军。《夜间旅游市场数据报告2019》显示，"80后""90后"在夜间消费中的占比分别40.0%和19.8%，且白领夜间外出娱乐中，除去首选朋友聚餐，运动健身成为主要选择之一。

健身俱乐部供给模式创新，推动夜间健身市场多样化发展。当前，除传统会员制模式外，市场上形成了以团操课为特点的健身俱乐部，如超级猩猩，以线上健身App运营，线下"智能化""月付制"为特点的健身俱乐部，如Keep、乐刻运动，以针对女性群体的团操课俱乐部，还有如Curves以及共享健身仓等多样化的新型健身俱乐部。在"夜跑族""夜练族"的基础上，24小时健身房在不少城市应运而生。24小时健身房在发达国家已十分常见，据2013年《每日邮报》数据显示，83%的健身房用户更偏好加入一家24小时营业的健身房。24小时营业会让消费者心理上感到方便，利于刺激有健身需求但健身时间不宽裕的人来健身。选择深夜健身的客户主要分布在餐饮、IT等行业，该人群一般下班晚，只能选择该时段健身，此外也包括失眠人群。晚上10时到12时是24小时健身房的高峰时间段，24小时健身房特点是全时间段、自助健身、低价消费，互联网式的随时随地全民健身体验，实现了健身的自助化、管理的无人化。以24小时全天候营业的超级猩猩为例，用户可通过手机进入健身房，并按小时或课程付费，深受加班的上班族欢迎。此外，疫情加速了如直播单车、健身镜等多样化家庭健身产品的切入，这部分健身群体有一定健身运动基础，对内在的更私密的健身场景有着更高的需求性，将推动健身 App 会员、健身课程、运动消费品等多形态产品的夜间消费。未来夜间线上健身产品的进一步拓宽，蕴藏着更大的消费潜力。

（三）夜间体育经济的空间供给特点

夜间经济集聚区从时间层面和业态种类来划分，可分为三类：夜间延伸型，美食等以白天活动为主的服务内容延伸到夜晚；夜间专项型，酒吧等以夜间为主要活动时间，专为适应深夜和傍晚而打造，白天作为辅助；综合型，配合有娱乐、餐饮、运动、观光等内容的综合集聚区。夜间体育经济很大一部分属于白天延伸型，而多业态融合的综合型将会是未来夜间体育经济主要的发展趋势。作为夜间体育消费的空间载体，其供给特点对人们消费活动的开展有着深刻影响。

参考国家统计局、国家体育总局颁布的《体育产业统计分类（2019）》中"体育场地和设施管理（04）"和"体育健身休闲活动（03）"的划分标准，以及相关学者研究成果，本文将夜间休闲体育空间载体主要分成三类，即城市商业体育空间、城市公共体育空间、城市社区体育空间①。

1. 城市商业体育空间：商业综合体夜间体育服务供给促多样、求个性

城市商业体育空间类综合体主要是指商业中心内嵌型的体育服务综合体，是新时期体育消费升级、推动夜间体育消费的重要抓手。商务部发布的城市居民消费习惯调查报告显示，有 60% 的消费发生在夜间，大型商场每天 18—22 时的销售额占比超过全天的 50%。以北京西单、王府井、三里屯为代表的大型购物中心，其主要人流高峰均集中在晚间，深圳夜间服务体量更是占到行业一半。"体育"+"商

---

① 汤宇锟、张建华、王彬：《城市休闲体育的地理空间分布特征与影响因素分析：以北京市为例》，《中国体育科技》2021 年第 2 期。

业"+"夜经济"具有连锁效应,商场通过导入体育服务业态来拓客引流,可以实现业态融合化、功能复合化、运行高效集约化,充分发挥夜间体育经济的辐射带动功能。当前,大型商业综合体纷纷建设电子竞技、蹦床、攀岩以及室内足球场、冰雪场等具有消费引领性体育项目,从而满足年轻人、白领等夜间消费群体多元化、品质化、个性化的体育消费需求。以成都为例,成都太古里、来福士广场、Kwork 社区等购物中心专门打造的体育休闲空间及消费者活动场地已经成为夜晚人流聚集区域,伴随周边品牌的联动效应,夜间消费交易环比上涨明显。"电竞夜生活"同样为城市经济发展注入了新的动能,在西安大悦城举办的夜间英雄联盟 S10 开放式线下观赛给商场带来了巨大流量,吸引了年轻群体的同时,更打响了知名度,将客流量的提升转化成为消费。

2. 城市公共体育空间:体育场馆夜间体育服务供给盘存量、带增量

城市公共体育空间指各级别面向居民开放的城市体育场馆,在服务竞赛、各类体育活动之余,向全市居民开放,用于市民日常和节假日体育锻炼。在实践中,中国许多体育场馆存在利用率不高、经营效益不佳的问题,如夜间灯光供应时间不足、管理缺失、收费昂贵等造成了部分场馆的闲置状态。据《国内外体育场馆运营投资分析报告》统计,国内超过半数体育场馆平均每周去的人数少于 500 人次,每周去的人数超过 5000 人次的场馆占比只有 8.2%。当前各城市开始鼓励健身休闲场馆对外开放并延长经营时间。一方面,通过发放夜间体育消费券、夜间场馆延时开放专项补贴等形式,支持体育场馆延长夜间营业时间,达到日间体育消费的延伸,如北京支持"体育运动项目经营单位延长营业时间至 23 时",在不同时段开展优惠活动,部分体育场馆夜间营业额占到了全天营业额的七成以上;另一方面,鼓励大中型体育场馆丰富夜间文艺演出、餐饮购物等经济业态,提供"一站式"夜间消费体验,挖掘出更深的消费潜力。如湖州奥体中心体育

场、吴兴文体中心、德清体育中心体育馆开展了嘉年华、电竞赛、体育电影展播等丰富多样的夜间体育赛事活动，在夜间进行击剑、水上瑜伽等8种新兴运动体验，开设夜间篮球、网球等12个项目青少年培训班，举办夜间足球、街头3V3篮球等赛事，扶持指导了20家民营健身培训场所，有效带动客流的同时，商家销售额也显著提升。

3. 城市社区体育空间：公园绿地、健身步道等供给渐丰富、融生活

城市社区体育空间指居民区周边及内部的公共活动区域，以公园绿地、健身步道、公共运动设施和社区活动中心为主，提供周边居民夜间体育锻炼的空间场所，包括小区、广场等，具有便利性、可同时容纳人数多等特点。2016年公布的第六次全国体育场地普查数据显示，全国新建全民健身路径器械330.03万件、登山步道0.12万条、城市健身步道0.97万条和户外活动营地0.09万个，健走步道、骑行道开始广泛分布在各街道、社区、滨河道、公园，为人们夜间体育运动参与带来利好。其中，体育公园成为夜间群众体育开展的重要空间载体，能够提供球类运动、健身步道、广场、活动器械等多内容，培育体育"夜练"文化。

香河体育公园是日照最大的综合性体育健身运动中心，晚上7点到9点是公园流量高峰，除了球类运动，夜间广场上还开展太极拳、广场舞等项目；张之洞体育公园是武汉城区体育设施类型最多、体验功能最全、自然生态智能化的体育公园，拥有三座体育场馆，配套有亲水垂钓区及老年健身活动区、儿童娱乐区和极限运动区等设置，服务对象覆盖了全年龄段，有效促进了周边10万居民的休闲健身，晚上在此公园活动融入了周边居民的生活方式。此外，公园也成为人们夜跑路线的优选。2020年古城西安精选出包括大明宫国家遗址公园、西安城市运动公园在内的9条涉及全市东、南、西、北各区域具有代表性的公园景区夜跑线路，方便群众就近开展休闲健身活动的同时，推动了夜间"体育+旅游"的发展。但当前群众健身需要和健身设

施发展依旧存在矛盾,具体表现在总量不足,质量不高,缺少群众身边举步可及的健身设施,与生态生活空间相融合的设施较少,智能化程度较低,部分健身设施陈年老旧,夜间健身安全隐患仍然存在。

(四)夜间经济中体育消费的需求特殊性

1. 体育消费时段既集中又分散的特殊性

在工作中压力越来越大,和生活节奏越来越快的今天,中国的消费者有了通过适当途径释放压力的迫切需求,更愿意通过消费,将体育夜生活纳为生活的一部分。消费者生活习惯越来越晚,不断扩展着体育夜间延时消费的边界。夜间经济按照"夜"与"深夜"的界线22点划分,可以分为两个时段:夜经济时段18—22点;深夜经济时段22点至次日6点。由于多数商铺集中在22点进行打烊,22点前与后的城市消费场景便呈现较大差异。从《2020年中国夜间经济发展报告》中全国城市夜游出发及结束时间来看,晚上18点出发到夜里22点结束为夜间消费高峰期,其次为19点或20点出发,23点或凌晨1点结束,为次高峰。整体而言体育消费时段呈现出既集中又分散特点,18点至22点这一时段体育消费具有典型的集中性,22点之后开始呈现分散性。

18—22点这一时段符合多数消费者生物节律,体育消费供给内容丰富,消费较为集中。该时间段覆盖了父母、成年人、孩子均可参与的体育产品、服务、活动,如青少年体育培训业、中青年"月光夜跑"、中老年广场舞等。以健身市场为例,从需求端来看,《璀璨之城——2019深圳夜间消费研究报告》显示,在全国8个一线大城市中,每天18—20点这一时间段是人们的健身高峰,其中深圳是中国夜晚健身人数比例最高的城市,晚上6点之后健身人数占全天运动人数的70%以上,健身成为深圳夜经济的重要部分。从健身房不同供给类型来看,健身俱乐部和健身工作室两者经营时段通常覆盖到了22点,互联网健身房则24小时全天营业,俱乐部大而全,工作室小而美,互联网健身房健身时间便利,满足了消费者多样的夜间健身需要，体现出 18—22 点健身需求的集中性。

当前中国整体商业业态的丰富度在提高，22 点后深夜经济时段的体育消费并未停止，这也是全国各地政策中鼓励体育馆、健身馆延长夜间营业时间的原因，如山东省潍坊市体育局发布《关于拉动体育消费促进体育夜间经济发展工作的通知》、昆明市商务局印发《昆明市促进夜间经济发展实施意见》中均提及"体育运动项目经营单位延长营业时间"。青年群体是夜间经济消费较为活跃的主体[1]，更是深夜经济时段体育消费的主力军，该人群特点是熬夜、夜间工作、健康问题、作息不规律，有运动健身需求。对于都市青年来说，晚间 22 点刚好处于夜生活的开始阶段，因此消费时段又有 22 点后的分散性。24 小时共享健身房、居家智能健身、线上跑、云观赛等消费场景更凸显该时段体育消费的需求个性化、时间随机性、空间分散性，且随着各地夜游、夜宿、夜食等内容延伸，夜间消费形态更加多元化，体育消费将会在时间和空间上体现出更明显的时段分散性。

2. 体育消费空间既分异又固定的特殊性

随着人们开始注重体验参与和感受享受的精神文化类消费，使得传统的购物、美食等显然已经不能满足当下需求旺盛的夜经济，夜间体育健身、夜间康养休闲等更为丰富的夜间体育消费被激发出来，体育成为一种休闲放松、促进健康、提升自我、增进交流的方式，夜间体育参与动机有了综合性需求。人们消费出行的高机动化以及日渐通达便利的交通，使得体育消费空间得到更远的延伸。出行距离的不同，带来不同的夜间体育消费活动方式和强度。

"离家 5 公里（千米）的圈层内能完成近 80% 的夜间消费活动"[2]，以 5 千米为生活半径范围，人们在体育消费空间的选择便呈

---

[1] 程小敏：《中国城市美食夜间经济的消费特点与升级路径研究》，《消费经济》2020 年第 4 期。
[2] 柴彦威、尚嫣然：《深圳居民夜间消费活动的时空特征》，《地理研究》2005 年第 5 期。

现出两种特征：生活半径范围内锻炼的便利性和生活半径范围外项目的丰富性。一方面，选择家附近可步行或骑行到达的3—5千米半径范围内的全民健身中心、多功能运动场、体育公园、健身步道、广场等"15分钟健身圈"，呈现出夜间体育参与空间选择的固定性。另一方面，10千米内的圈层几乎包含所有夜间特色服务业的供给范围，是夜间消费的日常空间。有研究显示收入水平越高，购买能力和出行能力就越强，呈现出不同阶层的空间分异性[1]。因此，在生活半径范围外，人们夜间体育消费需求呈现分异性，更加注重体育消费内容的个性化、多元化、高品质及专业性。根据中国旅游研究院大数据平台显示，人们对夜间节事活动和文化场馆夜游更向往。

当前，各地开始依托近郊的场馆、工厂园区等打造包括体育运动的有标志性和知名度的夜间节庆、演艺活动等品牌项目，如上海三邻桥体育文化园、湖州"奥体之夜"等，形成覆盖"食、游、购、娱、体、展、演"等的多元夜间消费市场。

3. 体育消费体验既个性又包容的特殊性

夜间经济的落脚点就是社交娱乐消费，夜间体育消费更被赋予健康身体、社交、自我提升、释放压力等多重功能，消费体验上既适应不同群体的个性化，又体现出内容的包容性。

首先，不同属性人群具有其特定的个性化需求。年轻群体具有活力又面临压力，放松与社交是夜间活动主要目的，艾媒咨询数据中心显示，30岁以下青年群体在夜间更偏好可以释放压力的运动健身等项目，如电竞就是一项受年轻人欢迎的深夜体育活动，能够在夜晚实现隔空社交。30—50岁人群会考虑既能娱乐又能陪伴孩子的项目，老年群体偏好休闲舒适类的活动[2]。《2019—2022年中国夜间经济产

---

[1] 仵宗卿等：《购物出行空间的等级结构研究——以天津市为例》，《地理研究》2001年第4期。

[2] 郑家森、高旺：《夜间经济发展影响因素及其改革方向研究——基于北京市数据的分析》，《中国物价》2021年第6期。

业发展趋势与消费行为研究报告》显示，75%中国消费者表示参加夜间活动是出于对自我提升的渴望，女性消费者尤其关注这一点，如通过瑜伽来提高审美品位，通过跑步获得高品质的独处时间，由于夜间活动存在个体风险，女性对消费环境的安全要求更高。

其次，白天快节奏的生活、工作等原因，使人们自由支配的时间转移到夜间，夜晚显得更加宝贵，要求夜间体育消费内容有更大的包容性，满足不同群体个性化需求的同时，在尽可能的时间里兼顾吃、行、游、娱、购、学、健等多功能，达到多业态内容的包容性。当前"数字化"加速了不同消费场景的打通，"融合消费"为体育夜间经济带来新场景和新机遇。

(五) 体育夜间经济实践中的误区

1. 夜体育消费的"时间"与"空间"

激活消费潜力、促进消费升级、提高城市竞争力、深化供给侧结构性改革是中国夜间经济目标，要求夜间经济发展适应中国当前消费环境，融合城市文化内涵，与城市空间夜间新业态和新增长点相契合。但在实际落实中，易落入"时间"的思维定势，对业态的"空间"解读有限。而"体育"只有在"空间"这一维度多业态交融的同时，深耕产品与服务，激活存量，才能真正借助体育为城市特色夜经济增色。

首先，对"夜"简单化理解。传统理解下的夜间经济中以夜间专项型或夜间延伸型内容为主，如酒吧、KTV、剧院、夜市等，但这些业态在今天中国互联网发展迅猛、消费者生活品质提升的背景下，不再是消费者最感兴趣的点，人们开始追求高品质的健康消费。当前各地方政策强调延长体育场馆开放时间，但忽略了不同体育消费类型的适应性。夜经济不仅仅是一种"时间"的延长，其背后的商业逻辑是为消费者提供差异化的体验。24小时健身房就属于日间经济简单延伸的"保守型"消费，缺乏新增长点，更需要"以夜为题"挖掘更深的消费潜力。对多数中国居民而言，大部分消费集中在"夜"

与"深夜"交界 22 点前的黄金时间,若只是单纯延长时间未必能取得预期效果,关键还在于如何高效利用好夜间消费 18—22 点的黄金时间。

其次,对"夜间业态"求大求全。在时间思维下过于强调供给广度,通过业态堆积来占满夜间的全部时间。要抓住当前精英化、年轻化的高品质消费趋势,对不同夜间体育消费群体有深入的了解。赢商大数据监测显示,2019 年上半年,中国 21 个主要城市的购物中心的新兴运动业态发展呈上行态势,"好玩、新奇"的运动业态成为夜间吸引人们的重要利器。此外,在实践中易忽略区域体育夜间的差异化发展。受气候、消费理念、文化习俗等差异的影响,夜间经济发展存在差异,并呈现出"南强北弱"的趋势,北方体育夜经济发展更需要因地制宜,采取创新性举措:哈尔滨市倡导相关俱乐部利用夜晚黄金时间开展青少年冰上训练,并在把握夜间经济的旅游与文化休闲趋势的基础上,深入研究夜间经济的市场需求,发展夜间冰雪旅游经济;北京市部分滑冰、滑雪场开设夜场,什刹海和新世界百货崇文门店等冰场,万龙八易、石京龙和八达岭等滑雪场开放夜场,奥林匹克公园、常营体育公园等地举办系列冰雪和戏雪等活动,延时经营。

2. 夜体育供给的"失位"与"错位"

互联网下的夜间经济涌现出多文化消费业态,体育休闲是夜间消费中参与体验比重较高的行业,但相比夜间经济的传统业态如电影、餐饮、酒吧等,夜间体育消费的供给上存在"失位"与"错位"问题。

首先,体育夜消费存在供给"失位"问题。《2020 中国行业健身数据报告》显示,截至 2020 年 12 月,中国存量市场中智能健身房总数约 3.2 万家,占全国商业健身房总数的 32.7%,且很大一部分仅覆盖居民聚居区,智能健身房、共享健身房虽受到深夜健身爱好者青睐,但在空间和数量上的供给不足,还存在服务管理不成熟及安全隐患等供给质量问题；赛事参与和赛事产品供给上，受政策和地域影响，相关的群众性体育赛事基本都是白天举办，全年夜间的群众性体育竞赛表演活动较少，远远无法满足人们夜间赛事产品与服务的消费需求。此外，高水平体育赛事供给有限，观赏价值不高、赛事"产品意识"不足等影响夜间观赛经济的形成[1]，夜间赛事经济缺乏动力。

其次，体育夜消费存在供给"错位"，表现为"定位错位"和"供需错位"。体育夜消费不仅是身体的体验，更是一种精神体验，是白天紧张生活后的高质量释放和社交式分享，应将体育夜消费定位为意义消费，仪式感消费。基于此，体育夜消费的供给，应以体育运动项目为核心，推动夜间体育消费内容再造，在满足体育服务这一核心功能的基础上，与其他夜间产业融合发挥其外部效应，催生出新的业态，为体育行业带来商业模式的创新。而当前的体育夜消费供给存在需求多元与供给单一的"供需错位"情况，供给以篮球、羽毛球、乒乓球、健身房等传统体育项目服务为主，总体风格趋同，体育健身消费种类少，与个性化需求端错位；体育夜经济的方式存在雷同、模仿现象，主要采取举办篮球、乒乓球等常规项目的夜间业余赛事活动，频繁且重复举办单一项目的活动，缺乏地方特色；与其他服务业态融合不足，业态单一，缺乏体育跨界融合和全产业链培育。供给端的单一性导致夜间体育消费基本停留在健身消费上，经常参加锻炼的人口虽然不少，但体育消费形态相对粗放、单一，难以吸引社会大众的广泛参与，消费频次低。

3. 夜运动的"认知差异"与"安全保障"

夜晚运动空气不好、易兴奋，不宜锻炼等认知分歧影响着人们夜间体育消费。事实上，在夜间参与体育运动，有着空气质量较好、身体有氧代谢快、身心处于放松状态等诸多好处。调查显示，超过

---

[1] 王凯、张煜杰、陈明令：《"双循环"新发展格局下我国体育竞赛表演业生态嬗变与应对》，《体育学研究》2021 年第 3 期。

80%的人对夜间参与的安全问题存在担忧①。安全是一切的前提，体育"夜运动"难以避免存在风险和安全隐患。一方面，夜间体育参与者需要提高健康运动意识，结合人体生物节律和自身情况来选择适合的运动项目。另一方面要通过夜间相关保障设施的完善来提高参与的安全性与便利性，如夜跑，需要考虑到灯光、路况等问题，4小时健身房如何保证女性健身爱好者安全，夜间体育服务人员不足、素养不高带来运动安全隐患，部分体育场馆位于郊区或是废旧厂房，晚间公共交通不便影响人们消费参与等。基础设施作为夜间活动发生的主要或辅助场所，直接影响夜间经济的发展，而当前夜间体育设施存在诸多待完善之处，公共体育设施的建设、交通出行设施的完善，城市安全的保障，都是限制夜间体育消费快速增长的因素。夜经济下的体育休闲有其特殊性，在普及晚间科学运动的同时，更需要相关配套设施支撑，让消费者既享受运动快乐，又能最大限度保障其生命安全和身体健康，减少消费者流失。

（六）体育夜间经济供给侧改革的实施路径

随着中国消费类型从生存型向发展型转变，人们更加注重个性化与高品质的享受消费，对夜间观赏型和参与型体育消费产品提出了更高要求，未来夜间体育消费需求将会出现井喷式增长。反观供给侧，夜间体育消费产品的有效供给、服务水平未能适时匹配消费升级转型后需求侧的调整要求，供需缺口较大。供给主义经济学认为：供给与需求的关系中，供给处于主导地位。新供给创造新需求可以通过对新要素的发现，新的管理方式，新技术的应用等因素产生影响②。

1. "创新"为体育夜间经济供给侧改革提供根本动力

创新是体育夜间经济供给侧改革的根本动力，要促进体育夜间经济向高质量转变，须强调管理、服务等方面的创新。创新的源泉，是

---

① 郑家森、高旺：《夜间经济发展影响因素及其改革方向研究——基于北京市数据的分析》，《中国物价》2021年第6期。
② 滕泰：《新供给主义经济学》，东方出版社2017年版，第16页。

实现夜间体育治理现代化，形成多元主体、协同合作。政府层面需提升"放管服"能力，破解体育夜间经济发展不平衡不充分的问题；市场层面需提升体育夜经济主体自身规范程度和盈利机制，破除体育社会组织的身份壁垒，提供夜间体育产品的有效供给；产业层面需充分发挥体育夜经济对体育产业和夜间经济的必要补充作用；社会层面需紧紧围绕消费者夜间体育消费需求和习惯，推动人们消费意愿向消费行为的转化，进而形成与夜消费需求侧相匹配的新发展格局。创新的关键，是进行夜间体育服务模式创新，提供有效的服务产品。当前，夜间体育产品形式陈旧，赛事、场馆、平台载体等方面都呈现出同质化特征，缺乏体育文化个性的挖掘，所提供的夜间服务模式单一且水平参差不齐，这与模仿型向创新性的模式转变相背离。文化内涵是触动消费者的根本核心，各地要因地制宜打造独具当地特色的体育夜间经济形态，只有当消费体验与地区体育文化充分结合、共同升级，体育夜经济才能更有活力。因此，要创新夜间体育服务模式，以满足人们健康化、融合化、年轻化、品质化、内容化的全天候体育消费需求。

2. "有效供给"是体育夜间经济高质量发展核心

体育夜经济供给侧结构性改革的关键是供给主体的结构优化。要依托企业主体的行为变革，通过供给主体创新结构的优化与升级，形成供给侧改革的内生动力，向市场提供更优更有效的体育夜间产品，引领和创造新需求。要扩大体育夜间产品的有效供给，把深化供给侧结构性改革和需求有机结合起来，通过供给侧结构性改革缓解有效需求不足的弊端，利用需求结构的变化催生创新性更强的供给结构，在更高水平上实现供给和需求的均衡。

中国的夜间体育消费需求从量上看，远大于当前市场的有效供给，且市场上无效供给的量也高于有效需求。当前，中国夜间体育产品的供给应朝着高质量、多元化发展：建设知名的夜间体育赛事项目，增加夜间赛事种类，有重点有选择地设置比赛时间及数量，丰富观赛渠道，增加夜间赛事经济价值，提高民间办赛水平，为年轻群体定制街头体育项目，促进娱乐性体育竞赛表演发展；通过赛事形成一定的健身圈和社区，形成区域互动和联动，建设草根赛事型体育夜间经济集聚区；依托社会力量建设电子竞技、蹦床、攀岩以及室内足球场、冰雪场等具有消费引领性的体育项目，满足群众的多元化、品质化、个性化夜间体育消费需求；在体育场馆、公园、广场、商业街区等策划组织一批荧光夜跑、轮滑、平衡车等特色突出的夜间群众体育活动，组织开展夜间足球、篮球、乒乓球、广场舞等群众参与度高的体育活动，打造多元化夜间体育消费环境，形成一批夜间体育消费"打卡地"；严格审批夜间体育休闲场馆，推动击剑馆、保龄球馆、跑马场、室内滑雪场等时尚、休闲体育场馆的建设；充分挖掘体育文化的特殊性，根据区域特色开发体育项目，例如在民族体育地区开展夜间体育旅游、体育节庆、体育表演等，打造一系列彰显地方特色和城市底蕴的夜间体育消费"文化IP"，通过体育文化创造新供给，培育夜间体育消费增长点。

3. 把握体育夜间经济供给侧深度融合趋势

作为未来发展趋势，夜经济下的"体育+"和"数字化转型"为供给侧改革提供了新思路，以"体育+"耦合空间业态，以"数字化转型"创新服务模式，通过场景创新、数字重构，提高夜间体育产品和服务的供给质量和效率，推动体育夜经济的结构优化。

以"体育+"耦合空间业态，形成夜间经济场景化集聚，实现体育夜间经济效益最大化。第一，以体育综合体为消费空间载体，实现多种运动项目与全业态的整合。体育综合体降低人们参与体育运动的难度，提升参与意愿，是新时代体育消费升级的重要抓手。以成都双流体育中心为例，通过业态融合拓展"体育+"产业发展空间，大力发展夜间经济，打造成为集体育观赛、体育运动、体育培训、体育用品销售、餐饮、娱乐等多生活形态于一体的体育综合体。夜间体育综合体在构建体育健康消费新场景，培育娱乐休闲新产业，建立城市夜间消费新模式，打造文体旅复合型消费新体验等多方面发挥着重要作用。第二，以新兴业态为消费升级抓手，"好玩、新奇"的"运动业态＋"文娱、餐饮等配套项目成为夜间吸引人们的重要利器。在打造"不夜城"经济的同时，通过体育及相关消费项目的合理布局，精准吸引消费群体，建立地区自身独特的商业气质。在成都，包括成都太古里、成都迪卡侬天府店、成都来福士广场、各大龙湖天街综合体等购物中心与地区打造专属的体育休闲空间以及消费者活动场地，成为夜晚人流聚集的主要区域，并且形成周边品牌的联动效应，夜间消费交易环比上涨明显。据赢商大数据监测，截至 2019 年 6 月，在成都已进驻购物中心的新兴运动业态品牌门店总量中，射击馆、瑜伽馆占比遥遥领先，因消费者的运动娱乐需求正在产生分化，不同细分类型消费者拥有不同的运动健身诉求和消费水平，专业球馆晋升为招商新势力。第三，基于功能定位联动消费场景，以赛事、体育项目等为主体，完善夜间交通网，植入区域体育特色，建设多元体育夜经济聚集区。通过草根或社区赛事，形成互动性社区，建设"赛事活力型"体育夜间经济聚集区；依托 24 小时智能健身房或传统健身俱乐部，结合娱乐配套设施，建设"健身时尚型"体育夜间经济聚集区；以体育项目为主体，根据不同区位和功能定位，形成体育公园、公共体育场馆等，并结合餐饮、演艺等设施，建设"文体辐射型"体育夜间经济聚集区。

以"数字化转型"创新服务模式，创造既繁荣便捷、又安全高效的夜生活体验。数字化改变了夜间经济的消费方式、消费业态、消费结构等，加速了不同消费场景的打通。数字化体育已成为一种新发展趋势，依托互联网、大数据、云计算等信息技术，云比赛、在线健身、场景化健身等新事物不断涌现。当前数字化与体育夜间经济的融合方式主要体现在两个方面：一是利用数字化技术发展线上体育夜间经济，包括数字化的新兴消费业态，以及体育消费产品和服务的数字化供给等，如网络购物、网上健身培训、网上体育旅游等；二是运用数字化技术对线下消费场景进行改造升级，提高消费便利化程度，为消费者提供高沉浸感的全新体验环境，如智能运动装备、VR健身系统等。此外，数字化体育能更好地将运动者相关信息和运动中相关数据进行一元化管理，有效对接不同群体多样、多层次化的夜间消费需求。

4. 构建体育夜间经济的政策支撑

从强调需求侧管理拉动再到供给侧结构性改革，体现了国家对经济可持续性发展的关注，注重经济增长的质量与效益。体育夜间经济在供给侧改革的大环境中，需要高效的制度供给为体育夜间消费护航。从宏观角度来看，在学习先进国家发展夜间经济的内涵和外在形式的同时，更应该利用需求与供给关系来持续性、动态性地解决体育夜间经济中的深层问题，深耕"体育夜间消费"市场，提高夜间经济发展的广度、深度、跨度。"顶层设计"的实施需要基础层的完善，政府除了利用政策来释放信号积极引导市场主体从供给侧进行改革，还要通过多元政策为体育夜经济做好服务保障。

第一，延长夜晚交通，密集车次，在出行活跃度较高的夜间"聚点"增加夜班公交路线。据了解，夜经济较发达的深圳，夜间公交覆盖面积达到60.54%，排全国第一；西安是国内各地铁站点平均末班车时间最晚的城市，其地铁平均末班车时间为23：45。第二，加大各类体育场馆建设，形成商圈、公园、社区、学校多方联动，创新场地设施供给方式，提高场馆利用率，提供多业态的体育服务。第三，发放场馆夜间延长开放专项补贴、夜间体育运动消费券等，支持体育场馆等场所延长夜晚营业时间，开展自然闭店、不打烊等夜间促销活动。第四，建立系统的夜间治理制度，给予电费优惠，做好露天球场、健身路径等夜间灯光设备的供应工作，夜间体育场所建立相应的应急预案，防范夜间消极影响。第五，配备高素质夜间体育工作人员，提供高质量体育培训，满足人们对体育运动专业化、个性化的诉求，鼓励参与体育培训，形成科学运动习惯，培育体育夜间运动文化。

七 深度研究 4-4：重构、挑战与应对——"互联网+"与体育产业的发展①

国务院于 2014 年发布了《国务院关于加快发展体育产业促进体育消费的若干意见》（国发〔2014〕46 号）②，使得体育产业充满了无限发展空间。2015 年 11 月 10 日，习近平总书记提出了供给侧结构性改革，这是在分析了中国现阶段整体经济运行形势后提出的与时俱进的新发展策略。供给侧结构性改革是为了实现各要素的最优配置，通过改革来推动生产资料结构调整，在刺激中国居民需求不断增大的基础上，使得资料供给达到最大合理化，促进社会经济健康发展。而国务院颁布的《国务院关于积极推进"互联网+"行动的指导意见》（国发〔2015〕40 号）已经明确将互联网作为创新驱动的基本要素和促使传统行业转型升级的强大推动力，并升级为国家行动③。互联网时代的全面到来，颠覆了众多传统行业。作为一种新型的经济形态，"互联网+"是指在社会生产要素配置中优化和集成互联网的作用，将互联网的创新技术融合在经济社会各领域中④。也就是链接世界上的所有资源并尽可能地整合在一起，达到链接和开放的最大化。作为朝阳产业和绿色产业的体育产业，已经与互联网实现了越来越深的融合，并形成了新兴的"互联网+"商业模式。以最热的"云计算""大数据"为代表的互联网技术与体育产业结合为代表，传统的体育行业得到了升级，最终在体育产业领域形成一种由互联网思维运行的

---

① 该部分内容作为阶段性成果，已经公开发表，形成本书时，根据新材料进行了必要的修订。笔者指导研究生陈脉对本部分研究作出一定贡献，特致感谢。
② 国务院：《国务院关于加快发展体育产业促进体育消费的若干意见》2014 年 10 月 20 日，http：//www.gov.cn/zhengce/content/2014-10/20/content_ 9152.htm，2021 年 7 月 13 日。
③ 国务院：《关于积极推进"互联网+"行动的指导意见》2015 年 7 月 4 日，https：//www.gov.cn/zhengce/content/2015-07/04/content_ 10002.htm? eqid = a12987ba000280d30000000664672236，2021 年 8 月 25 日。
④ 胡泳：《"互联网+"：信息时代的转型与挑战》，《人民论坛·学术前沿》2015 年第 20 期。

"互联网+"体育产业新生态模式。研究基于供给侧结构性改革的背景下,分析"互联网+"对体育产业发展的重构、"互联网+"体育产业发展面临的挑战以及应对策略,对推动"互联网+"体育产业的发展具有较强的理论指导价值。

(一)"互联网+"对体育产业发展的重构

在互联网产业风起云涌的数十年里,不仅在大众的日常生活中占有越来越高的比重,其他各行各业都被互联网润物细无声地渗透和改造着。中国体育产业起步于数字化时代,拥有广阔的前景和无限的潜力,在此背景下,中国体育产业要想得到更好的布局和发展,必须要顺应时代的变迁,充分利用互联网行业所带来的便捷,把握好"互联网+"带来的强大驱动力,实现对自身的重构。随着科学技术的不断进步,互联网重构体育产业已经成为一种可能,在互联网时代,资源的边界由"供给端"拓展到"需求端",产业的价值由平台、供给面和需求面共同构成并创造①。从而使得体育进入到跨界竞争的行列。随着"互联网+"与传统体育的结合不断深入,对传统体育产生了巨大的颠覆,使得固定化、模式化、单一化的传统体育向着数字化和多元化转型,主要体现在营销、产品、服务、技术等方面,人们不仅可以通过互联网实现体育信息和产品获取、观看、购买、分享、社交等活动,它也改变了体育赛事和企业的运营、盈利模式等。

1. 思维模式重构:互联网理念引领体育产业发展

思维是人一切观念的起点,在"互联网+"体育产业环境模式中,互联网思维是各个服务主体和体育企业发展的重要导向。在新时代,"互联网+"已经颠覆了传统的商业思维,据统计,全球经济中约有

---

① 参见胡泳《"互联网+":信息时代的转型与挑战》,《人民论坛·学术前沿》2015年第20期;李海舰、田跃新、李文杰《互联网思维与传统企业再造》,《中国工业经济》2014年第10期;刘刚、熊立峰《消费者需求动态响应、企业边界选择与商业生态系统构建——基于苹果公司的案例研究》,《中国工业经济》2013年第5期;罗珉、李亮宇《互联网时代的商业模式创新:价值创造视角》,《中国工业经济》2015年第1期。

46%的全球产量受益于工业互联网①。中国的电子商务发展更是不容忽视，2014年全球电子商务交易规模达到38.7万亿美元，网络零售交易额达到1.32万亿美元，中国的网络零售达到4485.2亿美元，位居全球首位，中国电子商务交易总额增速是国内生产总值增速的3.86倍。②全新的互联网思维引领着当今阶段的体育产业公司发展，最终形成一系列"体育电子商务""体育智能场馆""体育营销传媒""体育电竞娱乐""智能健身房""社交移动APP"等"互联网+体育"新型业态，对传统体育产业公司造成了强烈的威胁和抨击。

2. 经营模式重构：投入和产出合理化，实现效益最大化

在体育产业的各个相关领域，用户的体验过程都是特别值得注重的，互联网更是一个注重体验的平台。然而在传统的商业模式之下存在着各种信息不对称，导致资源的有效配置在体育现有资源和体育用户之间难以实现，资源供给与用户需求之间的供需平衡更是天方夜谭。现阶段通过互联网这个开放的平台，用户可以在线上清楚了解线下资源的变动，从而做出正确的消费决策，而线下的企业公司可以通过线上用户的产品选择把握用户的需求变动，并迅速做出符合用户需求的供给决策，把握市场发展先机。通过线上线下相结合的体育O2O模式，使投入和产出实现合理化，降低生产成本，提高发展效益。利用体育O2O模式来实现供需平衡的体育产业领域主要有以下几种。

（1）体育产品的在线销售与线下生产

即用户通过线上购买体育产品，使企业线下了解用户需求并实现合理化生产，因此体育产业的发展要充分借助互联网的优势平台，同时关注实体发展，将体育产业的"上线平台"与"线下资源"打通③。这样就减少了囤货的风险，保障了供应商的效益。

---

① 刘江鹏：《企业成长的双元模型：平台增长及其内在机理》，《中国工业经济》2015年第6期。

② 蔡银寅：《"互联网+"背景下中国制造业的机遇与挑战》，《现代经济探讨》2016年第1期。

③ 鲁雁：《产业生态化动因机制及其模型构建》，《统计与决策》2011年第4期。

（2）体育产品与服务的在线评价与改进

在用户体验了线下的产品或者服务后，企业通过用户的线上评价，了解产品存在的优势和不足以及用户对服务的需求，从而发挥产品的优势和改进产品存在的不足，并准确把握未来的服务增值取向。

（3）体育场馆、专业教练员的在线租赁和消费

线下用户通过App等软件进行对体育场馆和教练员的在线租赁，不仅可以使用户通过各种软件终端了解体育场馆和教练员的使用情况，在最短的时间内满足消费需求，并且市场还可以通过线上体育场馆和教练员的预订情况了解用户在不同时间对不同地点和不同类型的体育场馆和教练员的需求情况，减少体育场馆和教练员的供给过剩，实现利用率最大化。

（4）体育赛事的线上线下组织模式

各类体育赛事的组织机构可以通过线上营销情况来获取观众和参与者的上座情况和参与情况，并据此对比赛的安排进行实时调整，来提高比赛的上座率和参与率，最终提高比赛的经济效益和影响力。因此，互联网时代的"O2O"模式重构了体育产业的管理模式。

3. 技术模式重构：连接性、数据化、共享化趋势

首先，"互联网+"一个典型的特点就是连接性，与传统体育产业企业相比，这种连接不仅体现在"器物—器物"层面，也体现在"器物—人"和"人—器物—人"的深度层面，也正是因为通过互联网平台达成了"人的互联网化"才引发了社会、经济等的深层次变革。[①] 这就形成了互联网平台的强大影响力，所以互联网公司具有快速成长的特征，能够以极快的速度获得专属用户，因此，互联网体育企业具有较高的价值估值，从而容易增强融资后的资本实力，便于对传统体育领域进行重构。

其次，互联网体育企业可以在此过程中利用其快速便捷传播的优

---

① 夏元庆：《融合与创新："互联网+"背景下的体育产业生态趋势》，《南京体育学院学报》（社会科学版）2016年第3期。

势以及庞大而广泛的客户群,扩大自身影响力,通过自建自创或者购买等渠道获得体育 IP,以实现对体育核心产业链的控制。互联网高效快捷的数据传播速度与能力促进了一系列在线体育服务的出现,移动互联网技术驱动了一大批体育健身类 App 的产生与发展;智能手机和智能手环内的震动传感器能够在人们跑步或运动时进行计步统计等。互联网的共享特性也带来了体育产业的共享经济特性,2010 年,英国学者雷切尔·布茨曼等在《我的就是你的:"合作式消费"的兴起》① 中论述了互联网经济的共享特征。在体育赛事直播方面,也运用了 VR、AR、3D 技术和 360°全景摄影等一系列科学技术,为用户观看比赛和直播带来了全新的视觉体验,用户在观看直播时的实时弹幕互动又一改以往单向性的视频播放,实现了与其他共同爱好者的互联互通和共享,增加了用户对平台的黏性。

(二)"互联网+"体育产业发展面临的挑战

1. 管理体系和政策法规亟待完善

完善的经营管理体系和相应的政策法规是互联网时代"互联网+"体育产业得以持续发展的重要保障,虽然"互联网+"体育产业的融合已经成为时代大势,但是与之有关的政策法规体系存在很大的漏洞,呈现出明显的滞后性,这些因素都极大的限制了"互联网+"体育产业的发展。比如,由于监管不力和法律缺失,导致线上体育用品假冒伪劣现象严重,各种微商打着体育用品代购的幌子肆意横行,体育品牌的盗版产品充斥着网络,使消费者难辨真伪,合法权益难免受到侵害;体育用品的虚假评价极大的误导了消费者的主观选择,并造成了现在流行的"卖家秀"和"买家秀",消费者的线下体验不好,再次选择该产品的可能性大大减小,对正规的平台产品造成了一定的影响;企业间的无序竞争、盲目竞争、恶意竞争,不仅导致自身资金链断裂,还严重损害了消费者的合法权益。例如,典型以

---

① 参见阮晓东《共享经济时代来临》,《新经济导刊》2015 年第 4 期。

O2O 模式运行的健康猫平台，其投资的绿色健身行业本来是朝阳产业，但是由于缺乏严格的市场管理机制和风险预警机制，再加上该平台内部违法违规运作，最终导致资金链的断裂，直至 2018 年 9 月 30 日，广州公安局才通报对平台涉嫌非法吸收公众存款进行立案侦查，但已造成大量投资者的巨额损失。2018 年 10 月，又爆出杭州知名连锁健身房"英豪斯"跑路，有顾客花费数十万办卡，消费者面临维权困境时，因诉讼成本远高于损失预付款，最终只能是不了了之。正是因为中国法律对预付卡的办理与监管还存在空白地带，导致有组织的大型诈骗案经常发生。其次，关于体育赛事，以体育赛事视频为例，中国目前从事链接聚合侵权的 App 数量过百，每个 App 又有庞大的客户群体，甚至达到百万千万级别，侵权问题十分严重。虽然法律的强化和发展通常都会存在一定的滞后性，但是完善网络的相关法律和强化相应政策是迫在眉睫的，法律的发展和政策的完善必须紧跟时代发展的潮流，这样才能最大地减少体育产业领域由于科学技术的飞速发展和法律政策的空白的差异而造成的损失。

2."互联网+"体育产业发展缺乏复合型人才

在"互联网+"新技术革命潮流之下，传统的术业有专攻已经不能适应现下的各个领域融合发展的趋势，"一专多能"型人才才是未来各个企业所急需的，复合型人才是"互联网+体育产业"新生态模式发展的"短板"。目前中国面临的困境有，其一，互联网专业人才缺乏对体育的知识储备及体育营销知识、产业运作特点、产业运作要求等方面的认知。其二，体育产业领域的专业人才培养理论与实践脱节，缺乏"互联网+"的运作能力，除了互联网的新型技术难以操作，更重要的是，缺乏将"互联网+"新型技术特色与传统体育产业特点相结合形成自身企业运营体系的全方位复合型人才。"互联网+"是要和传统体育行业达到深层次的结合，"互联网+"体育产业的真正意义是移动通信网络加大数据收集、挖掘、分析、整合形成新的业务体系和商业模式，需要体育企业从规划咨询、搭建平台、网络推广、企业服务、实战指导、数据管理等方面形成缜密逻辑，而不是简单地把互联网的功能、手段和传统体育企业相结合，如果一直保持着过去的思维模式和业务模式，仅仅在传统体育行业的基础上加上一点互联网，这样的结合就是"老思想＋新模式"，是不会有前途和未来的。其三，互联网时代迅速到来，传统体育企业内部人才成长模式单一、不能适应科技发展的弊端立刻显现了出来。在新型人才供需失衡的情况下，一方面，新型人才通常价格昂贵，众多小规模体育企业将难以承担高昂的薪水。另一方面，如果此时体育企业立刻引进新型人才，也会面临"水土不服"的风险。另外，目前高校的人才培养体系是造成人才窘境的原因之一，随着"互联网＋"新业态和高科技的不断涌现，高校的课程培养体系已经不能紧跟企业对人才的需求，教学内容和培养目标与企业实践脱节，导致高校毕业生无法满足企业需求。从社会整体的发展来看，这些现象在很大的程度上都制约着"互联网＋"体育产业的快速发展。

3. 传统体育企业墨守成规，缺乏真正的创新

一些体育企业在认知层面上简单的认为"互联网＋"就是互联网加传统体育行业，比如互联网加比赛，互联网加旅游，互联网加营销等。"互联网＋"不是仅仅开通了一个网店、建一个网络平台或者微信公众号功能，不是简单地相加，这样体育企业的本质将毫无变化。"互联网＋"战略就是依托互联网平台，借助信息通信技术，将互联网与各行各业结合起来，以创造一种新的产业生态。[①] 在"互联网＋"的时代，"互联网＋"指的是一切传统服务和应用与互联网的连接，应该是专业、深刻、值得思考的，企业竞争就是信息的竞争，是速度、精确度、执行力的竞争，所以，传统体育企业想要转型必须不断顺应时代创新。而在当下，大多数的体育企业在"互联网＋"的大潮流下漫无目的地发展，毫无自身特色，品牌不突出的现象越来

---

① 梁枢、王益民：《"互联网＋"视域下体育制造业供给侧改革研究——O2O商业模式的开发与应用》，《体育与科学》2016年第4期。

越严重，完全不能吸引大众和传播品牌，墨守成规最终会导致存在感丧失。以2018年世界体育用品品牌排行第一的耐克为例，自身独特的LOGO、简约符号设计都让其具有强烈的可视性，增加了品牌的整体可见性，更是推出了聚焦产品Nike air max系列。除此之外，炫目的广告、各种一线明星、潮流的外观以及耐克不断更新的性能始终第一时间满足顾客的需求，还有其强大的售后服务，培养了大量的客户粉丝群体，并且后期不断地通过新产品的刺激，增加了粉丝客户群体对品牌的黏性。所以传统体育企业应该做的是从心态、意识和行业出发，在学习新模式的同时，去探寻和发现适合自己的"互联网+"方案，而不是盲目跟风，大多数企业都在注重"别人在做什么"，而不是"我要做什么"，脱离现有的方向，缺乏实时的创新精神，只吃别人剩下的，永远也吸引不了大众的目光。

4. 部分体育企业急于求成，贪大求全，盲目扩张

当互联网+传统集市成就了淘宝，互联网+传统百货成就了京东，在互联网的大趋势下，一些传统体育企业迫切地想要通过互联网实现转型升级，寻求企业创新发展，但不可否认的是，在转型中创新是一个循序渐进的过程，个别体育企业在战略初期都在畅想全品类扩张、全业态扩张、线上线下全面融合，过于理想化却忽略了对风险的考虑，急于求成最终导致问题暴发、寸步难行。以乐视体育为例，乐视体育近年来以高价拿下了包括英超联赛、NBA、中超联赛及ATP网球巡回赛等多项体育赛事在中国的独家转播权，甚至有些出价超过历史成本价10倍，并且不断发展媒体内容及互联网应用服务，经历了迅速的扩张，然而由于盲目扩张品类，超越了自身管理经验，而且复杂的业态牵涉面也广，这也导致乐视体育管理体系越来越混乱，加之多数互联网消费者还不能接受付费收看网络内容这个模式、一些智能体育用品尚未打开市场。乐视早已负债累累，只能靠整体裁员瘦身自救。再比如运动品牌德尔惠，就是因为自身定位不清晰，企业盲目扩张，导致大量存货积压，限制了整体周转运营。所以传统体育企业初次触及互联网，切忌迈大步。

(三)"互联网+"体育产业发展的应对之策

面对挑战,"互联网+"体育产业的发展应大力推进供给侧结构性改革,对于体育企业的低水平重复、贪大求全而导致负债率增加和资本风险提高应该做"减法",政策的滞后性、监管不力、体育企业管理不健全、人才的缺失等问题应该做"加法"。

1. 加强政策法规建设,减少因科技进步与法律滞后的空缺而带来的损失

在互联网时代,法律必须服务于体育产业创新发展的需要,体育领域的立法、行政、司法都要与互联网的发展阶段相适应。互联网时代的体育网络问题归根究底是体育现实社会问题的缩影,针对互联网时代所引发的体育产业网络问题进行网络治理,必须建立能够解决互联网时代不断滋生的新的体育社会问题的法律。其一,法学界应为互联网时代的规制和立法提供符合"互联网+"体育产业发展的理论依据和建议,立法程序的完善也必须与大数据和云计算等研究方法相结合。政府要对体育产业领域进行大数据的统计和调研,根据调研结果转变治理理念,以适应互联网时代中国体育产业的发展需求,建立与之相应的网络交易监管机制,保障和规范体育企业与消费者群体之间、体育企业之间的合法权益和有序竞争。其二,各级地方政府应该针对本地区体育产业领域发展问题特点进行政策规范和完善,不断出台一些新的政策法规以满足互联网时代体育产业发展的需求。其三,国家及各级地方政府要引入针对互联网时代体育产业的网络纠纷解决机制,实现案件分流,在必要时用以引导规范和监管治理体育网络纠纷问题,减轻法院压力,节约司法资源。其四,国家及各级地方政府要不断学习其他国家和地区相关领域政策法规的合理之处,比如,建立健全的体育类电子调解机制、电子仲裁机制、电子复议机制、电子司法机制、电子信访机制等。

2. 政府、市场和高校合作培养和供给"互联网+"体育产业复合人才

从政府层面来看,应该针对传统体育企业转型期可能出现的复合

型人才缺失进行政策和资金方面的支持和鼓励。从体育企业层面来看，第一，可以针对本单位的职业需求和工作模式进行人才入职前的岗位培训。体育企业可以专门高薪聘请较知名的互联网专业人才，为刚毕业的体育专业实习生设立实习培训岗位来学习积累经验，通过入职培训以满足自身的复合人才需求。第二，体育企业应该转换思维模式，将各个岗位的人才进行能力互补，比如将体育管理型人才和体育销售型人才合理搭配，通过双方沟通交流了解岗位业务情况，相互配合共同作出决策完成工作，得到新的业务模式、合作模式，实现一加一大于二的效果。从高校层面来看，不仅需要改变体育学科内容和设置，还要与各个体育企业建立合作机制，包括实习岗位和实习基地、定向培训等，从"互联网+"体育产业新型人才的培养模式入手，从根源解决和优化复合人才供需问题，实现无缝对接。更重要的是，互联网已经是一种社会大势，要想补齐这个"短板"，要从培养"互联网思维"入手，体育人才要培养一种互联网时代创新的意识、能力、思维。不仅要掌握体育产业实践的发展特点，而且要运用互联网思维，借助互联网的优势，建立适合体育企业运营的发展体系和战略模式，这样才能够真正协助"互联网+"体育产业的长足发展。

3. 深剖"互联网+"的内涵，注重创新引领，达到核心竞争力的全面升级

"互联网+"体育产业的"+"是互联网与传统体育企业之间的连接和融合，包含了互联网与传统体育企业之间的方方面面，不仅包含了政府对"互联网+"的政策鼓励与监督扶植，互联网公司与传统体育公司之间的探究和摸索，互联网公司对传统体育公司的不断造访，还有线上线下各种设备、技术和模式。所以，"互联网+"体育产业的"+"是政策、技术、人才和服务的连接。传统体育企业想要成功转型，凸显自身的价值和存在感，必须要顺应互联网时代的发展规律，不断结合互联网的思维机制，对企业的经营管理和体育产业的上下游价值链进行改造。首先，传统体育企业应该以"平等、开

放、协作、分享"的互联网精神为思想基础和重要指标来促使自身"互联网化"。传统体育企业要利用互联网快捷、精确等优点,建立便捷的交流平台,使企业能够和员工、客户以及合作伙伴进行友好互动,企业的管理不再是企业管理者单方面的决策,从而可以随时改变和调整,随时进行创新。其次,要用量变引起质变,当体育企业发现客户有新的需求时,要第一时间做出调整和改变,第一时间满足客户需求,用速度来进行实时创新,不断积累,最终完成质的创新。最后,体育企业要突出品牌特色,增加卖点,让体育品牌具有可识别性,从品牌 LOGO 入手,使品牌具有整体可见性,学会创造消费者需求。一款成功的体育品牌,除了与自身的功能、价值、质量、服务等有关,更重要的是客户对其强大的需求,在"互联网+"的时代,先有产品再有市场的法则已经发生了颠覆,企业必须学会创造客户需求,并不断进行刺激以防客户流失。

4. 回归客户需求、大数据预测、创新战略规划

其一,好的体育品牌需要有明确的定位、认真规划等长期的建设,而不是空喊口号就能定位品牌形象。所以体育企业必须明确品牌定位,建立以客户为中心的战略目标。对于客户群体而言,体育公司应该注重于服务的内容和产品、形式等是否真正为客户所需要和认可,而不是自认为先进和"完美"却被客户所摒弃的服务,要从基础调查、产品性能、销售管理、售后服务、效果总结等多方面着眼于客户体验和需求,企业无论想推广还是创新,都要围绕市场和客户的需求进行,企业每一个行为目标都要指向客户的需求。例如 2015 年 3 月,李宁公司宣布联手小米手环将推出新一代智能跑鞋,开拓智能运动领域。① 正是因为创新性地应用商业价值,满足市场需求,所以抢到市场发展先机,吸引了更多的消费者。

其二,目前中国体育企业中没有一家真正做到对体育运动数据的

---

① 李滨、刘兵:《全球价值链新动向对我国体育用品业发展的启示》,《上海体育学院学报》2017 年第 2 期。

统计，没有这个数据作为基础，互联网时代的大数据更是无从谈起。体育企业想要实现成功转型，必须借助互联网时代的技术、智能设备、算法、语言等对人体运动数据和健康数据等进行收集、统计、分析，这样才能真正使体育企业的大数据在互联网时代派上用场。

其三，在互联网时代，传统体育企业想要创新转型，应该小投入、快行动，试错和调整并举，探寻最适合自身运营的战略。而不是贪大贪急，在盲目扩张中失去自我。

其四，发展过程中要有创新的战略规划。传统体育企业转型发展时更应该注重"互联网+"战略如何布局，行动计划如何执行，组织架构如何设计，创新机制如何变革，如何以更高的速度和更低的风险去完成"互联网+"的变革。通过牢牢把握核心价值，高效率整合低效率，用互联网的新型机制重构商业价值链，创造出新型供应渠道。并将对用户的调研和用户反馈结果囊括在纠错机制中进行积极改进，形成在企业内部进行创新的标准化体系，以便时刻吸引更多且坚定的资本投资。

供给侧结构性改革是一场顺应时代的全面变革，而互联网时代的创新不仅代表着一种技术的创新，而且代表着一种全新的思维方式。互联网通过与体育产业及其相关的各领域进行深度融合，不断对体育产业相关领域进行解构与重构，带来体育产业相关的各领域技术的进步和革新。在供给侧结构性改革的背景下，"互联网+"体育产业的创新成果将带来一种全新的体验，全面提升体育产业的生产力和创新力，构建一种以供给侧结构性改革为导引，以互联网为平台和基础的"互联网+"体育产业发展新业态。互联网体育时代已经全面开启，"互联网+"体育产业新业态已经形成，随着改革的不断深入，互联网技术的不断提高，"互联网+体育产业"将会不断出现更多的创新模式。

第四节　促进区域结构优化：厘清生产要素禀赋，科学布局优势产业

对于体育产业的发展来说，如果说市场是体育生产活动过程出口需要解决的问题，那么要素资源则是这个过程入口，即"供给侧"需要解决的问题。中国幅员辽阔，地大物博，作为供给侧的要素，不同区域之间，在自然资源（地理环境）、人文资源、土地、人力与技术、信息、资本、制度供给等方面各有特色，又差异较大。这种特色和差异延伸到体育产业领域，造成了不同区域体育产业各有特色的同时，差异较大，存在区域间不平衡现象。

第三章的相关研究显示，中国体育产业的集中度很高，主要分布在广东、福建、江苏、浙江、上海、北京、山东等省市，逐渐形成了京津冀、长三角、珠三角、海峡西岸等产业集群。而广大中西部地区，近些年，其体育产业虽然取得了长足的发展，但相较于东部体育产业"发达"地区，仍有较大差距，产业增加值在GDP中的占比普遍偏低，对国民经济的贡献相对低下。

东部地区在体育产业发展态势良好的状态如何更进一步，中西部地区体育产业发展如何定位，区域之间体育产业发展如何协调？要解决这些问题，必须厘清各地区的要素禀赋，厘清各地区体育产业发展的实际情况，并据此确定区域应该着重发展的特色产业，以及重点布局的主导产业。

一　厘清区域要素禀赋及发展特点，确定区域体育产业主导业态

对区域要素禀赋进行考察，东部和中西部的着力点不同。

东部地区有着较为充裕的物质支撑，资金来源广，改革开放程度高，很容易吸纳外出务工人员和专业技术人员，民众的体育消费水平也高，制度供给也相对完备，高水平赛事活动也相对较多，特别适合

开发体育竞赛表演、休闲体育、体育用品（服装）制造，以及体育相关产品服务贸易等行业。在这些地区，体育产业已经形成一定的规模，今后一个时期，其发展重心不在于继续扩大规模和调结构上，而在于如何发挥既有优势，将有多年积淀的、相对成熟的行业提质增效，上水平，出精品。东部地区应发挥创新要素集聚的优势，加快在创新引领上实现突破，推动东部地区体育产业率先实现高质量发展。应加快培育在国际上有广泛影响力的制造业集群、体育赛事集群、体育休闲活动集散地，引领新兴产业和现代服务业发展，提升要素产出效率，率先实现产业升级。

中西部地区优势在于适合进行体育产业开发的自然资源和人文资源比较丰富，弱势在于资金、人力与技术资源，对外交往便利程度，以及制度供给等。受弱势要素所限，中西部地区的体育产业发展相对滞后，发展基础较为薄弱。在这种状况之下，今后一个时期，中西部地区发展体育产业的重心在于创规模、调结构，抓特色，出特品。由于体育产业的比较优势和区域经济结构、市场结构、需求结构连接在一起，大多数省份的体育产业规模很难赶超东部地区。中西部有很多好的、适合于体育产业开发的自然资源和人文资源，但生产要素供不应求的矛盾比较突出，资金、技术、人力等要素资源都较为稀缺，无法满足各个行业同时发展的需要，这就决定了中西部地区发展体育产业坚决不能走东部的模式，必须优先选择一些投资回报高，见效快、有特色的行业，实现有限的资源在这些行业的聚集，实现资本的快速积累，形成经济落差和经济势能，以带动西部体育产业的整体、持续、健康发展。

长期以来，中西部地区在制定本地区体育产业发展政策时，往往把着眼点放在国家要优先发展的行业，或者东部发达省区市成功的行业上，对本地区的要素禀赋考虑较少，导致地区间体育产业的结构趋同。笔者汇总了近年来各地促进体育产业发展的政策文件，发现在产业体系的构建上，"眉毛胡子一把抓"的情况比较严重，在产业发展任务的选择上，趋同性明显。这可能出于几种原因：一是对区域体育产业要素禀赋疏于调研，制定政策时，将国家政策，或其他地区的政策直接套用；二是迷思，包括对规模的迷思，对追求"十全十美"的迷思，比如"我们怎么能落后于"别人"呢，别的区域有的，我们也一定要有"。

这种状况必须改变，当地区间体育产业的要素禀赋不同时，建立相似的产业结构并不会带来相似的经济效益。区域体育产业结构趋同或同构，可能会带来地方保护主义和形成恶性竞争，技术相对落后，或资金相对缺乏，或某行业发展基础薄弱的地区，在市场竞争中有极大的概率会失去某行业的发展空间。要想缩小中西部地区与东部地区在体育产业发展方面的差距，关键在于要选择一个具有比较优势、能够提高西部体育产业发展效益的产业结构和产业模式。

中西部地区，在进行体育产业开发时要坚持有所为有所不为，要根据要素禀赋状况及市场反应，该重点发展的认真谋划，大力推进，该出局的应由市场自然淘汰出局，改善当前一些靠政府支撑，且浪费本就稀缺的资金等要素资源的现象。东部地区亦如此，并不是发展态势良好就要全面出击，要巩固好自己的优势，以高质量发展为目标。全国一盘棋，每个区域不应脱离自身的要素禀赋，去追求大而全体育产业发展模式，而应该探寻各自的"独有竞争力"和差异竞争力，开发具有区域特色和市场竞争力强的体育产品，塑造品牌。不同区域特色的展现，汇聚成河，才能实现全国体育产业体系的完善和高质量发展。

笔者通过实地考察，查阅大量文献，对中国各省（区、市）[①] 发展体育产业的要素禀赋和优势进行了梳理，提出了相应的特色业态，或者重点发展业态的建议（见表4-7）。与辽宁省、吉林省、内蒙古自治区东部地区实现对接，合力打造跨区域营地网络，形成一批东北地区特色主题自驾线路。

---

① 此处涉及区域，不含中国港、澳、台地区。

第四章 供给侧结构性改革背景下体育产业结构优化的战略路径

表4-7 **各省（区、市）发展体育产业的优势资源及特色（重点）定位**①

省（区、市）	优势资源（基础）	特色（重点）定位
黑龙江市	1. 幅员辽阔，冰雪资源禀赋优势突出 2. 冰雪竞技体育大省，为中国冰雪运动发展培养了大批人才 3. 拥有大小兴安岭、完达山脉、张广才岭等山地资源优势，生态环境好	1. 以品牌赛事打造为依托，以科技创新为引领，重点打造体育竞赛表演产业 2. 优先发展冰雪旅游、生态旅游、户外运动三大全谱系旅游产品和赛事活动 3. 大力支持冰雪装备制造产业的发展
辽宁市	1. 竞技体育大省，很多项目在全国位于领先 2. 冬季冰雪期长，滑雪场地设施供给较好 3. 老工业基地，装备制造业转型	1. 探索精品赛事的市场化运作模式，打造精品赛事和品牌赛事 2. 重点扶持发展冰雪运动产业园区 3. 推进体育用品及装备制造园区建设
吉林市	1. 地处世界黄金冰雪纬度带，冰雪运动发展走在全国前列 2. 近年来在国内国际冰雪赛事中取得较好的成绩	1. 构建以冰雪运动、冰雪旅游、冰雪文化、冰雪装备为核心的冰雪产业体系 2. 打造成为全国冰雪运动示范区 3. 举办冰雪特色赛事。依托冰雪资源优势，形成一批具有地域特色和品牌影响力的冰雪健身休闲赛事和活动
北京市	1. 高端赛事资源丰沛，办事经验丰富 2. 作为首都，会集大量有较高文化水平的人才，对休闲健身需求高 3. 汇聚大量的体育场馆 4. 高校、科研院所众多 5. 资本获取途径多	1. 大力发展体育竞赛表演业，打造高端赛事，加快培育体育赛事经纪服务能力，着力发展体育传媒业 2. 大力发展体育健身休闲业 3. 推进体育场馆运营管理体制改革，大力发展场馆服务 4. 发展体育科技与创意策划产业
天津市	1. 地理位置优越，交通发达，天津港是中国北方第一大港 2. 工业发达，科技雄厚，高素质人才多 3. 赛事资源多 4. 排球之城	1. 鼓励各类市场主体引进国际品牌赛事，打造自主品牌、特色品牌赛事 2. 打造国际体育商务、体育会展 3. 重点建设滨海运动休闲产业带 4. 加速体育科技创新发展，推动体育制造业向智能化、高端化方向转变 5. 打造国际高水平排球俱乐部

① 此处的特色（重点）定位，是笔者的研究建议，不是已经有该做法。

续表

省（区、市）	优势资源（基础）	特色（重点）定位
河北市	1. 拱卫京津，交通便利 2. 冰雪、户外山地休闲资源丰富 3. 体育用品制造业具有一定基础 4. 承办2022年冬季奥运会部分雪上项目赛事	1. 打造张家口滑雪运动产业核心区和承德冰上运动产业核心区，构建冰雪赛事、冰雪旅游、冰雪装备制造、冰雪运动休闲、冰雪教育培训全产业链 2. 构建以京津等地为主要目标市场的、具有河北特色运动休闲产业体系 3. 主动承接京津和国内外先进地区产业转移，加强自主创新，提升体育制造业整体竞争力
山西市	1. 具有深厚的山水风光禀赋和历史文化底蕴 2. 拥有丰富的航空体育资源 3. 是国内发展健身器材最早的地区，有"引领潮流"企业，且是国内健身器材行业十多个国家标准的主起草单位	1. 以现有自然资源为依托，重点推进体育与康养业的融合发展 2. 大力发展航空体育运动产业 3. 承继健身器材行业优良的发展基础，大力发展高品质体育用品制造业
内蒙古自治区	1. 拥有丰富的民族特色体育资源，赛马、搏克等民族传统体育项目享誉国内外 2. 冰雪、草原、沙漠等自然资源丰富 3. 具有独特的医药资源	1. 构建由草原体育、冰雪体育、沙漠体育、森林体育、少数民族节日体育、民族体育赛事等组成的体育旅游产品体系 2. 重点支持滑冰滑雪、徒步、赛车等体育赛事及活动发展，依托草原资源抓好马术、那达慕项目，依托冰雪资源抓好冬季体育项目，沙漠资源抓好赛车体育项目 3. 康体结合，发挥医药在运动康复等方面的优势作用，开展健身咨询和调理等服务
上海市	1. 独特的地理位置与海派文化 2. 区域经济发展迅速，产业结构不断优化 3. 城市化与市场化水平高 4. 居民可支配收入不断提高，娱乐文化消费支出比重日益增加 5. 基础设施完备，体育产业外部环境优越 6. 长三角区域一体化战略 7. 高端赛事资源多 8. 体育用品业形成品牌效应	1. 建设全球著名体育城市，打造世界一流的国际体育赛事之都、国内外重要的体育资源配置中心、充满活力的体育科技创新平台的战略目标 2. 将体育服务业作为服务经济的重要突破口。重点发展体育竞赛表演业、体育健身休闲业、场馆服务业 3. 借助上海市的科技先进优势，打造高端体育用品业

第四章 供给侧结构性改革背景下体育产业结构优化的战略路径

续表

省（区、市）	优势资源（基础）	特色（重点）定位
山东省	1. 产业发展基础环境优良，产业发展规模效益显著，拥有若干实力雄厚的体育用品制造企业，产业集中度高 2. 拥有山东半岛蓝色经济区山、河、湖、海、泉、岛等特色资源 3. 竞技体育综合实力较强 4. 航空运动产业基础设施较为完善；航空运动制造业明显增强	1. 打造环渤海、黄河三角洲品牌体育装备制造业基地 2. 推进航空运动产业发展 3. 打造具有自主特色的品牌赛事 4. 加速体育制造业转型升级，加快研发中心建设，积极采用新技术、新材料等，引进创新人才，提升产品质效 5. 构筑现代海洋体育产业体系
江苏省	1. 体育产业规模较大，形成品牌效应 2. 体育产业基础良好 3. 区位优势明显，长三角、大运河文化带、淮河生态经济带等国家战略交汇叠加 4. 竞技体育实力位居国内前列 5. 具有良好的资本禀赋	1. 承接良好的发展基础，加强品牌建设，打造由体育用品、赛事、服务及培训组成的品牌集群，推进体育产品和服务标准化建设 2. 发展"互联网+体育旅游"，抓住战略机遇，区域联动，提升体育健身休闲产业和体育旅游发展能级 3. 加大体育产业基地、体育服务综合体、体育特色小镇、体育公园等载体的建设
浙江省	1. 体育健身休闲服务业和体育传媒与信息服务具备明显专业化优势，健身休闲产业集聚效果显著 2. 社会资本投资活跃 3. 体育与用品制造业发达，形成集聚效应	1. 依托市场主体的力量，尤其是引导扶持社会资本办体育 2. 继续发挥体育健身休闲服务业和体育传媒与信息服务的优势，打造世界级品牌 3. 加大科技研发和创意设计投入，进一步打造体育用品制造业品牌
安徽省	1. 自然环境条件优越，产业基础较为坚实 2. 徽文化、皖江文化、庐州文化、淮河文化等四大文化圈，为安徽省民族传统体育奠定了厚实的文化底蕴 3. 渔具等特色体育用品制造业形成品牌效应	1. 发展山地、峡谷等户外运动，打造品牌户外运动赛事和活动 2. 整合民族、民俗传统体育文化，服务于全民健身，开发特色体育表演产品 3. 着力发展渔具等特色体育用品制造业，推动体育用品制造业专业化发展
福建省	1. 区位优势明显、政府高度重视、投资环境优越、大量外资注入等 2. 体育用品制造业和体育用品销售业发展水平远远高于体育服务业，且形成集聚、品牌效应 3. 滨海体育资源丰富	1. 继续发挥在运动器材制造、体育服装鞋制造方面的突出优势，加大自主创新，推动体育用品制造向高、精、专、品牌化的方向转型，打造世界知名的体育用品制造基地 2. 打造滨海运动休闲产业带

续表

省 (区、市)	优势资源(基础)	特色(重点)定位
江西省	1. 体育电子设备开发有基础 2. 拥有得天独厚的江河湖泊等自然水域资源 3. 红色文化、民俗体育资源丰富 4. 新中国航空工业的摇篮	1. 继续打造以体育电子设备开发、生产、销售的产业链 2. 推动体育产业与红色旅游、民俗文化旅游融合发展 3. 推动航空运动产业的集群化、智能化、本土化建设 4. 大力发展水上运动产业
河南省	1. 以少林武术、温县太极拳为代表的传统武术资源丰富 2. 地处中原,具有区位优势,交通便利 3. 坐拥"三山两河",适合开发体育旅游的山水资源丰富 4. 人文底蕴丰厚,洛阳、开封等"古都"文化源远流长	1. 大力发展武术竞赛、培训、旅游产业,打造世界武术培训中心、"世界功夫之都" 2. 大力发展运动体验、赛事观赏、户外运动、体育节庆等体育旅游项目 3. 开发"古都"体育文化品牌 4. 利用区位、交通优势,打造体育物流园区,建设内陆体育用品交易中心
湖北省	1. 科教创新资源富集 2. 山水户外运动资源丰富 3. 以湖北省-恩施土家族苗族自治州民族体育、神农架滑雪、滑草、宜昌长江三峡龙舟、清江闯滩节、武汉抢渡长江挑战等为代表的民间体育资源丰富 4. 武汉市城市体量大,具有雄厚发展体育竞赛表演业的市场基础	1. 建设高水平体育产业研究基地,抓紧培育一批体育工艺、体育标准化等方面的专业机构 2. 打造一批国家级山地户外运动产业带、水上运动产业集聚区、汽摩运动产业示范区,发展特色体育健身休闲业 3. 加强与国际单项体育协会合作,引进和培育一批长期落户湖北的国际顶级赛事 4. 充分发挥民间体育特色,依据地理资源,发展"体育+旅游"
湖南省	1. 居于"东部沿海地区和中西部地区过渡带"和"长江开放经济带和沿海开放经济带结合部",具有区位优势 2. 适宜开发体育产业的自然资源和文化资源丰富 3. 新能源汽车、直升机制造具有产业优势 4. 体育用品发展有一定基础	1. 着力打造具有湖湘特色的户外休闲活动品牌 2. 结合新能源汽车、直升机制造的产业优势,发展新能源汽车、跳伞等新型运动休闲项目 3. 加快发展体育制造业,不断丰富体育用品的文化创意和设计,增加体育用品附加值,提升市场竞争力 4. 加大"江、湖、山、道"全民健身品牌活动和"一县一品"特色体育项目建设

第四章 供给侧结构性改革背景下体育产业结构优化的战略路径

续表

省 (区、市)	优势资源（基础）	特色（重点）定位
广东省	1. 制造业和科技发达，具有打造高端体育用品制造产业的优势 2. 高端体育赛事资源丰富 3. 经济发达，民众对体育消费能力强 4. 对外开放前沿，进出口贸易发达 5. 具有丰富的沿海岛屿、沙滩、山水生态资源和人文历史及场馆资源	1. 支持企业与高校、研究机构合作建立产学研一体的体育产品开发机制，大力发展高技术含量、高附加值的高端体育用品制造业 2. 推动粤港澳国际体育用品博览会暨广东国际体育用品博览会逐步办成国内有影响力的体育资源交易、技术交流和宣传推广平台 3. 大力发展休闲体育产业和体育竞赛表演业，释放人民群众消费潜能。培育沿绿道碧道、沿南粤古驿道、沿江、沿海、沿山休闲体育产业带
广西壮族自治区	1. 自然资源优势：山水人文、长寿养生、滨海休闲、森林湿地，气候舒适宜人 2. 民族文化资源优：壮乡文化 3. 与东盟国家的合作便捷	1. 利用山水资源，发展户外运动产业；利用海洋资源，发展帆船帆板、赛艇等滨海体育产业 2. 打造三月三、炮龙节等一批民族传统体育赛事和节庆活动品牌 3. 加强与东盟国家和中国西南中南地区的体育产业交流合作 4. 促进体育与养生、度假等产业融合发展，大力发展运动养生和康复度假旅游
海南省	1. 自然资源丰富、地理区位独特，背靠超大规模国内市场 2. 气候独特、海岛风情 3. 自贸港零关税、低税率、简税制以及免签等自由便利政策	1. 推动体育和旅游深度融合，集中力量，推进海南省国家体育旅游示范区建设 2. 大力开发海南特色的体育竞赛表演项目，举办影响力大、游客参与面广、延续性强的体育表演赛事活动 3. 建构以海引领、陆空跟进的休闲运动产业格局 4. 发展体育冬训产业
四川省	1. 地形地貌多样，其中体育元素与旅游资源丰富，并且进入性较强 2. 少数民族众多（尤其是川西地区），民族体育资源丰富，且有特色 3. 成都作为区域中心城市，规模大，产业集聚效应强	1. 以区域资源禀赋为依托，以环境容量为红线，大力发展户外运动和体育旅游活动，加快建构绿色生态山地运动产业带、蓝色水上运动产业带和白色冰雪运动产业带 2. 大力发展民族民间风情体育产业 3. 支持成都加快建设世界赛事名城，创建国家体育消费试点城市、国家体育产业发展协同创新中心

续表

省（区、市）	优势资源（基础）	特色（重点）定位
云南省	1. 拥有建立"低海拔—亚高原—高原—高高原"的立体化、多层次、梯级化的高原体育训练资源 2. 聚居着25个世居少数民族，是民族体育之乡，至今依然保留着300多种民族传统体育项目，占全国民族体育项目的40%以上 3. 同三个东南亚国家接壤，是中国链接南亚东南亚的国际通道	1. 重点打造特色高原体育训练产业带，凸显"基地经济"效应 2. 重点建设能体现高原特色的民族、民间、民俗体育文化旅游精品 3. 服务国家"一带一路"建设，面向南亚东南亚，建构体育产业辐射中心。积极实施体育文化"走出去"战略
贵州省	1. 发展体育产业有着显著的山地优势、生态优势、气候优势、文化优势。拥有中国最大、最典型的喀斯特峰林 2. 贵州山地民族特色体育资富集，由49个民族组成，每个民族的传统节日、各民族节庆活动共约有1000个 3. 有丰富的中医药资源	1. 高质量推进山地民族特色体育大省强省建设。加快体育和旅游深度融合，以贵州省创建全国体育旅游示范区为契机，把气候、地貌、民族文化优势和大生态、大健康、大扶贫、大旅游融合发展，深度挖掘山地民族特色体育资源 2. 积极开发民族传统竞技活动和举办特色传统赛事，积极支持有条件的地区建设生态体育公园、山地健身步道和全民健身户外体育休闲基地 3. 依托贵州中医药资源，拓展"体医结合"理念，深度开发健康养生产业
重庆市	1. 大山大水，环境优美，适合开展户外运动 2. 直辖市，产业集聚程度高 3. 拥有"渝新欧"国际铁路联运大通道和保税区等平台	1. 结合重庆的大山大水的自然特征和优美的生态环境，以开展户外运动为龙头，将户外运动、健身休闲、旅游资源及其他条件有机结合，建成户外运动健身休闲聚集区和全国户外运动爱好者首选目的地 2. 打造都市体育产业核心区，重点发展健身休闲、赛事表演、中介培训、文化传媒、商务流通等体育服务业 3. 培育壮大体育用品业，发展探索高端体育用品跨境电子商务、保税商品展示交易等新型服务贸易，建设辐射西部、面向全国的体育用品展示集散中心

第四章　供给侧结构性改革背景下体育产业结构优化的战略路径

续表

省（区、市）	优势资源（基础）	特色（重点）定位
西藏自治区	1. 世界级的登山探险（喜马拉雅山）、户外运动、旅游观光资源优势 2. 区域级的民族传统体育资源优势及政策优势 3. 独特的藏族医药资源	1. 依据喜马拉雅山脉区位优势，结合世界旅游目的地建设需要，将全区作为整体户外运动大区进行规划，打造"区景合一"的户外运动天堂，打造世界级登山文化展示中心，重点培育具有国际影响力的喜马拉雅山地户外运动品牌 2. 挖掘、保护和推广民族传统体育项目，发展民族传统体育表演业 3. 发挥藏族医药在运动康复等方面的特色作用，提倡开展健身咨询和调理等服务
陕西省	1. 省会西安区位优势明显，作为西北地区最大城市和陆上丝绸之路的关键节点，具有区域集聚效应 2. 旅游大省，旅游资源丰富。秦岭（中国南北分界线）山水户外运动、红色旅游资源丰富，且具有独特性 3. 文化大省，人文资源品质高绝 4. 高校和科研院所聚集，科技和人才资源禀赋优良 5. 第十四届全国运动会在陕西举行——西部地区第一个承办全国运动会的省份	1. 依托省内各大高校和科研机构，推进体育产业园区建设，打造体育产业众创空间，从事传统体育用品、现代体育装备、智能穿戴设备、体育智能系统的研发生产 2. 以西安为中心，以秦岭山水、陕北红色旅游，及人文陕西为特色，打造户外运动、体育旅游大省 3. 借第十四届全运会东风，将"办赛"与"营城"相结合，将西安打造成"体育名城"与"赛事名城"
甘肃省	1. "丝绸之路"纵贯全省，沿线山地、草原、沙漠等适合开展户外运动的资源丰富；适合开展低空滑翔运动的资源丰富 2. 文化大省，拥有丝路文化、伏羲文化、敦煌文化等资源 3. 拥有崆峒山、麦积山、天水温泉等养生胜地资源	1. 实施"丝绸之路"体育健身长廊建设，推动体育与户外运动（山地户外、草原户外、沙漠户外）的融合发展。支持低空滑翔基地建设 2. 推动建设丝绸之路体育文化产业带，开发地域文化特色浓郁的体育运动项目 3. 推进体育与健康产业融合发展，推广覆盖全生命周期的运动康养服务
青海省	1. 环青海湖户外运动、民族风情资源奇绝。环青海湖自行车骑行已成知名品牌 2. 青藏高原最易进入的部分，具有浓郁的高原风情	1. 继续打造以环青海湖国际公路自行车赛为典型标签的户外运动赛事和活动 2. "体育+文旅"，致力于打造"高原体育　健康青海"体育标签，掀起体育生态旅游新热潮

续表

省（区、市）	优势资源（基础）	特色（重点）定位
宁夏回族自治区	1. 拥有独特的沙、山、水、廊、岸等体育旅游资源	1. 选取户外体育休闲拓野线路，将体育与旅游、体育与文化融合，致力于打造集体育、文化与旅游于一体的全生态户外健身休闲体育产业和体育旅游产业
新疆维吾尔自治区	1. "一带一路"沿线主要省份，区位优势独特 2. 地域辽阔，地形、地貌齐全，适宜开展户外活动的资源品质高且丰富。少数民族体育资源颇具特色	1. 大力推进体育旅游（登山、探险、滑雪等）产业发展。体育精品线路、体育精品景区等 2. 积极打造具有新疆地域和民族特色的体育精品赛事 3. 助推丝绸之路经济带核心区文化科教中心（文化体育）建设

二 发挥联动优势，促进区域协同发展

由于行政区划的影响，各省（区、市），各地方常常陷入"各自为战"的樊篱。从而导致生产要素流动不畅，资源配置得不到优化；导致地区间的重复建设、低效无序、盲目或恶意竞争。厘清体育产业发展的要素禀赋，确定区域发展的优势产业，并不是要以邻为壑，而是要在明晰比较优势的基础上，更好地分工协作。相近的区域往往有相近的要素禀赋，应对优势资源进行整合，发挥"1+1>2"的效能。

东部地区在体育产业发展中，进行了一些区域协同，打造体育产业增长极的探索。如京津冀地区以高端赛事资源丰富为切入点，大力推进体育赛事、运动休闲（冰雪运动）为主导的协同发展；珠三角地区充分利用其对外开放、轻工业发达、资金、技术优势，以及较高收入带来的对高品质体育生活的追求，协同发展竞赛表演、运动休闲和体育器材装备制造，形成区域联动；长三角地区的优势与珠三角相似，区域内充分协调，上海、江苏、浙江等地协同共进，大力发展体育竞赛表演、体育健身休闲、运动器材生产制造产业；海峡西岸地区利用开放早，资金充足，轻工业发达的优势，布局体育用品、运动服

装产业；以山东为代表的环渤海地区，依托众多行业内优秀品牌所带来的良好体育产业基础，大力推进科技研发，形成高水平体育装备业集聚地。这些尝试是成功的，从全局观出发，强化区域一体化思维，东部地区已经形成了若干具有示范引领作的区域协作典型。

中西部地区可用于体育产业开发的自然资源和人文资源丰富而高品质，有众多可以协同开发的元素，如陆上丝绸之路，在国内经过河南、陕西、甘肃、新疆四省区[①]，并可以溢出效应至山西、青海、宁夏等地。该线路地貌多样，风景壮美；民族众多，人文荟萃。可以联合打造丝绸之路汽车（摩托车）拉力赛、丝绸之路自驾游等品牌赛事和体育旅游活动，并充分发掘沿线的民族和民俗体育资源，开展有西北民族和地域特色的体育表演活动。又如，红军长征，经过14个省区，行程2万5千里，串联起西南、西北，这和十三届全国人大四次会议通过《中华人民共和国国民经济和社会发展第十四个五年规划和2035年远景目标纲要》中提出的"促进西北地区与西南地区合作互动""传承弘扬红色文化"相契合，此线路沿途省区可加强沟通，就开发红色体育赛事和旅游等资源展开合作。中西部地区加强区域间协同，应准确厘清哪些是能够进行体育产业开发的资源，充分利用江河湖海、山地、沙漠、草原、冰雪等自然资源优势，进行区域整合，推出"一站式"体育健身休闲和体育旅游产品组合。各区域内的体育管理部门，应破除樊篱，从体育产业发展利益最大化角度出发，协商解决区域体育产业的分工协作，充分发挥区域体育产业的整体优势，科学确定区域内部利益分配机制，共同促进体育产业高质量发展。

---

① 国内"流行"的说法，是丝绸之路始于长安。实际上，东汉时期，由于都城迁至洛阳，丝路起点也延伸至洛阳。第38届世界遗产大会同意中国与吉尔吉斯斯坦、哈萨克斯坦联合提交的"丝绸之路：长安—天山廊道路网"文化遗产申请项目，将其列入《世界遗产名录》，其中包含河南省的四个申遗点。

第五章 结论与研究展望

第一节 研究结论

一 体育产业供给侧结构性改革的行动逻辑和应避免的认知误区

"供给侧结构性改革"自 2015 年底明确提出以来,已经成为当前和今后一个时期经济发展和经济工作的主线,并成为习近平新时代中国特色社会主义经济思想的重要组成部分。在体育产业领域,也将供给侧结构性改革作为新时代推进产业高质量发展的重要抓手,并大力推进。

供给侧结构性改革是优化体育产业要素配置,激发创新创业活力,通过创新体育供给,释放体育新需求,实现体育产业发展的动力机制转换,也是推动体育产业高质量发展的重要路径。改革的切入点是"供给侧";改革的方式是"结构性"的调整、优化;而"改革"则是"灵魂"。体育产业供给侧结构性改革不是对结构的"常规性"调整,而是要以创新为手段,改革为保障,开辟结构优化的新路向、新方式和新途径,以达成体育产业的科学转型与高质量发展。

在当前和今后一个时期,体育产业发展要以供给侧结构性改革为主线,基于以下行动逻辑:体育产业供给方面存在结构性问题,需要通过结构性改革,优化体育产业结构来解决;要以推动体育产业高质量发展和转型升级,作为改革的核心目标;要以全要素创新,创造优质的体育产业生态,作为改革的手段;要将推动体育产业制度创新和体育治理方式现代化，作为改革的保障。

中国的供给侧结构性改革着力提高供给体系质量和效率，增强经济持续增长动力，推动社会生产力水平实现整体跃升，这和西方供给学派的改革路径有着云泥之别。在推进体育产业领域的供给侧结构性改革时，应正确辨识供给侧结构性改革中在认识和实践方面的以下误区：仅仅将供给侧结构性改革作为"口号"，而无实质内容；将供给侧结构性改革等同于传统意义上的调结构；体育产业供给侧结构性改革就是集中力量扩大供给；体育产业结构高级化就是提升体育服务业占比；体育产业供给侧结构性改革是以自由市场作为唯一治理模式。推进体育产业供给侧结构性改革，必须头脑清醒、思路清晰，必须结合中国经济发展和体育产业进入新常态的大背景，学习和把握习近平新时代中国特色社会主义经济思想，坚持社会主义市场经济改革方向，既要充分发挥市场对体育资源配置的决定性作用，又要发挥好政府的作用，既重视供给侧，又关注需求侧，将重点放在"改革"上，通过结构调整，提升体育产业的供给效率和竞争力，从而实现供给侧结构性改革的本质目标。

二 侧重于供给侧结构性改革视角：对中国体育产业结构变迁的基本判断

体育产业发展的过程一定意义上就是产业结构不断优化的过程，体育产业结构演进是体育产业发展的重要组成部分和强大的推动力，直接关系到中国体育产业能否持续、健康、快速地发展。1992年的全国体育工作会议（"中山会议"）上，中国明确提出发展体育产业。但是，发展体育产业的实践，则始于党的十一届三中全会之后。从十一届三中全会至今，中国体育产业的发展大体上可分为三个阶段，即体育产业的萌芽起步阶段（1978—1992年）、体育产业的探索发展阶段（1992—2010年）、体育产业的快速发展阶段（2010年至今）。相应的，讨论中国体育产业结构的演变，也按照这三个阶段展开分析。

前两个阶段，体育产业结构在变迁中不断优化，虽然仍有较多结构性问题，但确确实实为近 10 年体育产业的快速发展奠定了良好的基础。近 10 年，特别是党的十八大以来，体育产业结构的变迁、优化，及体育产业结构的现状，是讨论供给侧结构性改革背景下，优化体育产业结构的现实基础，因此，本研究将其作为重点进行分析，发现，在快速发展阶段，中国体育产业结构变迁呈现如下特征。

第一，以供给侧结构性改革为主线，同时逐步加强需求侧管理，着力提升体育产业发展质效，持续释放体育产业消费动能。强调在体育产业发展中，发挥市场在资源配置中的决定性作用和更好发挥政府作用，强调深化改革，简政放权，开拓创新，激发活力。

第二，专门政策上升至国家层面，将体育产业的战略地位和战略意义，提升到了经济发展、体育改革和惠及民生这一新的高度。进一步明确了深化体育体制改革的方向和任务；在保障和改善民生方面，提出了"将全民健身上升为国家战略"的重大决策。优化产业结构，优化产业布局，创新驱动，产业融合，政府职能转变、市场在资源配置中的决定性作用等，成为各种体育产业政策中的关键词。

第三，体育产业结构日益优化，体育产业体系日益健全。主要表现：体育产业规模逐步扩大，对国民经济的贡献率有提升；体育产业体系逐渐健全，产业结构加速优化升级，产业融合不断催生新业态；体育服务业占比和增速持续提升，体育用品制造占比和增速明显下降；体育服务业发展势头良好，内部细分业态各有亮点，体育健身休闲业快速发展，体育教育培训业迎来井喷式的发展，体育场馆服务运营管理改革持续深入，其他业态的发展态势也比较良好；体育用品制造业转型提质，科技创新驱动品牌建设；体育场地设施建设提速，能够更好地满足体育事业发展需要；体育产业区域特色鲜明，产业布局趋向合理。

第四，体育产业结构仍有较大优化空间，供给侧发力仍显不足。体育产业对国民经济的贡献率仍有较大提升空间；体育产业整体实力不强，有效供给不足，低效供给过多；产业的内部结构仍需进一步优化，体育本体消费有待培育；区域分布不均衡，地区差异显著；要素性供给力度不够，存在结构性矛盾；政策落实不到位，体育产业供给侧结构性改革有待进一步深化。

侧重于供给侧结构性改革的视角，在回顾1978年以来，特别是近十年体育产业结构变迁的基础上，进行分析研判，形成如下基本认识。

第一，供给侧结构性改革和需求侧管理是中国调控宏观经济的两个基本手段。当前和今后一段时期，中国体育产业在对国民经济贡献率依然偏低，规模还需扩大，产业结构依然存在诸多问题的情况下，既要坚持解决体育产业发展中的结构性问题不动摇，又要实现体育产业维持在一定增速水平上的高质量发展，把提升体育产业的有效规模问题摆到重要位置。体育产业结构的优化，需要我们在坚持供给侧结构性改革这条主线不动摇的同时，注重需求侧管理，把供给侧改革和需求侧管理有效结合起来。

第二，深化供给侧结构性改革重在处理好政府和市场的关系。考察中国体育产业发展及结构的优化进程可以发现，对于正确处理政府和市场关系，明显比国民经济的大多数领域迟缓。推进体育产业领域的供给侧结构性改革，必须继续深化体制改革，管好政府有形之手，解放市场无形之手。尽快实现体育产业中的竞争性领域对市场全面放开，非竞争性领域引入竞争机制。处理好"三去一降一补"中的政府与市场关系。去产能、去库存、去杠杆的本质是实现体育市场的供求平衡，这更多的是需要发挥市场的决定性作用，运用市场手段、法治手段，推动相关业者调整低效、重复的产能，防范高杠杆带来的金融、资金风险；政府的主要职责是降成本、补短板，要在减税、降费、降低要素成本上加大力度。

第三，要正确认识体育服务业和体育用品业的比例关系。从供给侧结构性改革的角度来看，体育竞赛表演业和体育健身休闲业属于体育产业发展的短板，应该着力补强，扩大其在体育产业中的占比，并创新活动形式，提升服务品质，以高质量的供给引领消费，增强其对整个体育产业的贡献率。体育用品及相关产品制造和销售，尤其是体育制造业的发展，在中国具有强大的优势，应保持适度增速，将重心从规模的扩充，切实转移到对质的追求上，以供给侧结构性改革为主线，以创新为引领，驱动体育用品相关行业，特别是体育制造业进行品牌化建设，将优质供给，创造需求、促进消费作为行业发展的主要任务。

第四，要正确认识体育产业在国民经济和社会发展中的地位。大力发展新产业、新业态是供给侧结构性改革的一个重要着力点，从党的十八大以来中央的相关政策判断，体育产业将是未来中国经济转型发展的重要阵地之一。要提升全社会对体育产业重要性的认知，必须从国家发展全局、战略的高度去认识体育产业发展问题。体育产业自身必须做大做强。今后一个时期，体育产业在发展中必须坚持把社会效益放在首位，社会效益和经济效益相统一，紧紧扭住供给侧结构性改革这条主线，同时注重需求侧管理。

三 供给侧结构性改革背景下体育产业结构优化的战略路径

第一，推进体育产业管理体制改革，正确处理好政府和市场的关系，充分发挥市场在资源配置中的决定性作用，同时更好发挥政府作用，激活体育产业发展的内生动力，加快形成有效竞争的市场格局。在政府职能转变方面，应持续推进简政放权，进一步为体育产业发展松绑；加强市场监管与服务，维护体育产业市场公平；优化公共服务供给，补齐体育产业公共服务短板；着力深化政策创新，做好体育产业发展顶层设计；实施创新驱动，深化生产要素供给改革。

第二，供给侧结构性改革强调以创新驱动为主导。应将鼓励创新，创造新的消费增长点，作为体育产业供给侧结构性改革的核心和重要抓手，实现产业的发展动力转换。应通过进一步推进政府职能转变和市场主体内部治理体系的建设，以及加强激活市场活力的政策创新，推动体制创新，激发市场活力；通过推动体育产业技术创新联盟的建构，加大科研创新的投入力度，引领和对接需求，加强品牌营销和建设，以创新驱动体育用品及相关产品制造的转型升级；通过创新，驱动体育产业业态拓展，拉大体育产业体系框架。

第三，推动体育产业与相关产业的互融共进，整合产业链，提高效率，发挥集群效应，创新业态，优化体育产业的内部结构和外部结构。以"生活+"为重要支撑，不断实现人民对美好体育生活的向往；以"互联网+"为引导，提升体育产业的创新力和生产力；以"+体育"为助推，提升体育产业在国民经济中的地位。

第四，找准优势，促进生产要素禀赋的优化升级，做好区域体育产业发展定位，做好区域优势行业选择，促进区域间结构的优化。各区域在进行体育产业开发时。要坚持有所为有所不为。东部地区发展重心不在于继续扩大规模和调结构上，而在于如何发挥既有优势，将有多年积淀的、相对成熟的行业提质增效，上水平，出精品，应发挥创新要素集聚的优势，加快在创新引领上实现突破；中西部地区发展体育产业的重心在于创规模、调结构，抓特色，出特品。同时，应发挥联动优势，促进区域协同发展。

通过以上措施，积极扩大体育产品和服务的高质量供给，推动体育产业成为经济转型升级的重要力量。体育产业只要能够充分利用国家政策红利，自身做大做强，不断增强其对国民经济与社会发展的贡献和辐射带动力，就一定能够真正得到全社会的高度重视，迎来广阔的发展前景。

第二节　研究展望

供给侧结构性改革自提出后，随着经济社会的发展，以及阶段性主要改革任务的变化，其内涵、外延和主要着力点也在进行着必要的调整。我们对供给侧结构性改革的认识和实践也在逐步深化。体育产业在发展中前行，旧的问题解决了，新的问题就会出现，因应新问题，必然要求用新的视角去分析，去提出解决的办法。例如，发展体育产业，补短板是一个永恒的话题，不断创新的过程，就是一个不断的"补短板"过程。人民对于更加美好的体育生活的向往，是一个动态向上的过程，创造出新需求，满足了新需求，将会产生更新的需求。人民群众的新需求没有满足，或者不能通过创新，以新供给带动新的更高层次的需求，体育产业就存在着"短板"。在体育产业发展的过程中，要常态化地去分析存在哪些"短板"，并提出解决方案。这将是讨论供给侧结构性改革与体育产业结构优化问题的一个永恒话题，并且将历久弥新。

要素禀赋是体育产业发展定位的重要依据，要素供给影响着体育产业发展目标的实现程度。有的要素禀赋缺乏优化的弹性，或者无弹性，如部分自然资源，及部分稀缺型的人文资源；有的要素是可以优化的，弹性较大，如资金、人力等。如何优化要素，为体育产业供给端提供更优质的资源禀赋，关系到体育产业发展的高度。目前，关于体育产业供给侧结构性改革的研究，虽然有部分涉及了要素的优化升级，但更多是从现有要素禀赋基础上讨论问题。要素自身的优化问题，将是未来研究的一个热点。

参考文献

一 论文类

安俊英、杨倩、黄海燕：《基于灰色系统理论的我国体育产业结构预测研究》，《天津体育学院学报》2017年第5期。

蔡朋龙、王家宏、方汪凡：《基于复杂网络视角下中国体育产业结构特征研究》，《中国体育科技》2021年第3期。

蔡旭东、刘亚娜、赵焕刚：《运动康复产业供给侧结构性改革研究》，《北京体育大学学报》2017年第6期。

蔡银寅：《"互联网+"背景下中国制造业的机遇与挑战》，《现在经济探讨》2016年第11期。

曹江、李寿邦：《全民健身视域下体育场馆供需矛盾研究》，《体育文化导刊》2019年第1期。

柴欣、郁珅菊：《互联网视域下数字创意产业内容研究》，《中国报业》2018年第16期。

车建平、杨帅：《广州市体育产业结构实证研究》，《广州体育学院学报》2007年第2期。

陈林祥：《我国体育产业结构与产业布局政策选择的研究》，《体育科学》2007年第3期。

陈艳林：《后奥运时期我国体育产业结构优化的思考》，《武汉体育学院学报》2009年第5期。

程文广、刘兴：《需求导向的我国大众冰雪健身供给侧治理路径研究》,《体育科学》2016 年第 4 期。

丛湖平:《试论体育产业结构及产业化特征》,《浙江大学学报》(人文社会科学版) 2000 年第 4 期。

戴平:《体育产业供给侧改革的理论思考与基本设想》,《北京体育大学学报》2017 年第 8 期。

丁智鹏:《元治理视角下体育公共服务供给侧改革研究》,《广州体育学院学报》2019 年第 1 期。

董宏、戴俊、殷鹏:《供给侧改革视域下体医融合服务供给模式的现实困境与优化路径》,《武汉体育学院学报》2019 年第 9 期。

杜江、董传升、张贵敏:《基于大型体育赛事的区域体育产业结构创新优化——以第十二届全运会为例》,《沈阳体育学院学报》2014 年第 2 期。

段亚男、林子琪:《社会助残服务的供给主体、制约因素及模式选择——基于供给侧结构性改革理论视角》,《社会保障研究》2017 年第 3 期。

范尧:《供给侧改革背景下体育用品供需困境与调和》,《体育科学》2017 年第 11 期。

范尧等:《体育特色小镇推进供给侧改革的成绩、经验、问题与策略》,《沈阳体育学院学报》2020 年第 5 期。

付群、王萍萍、陈文成:《挑战、机会、出路:我国体育产业供给侧结构性改革研究》,《天津体育学院学报》2019 年第 1 期。

付晓静、付志华:《连接"体育与人":"互联网+"时代体育传媒的转型——基于颠覆性创新理论的考察》,《体育科学》2020 年第 7 期。

高宝华:《推动生活性服务业提档升级 打造高品质和谐宜居生活城市》,《先锋》2018 年第 2 期。

高红梅、刘东建:《试论我国新闻供给侧改革要素——由里约奥运会报道所得启示》,《新闻爱好者》2017 年第 1 期。

高千里等：《供给侧改革视域下体医融合健康服务供给研究》，《武汉体育学院学报》2020年第6期。

巩庆波等：《"健康中国2030"背景下高校公共体育供给侧改革研究——以体育价值、政策、参与为视角》，《西安体育学院学报》2019年第4期。

顾志平、江新华：《基于供给侧改革的体育产业发展策略研究》，《广州体育学院学报》2018年第4期。

郭惠杰、陈国瑞：《供给侧结构性改革视阈下的福州体育产业发展研究》，《福建师范大学学报》（自然科学版）2018年第3期。

国家体育总局体育经济司：《2019年全国各省（区、市）体育产业工作情况报告》，《体育工作情况》2020年第5期。

韩保江：《"供给侧结构性改革"的政治经济学释义——习近平新时代中国特色社会主义经济思想研究》，《经济社会体制比较》2018年第1期。

何胜保：《"京津冀都市圈"体育产业结构演化与经济增长的耦合关联研究》，《首都体育学院学报》2016年第1期。

何元春、秦宇婷、何吉：《我国农村公共体育服务供给侧改革研究》，《武汉体育学院学报》2017年第9期。

胡承洪、程林林、张永韬：《体育产业结构灰色评价模型与结构优化战略的探讨——以四川省为例》，《成都体育学院学报》2012年第6期。

胡泳：《"互联网+"：信息时代的转型与挑战》，《人民论坛·学术前沿》2015年第20期。

黄道名等：《"供给侧改革"视域下我国体育产业的供给困境与治理对策》，《中国体育科技》2018年第2期。

黄海燕：《我国体育产业结构评价与优化对策》，《武汉体育学院学报》2014年第4期。

黄海燕、杨丽丽：《我国体育产业结构的综合定量与优化分析》，《体育科学》2011 年第 11 期。

黄文宾：《美好生活视阈下体育产业供给侧的改革与善化研究》，《伦理学研究》2020 年第 6 期。

纪东东、文立杰：《公共文化服务供给侧结构性改革研究》，《江汉论坛》2017 年第 11 期。

贾康、苏京春：《探析"供给侧"经济学派所经历的两轮"否定之否定"——对"供给侧"学派的评价、学理启示及立足于中国的研讨展望》，《财政研究》2014 年第 8 期。

贾荣言、李荣平、卢艳丽：《供给侧结构改革背景下河北省服务业发展潜力研究》，《商业经济研究》2017 年第 13 期。

江广和：《陕西高校体育场馆供给侧改革研究》，《体育文化导刊》2017 年第 6 期。

姜长云：《生活性服务业现状、问题与"十四五"时期发展对策》，《经济纵横》2020 年第 5 期。

姜文华、朱孟斐、朱孔来：《旅游产业供给侧改革存在的问题与对策建议》，《山东社会科学》2017 年第 11 期。

姜源：《新媒体时代内容付费模式初探》，《科技传播》2019 年第 4 期。

赖光金：《论供给侧结构性改革背景下体育产业结构调整方向》，《老区建设》2017 年第 8 期。

李滨、刘兵：《全球价值链新动向对我国体育用品业发展的启示》，《上海体育学院学报》2017 年第 2 期。

李兵：《基于善治理论的体育公共服务供给侧改革研究》，《南京体育学院学报》（社会科学版）2016 年第 4 期。

李博：《"供给侧改革"对我国体育产业发展的启示——基于新供给经济学视角》，《武汉体育学院学报》2016 年第 2 期。

李丰荣、龚波：《中国职业足球"供给侧改革"的理论源流、选择动因与路径研究》，《武汉体育学院学报》2017 年第 12 期。

李格非：《供给侧结构性改革与中国体育产业发展》，《武汉体育学院学报》2016年第4期。

李国、孙庆祝：《新时代我国体育产业结构优化效益的VAR模型分析》，《山东体育学院学报》2019年第5期。

李海春：《日本内容产业现状及发展要因》，《现代传播（中国传媒大学学报）》2007年第1期。

李海舰、田跃新、李文杰：《互联网思维与传统企业再造》，《中国工业经济》2014年第10期。

李慧君：《供给侧结构性改革背景下服务业发展的路径选择——以吉林省为例》，《改革与战略》2016年第12期。

李明：《从制度安排到实践运行：PPP公共体育服务项目国家治理的供给侧改革与实施路径》，《天津体育学院学报》2016年第6期。

李鹏：《数字内容产业的自我规制研究》，《软科学》2017年第2期。

李荣日、刘宁宁：《理论框架与逻辑通路：我国体育产业高质量发展研究》，《天津体育学院学报》2020年第6期。

李晓玲、李会明：《内容产业的产生及其影响》，《现代国际关系》2003年第5期。

梁勤超、李源、石振国：《供给侧改革视域下社区体育公共空间供需矛盾及其化解》，《天津体育学院学报》2017年第3期。

梁勤超、石振国、李源：《我国城市社区体育公共空间供给侧结构性改革研究》，《西安体育学院学报》2020年第2期。

梁枢、王益民：《"互联网+"视域下体育制造业供给侧改革研究——O2O商业模式的开发与应用》，《体育与科学》2016年第4期。

林海、程万青：《供给侧改革背景下体育产业结构评价及优化策略研究——以东北地区为例》，《沈阳体育学院学报》2018年第3期。

林玲、彭连清：《体育产业结构的发展演变：理论与实证分析》，《成都体育学院学报》2004年第4期。

林玲、彭连清：《体育产业结构的几个理论问题探讨》，《天津体育学院学报》2004 年第 2 期。

刘邦凡：《从供给侧改革看我国现代服务业发展与就业关系》，《企业经济》2017 年第 7 期。

刘刚、熊立峰：《消费者需求动态响应、企业边界选择与商业生态系统构建——基于苹果公司的案例研究》，《中国工业经济》2013 年第 5 期。

刘果、王梦洁：《数字内容产业发展：基于经济、产业、用户的视角》，《求索》2017 年第 7 期。

刘江鹏：《企业成长的双元模型：平台增长及其内在机理》，《中国工业经济》2015 年第 6 期。

刘亮、付志华、黎桂华：《供给侧改革视角下我国体育产业发展的新空间及动力培育》，《首都体育学院学报》2017 年第 1 期。

刘亮、刘元元：《公平视角下我国体育资源非均衡现状及"供给侧"致因分析》，《西安体育学院学报》2016 年第 3 期。

刘亮、王惠：《供给侧改革视角下我国公共体育资源供需矛盾的消解与改革路径》，《武汉体育学院学报》2016 年第 4 期。

刘盼盼：《中国体育产业结构优化研究》，《河南师范大学学报》（自然科学版）2013 年第 3 期。

刘庆振：《"互联网＋"风口下的内容产业转型》，《新产经》2016 年第 8 期。

刘珊、黄升民：《再论内容产业：趋势与突破》，《现代传播（中国传媒大学学报)》2017 年第 5 期。

刘巍、汪秋菊：《居民感知视角下北京冬奥会对城市形象的影响研究》，《沈阳体育学院学报》2019 年第 5 期。

刘霞辉：《供给侧的宏观经济管理——中国视角》，《经济学动态》2013 年第 10 期。

刘远祥、孙冰川：《体育产业供给侧改革的动因与路径研究》，《山东体育学院学报》2019 年第 6 期。

刘远祥、孙冰川、韩炜：《促进体育产业结构优化的政策研究》，《山东体育学院学报》2017 年第 1 期。

刘远祥、孙冰川、田雨普：《优化我国体育产业结构的政府行为分析》，《成都体育学院学报》2008 年第 4 期。

刘远祥、田雨普：《政府与市场博弈下的体育产业结构优化》，《山东体育学院学报》2009 年第 4 期。

刘月花、成民铎、梁艳江：《体育产业结构及政策选择的研究：以山西省为例》，《首都体育学院学报》2012 年第 3 期。

刘振坤：《供给侧改革背景下体育休闲产业发展路径研究》，《广州体育学院学报》2019 年第 2 期。

刘振中、李志阳：《新消费时代公共服务供给侧结构性改革的思路与路径》，《经济纵横》2019 年第 10 期。

刘志勇等：《服务型制造：福建体育用品制造业供给侧改革路径研究》，《福建师范大学学报》（哲学社会科学版）2016 年第 5 期。

鲁雁：《产业生态化动因机制及其模型构建》，《统计与决策》2011 年第 4 期。

陆森召、杜长亮：《北京 2022 年冬奥会知识产权保护研究》，《首都体育学院学报》2019 年第 6 期。

罗珉、李亮宇：《互联网时代的商业模式创新：价值创造视角》，《中国工业经济》2015 年第 1 期。

罗翔、沈洁：《供给侧结构性改革视角下特色小镇规划建设思路与对策》，《规划师》2017 年第 6 期。

毛燕平、王志文：《供给侧改革背景下体育产业跨界融合研究》，《体育文化导刊》2019 年第 5 期。

缪其浩：《内容：一个大产业》，《世界科学》2000 年第 3 期。

潘磊、方春妮：《我国马拉松赛事供给侧结构性改革的时代背景、重点任务与现实进路》，《北京体育大学学报》2020 年第 6 期。

求是编辑部：《媒体融合：用得好是真本事》，《求是》2019 年第 6 期。

任波：《中国体育产业结构的形成机理、演进逻辑与优化策略》，《沈阳体育学院学报》2018 年第 4 期。

任波：《中日体育产业结构比较研究》，《体育文化导刊》2018 年第 4 期。

任波、戴俊：《我国体育产业结构优化研究——基于中美比较的视角》，《体育文化导刊》2017 年第 6 期。

任波、戴俊：《中国体育产业高质量发展：困境、逻辑与路径——基于"质量和效益为中心"的视角》，《体育与科学》2020 年第 2 期。

任波、戴俊、黄海燕：《中国体育产业供给侧结构性矛盾与改革路径》，《天津体育学院学报》2018 年第 5 期。

任波、戴俊、黄海燕：《中国体育产业结构的形塑逻辑与供给侧改革路径》，《天津体育学院学报》2019 年第 1 期。

任波、戴俊、徐磊：《我国体育产业结构优化研究——基于中美比较的借鉴与启示》，《沈阳体育学院学报》2017 年第 3 期。

任波等：《新时代我国体育产业结构性矛盾与优化路径》，《体育文化导刊》2019 年第 3 期。

任波等：《中国体育产业结构的内涵解析与供给侧优化》，《北京体育大学学报》2018 年第 4 期。

任波、黄海燕：《供给侧改革视角下我国体育产业的供需矛盾与消解路径》，《天津体育学院学报》2020 年第 3 期。

任波、黄海燕：《基于补短板视角下我国体育产业发展的内在诉求与路径选择》，《天津体育学院学报》2019 年第 3 期。

任波、黄海燕：《体育产业供给侧改革的内在逻辑与实施路径——基于高质量发展的视角》，《上海体育学院学报》2021 年第 2 期。

任波、黄海燕：《我国体育产业结构性失衡与供给侧破解路径》，《体育学研究》2020 年第 1 期。

任波、黄海燕：《中国体育产业结构的现实审视、内在诉求与供给侧优化》，《成都体育学院学报》2021年第2期。

任波、黄海燕：《中国体育产业结构优化的机制、逻辑与路径》，《首都体育学院学报》2020年第5期。

阮晓东：《共享经济时代来临》，《新经济导刊》2015年第4期。

邵继萍、王丽萍：《推进体育产业发展的金融支持机制、路径与对策——基于产业耦合视角》，《西安体育学院学报》2018年第2期。

邵凯、施万君、范政：《新公共服务理论视域下中国职业足球供给侧改革研究》，《沈阳体育学院学报》2016年第3期。

沈克印：《论新时代中国社会主要矛盾与体育产业供给侧改革》，《体育学研究》2019年第5期。

沈克印、吕万刚：《供给侧结构性改革与体育产业发展：城市"马拉松热"引发的思考》，《山东体育学院学报》2017年第5期。

沈克印、吕万刚：《体育产业供给侧改革：投入要素、行动逻辑与实施路径——基于社会主要矛盾转化研究视角》，《中国体育科技》2020年第4期。

沈克印、吕万刚：《体育产业供给侧改革的现实诉求与实施策略——基于资源要素的视角》，《西安体育学院学报》2017年第6期。

沈克印、吕万刚：《体育产业供给侧结构性改革：学理逻辑、发展现实与推进思路》，《武汉体育学院学报》2016年第11期。

沈克印、杨毅然：《体育特色小镇：供给侧改革背景下体育产业跨界融合的实践探索》，《武汉体育学院学报》2017年第6期。

石继章、邵凯：《冲突理论视角下中国职业篮球供给侧改革——以2015—2016赛季CBA总决赛为例》，《沈阳体育学院学报》2016年第6期。

谭龙杰、马增妍：《体育产业供给侧改革视野下体育人才培养的途径》，《广州体育学院学报》2021年第1期。

唐炜：《京津冀区域体育产业结构优化配置：基于产业同构的实证研

究》,《天津体育学院学报》2018年第2期。

汪雄等:《供给侧改革视野下我国体育产业银行设置的初步探讨》,《山东体育学院学报》2019年第1期。

王聃:《我国体育用品业需求侧与供给侧演化增长的动力机制与实践路径》,《天津体育学院学报》2016年第6期。

王飞、池建:《我国体育产业发展的制度约束》,《首都体育学院学报》2014年第4期。

王宏、梁枢:《我国体育用品供给侧协同创新的法律保障研究》,《山东体育学院学报》2017年第4期。

王凯、陈明令:《体育新闻传播的特征、人才能力要求与体育新闻传播教育供给侧改革——基于奥运传播的观察》,《南京体育学院学报》(社会科学版)2017年第2期。

王鹏:《供给侧改革背景下我国体育产业结构优化研究》,《现代营销》(经营版)2019年第1期。

王子朴、朱亚成:《新时代中国体育强国建设中的体育产业发展逻辑》,《北京体育大学学报》2018年第3期。

吴秀云、赵元吉、刘金:《供给侧结构性改革下公共体育服务供需矛盾及其调和路径》,《体育文化导刊》2020年第1期。

吴业苗:《"人的城镇化"困境与公共服务供给侧改革》,《社会科学》2017年第1期。

夏铭娜、徐开娟、黄海燕:《我国体育产业结构升级的就业效应——基于向量误差修正模型的实证分析》,《上海体育学院学报》2020年第10期。

夏元庆:《融合与创新:"互联网+"背景下的体育产业生态趋势》,《南京体育学院学报》(社会科学版)2016年第3期。

邢金明、刘波、欧阳井凤:《体育产业供给侧改革路径研究》,《体育文化导刊》2017年第10期。

熊禄全、张玲燕、孔庆波:《农村公共体育服务供给侧改革治理的内在需求与路径导向》,《体育科学》2018 年第 4 期。

徐开娟等:《我国体育产业高质量发展的路径与关键问题》,《上海体育学院学报》2019 年第 4 期。

杨锋、黄北翔、江广和:《体育产业结构及优化对策的研究——以湖南省为例》,《广州体育学院学报》2012 年第 2 期。

杨锋、黄北翔、江广和:《我国中部地区体育产业结构现状及优化策略研究——以湘、鄂两地为例》,《成都体育学院学报》2012 年第 1 期。

杨国军、刘素婷、孙彦东:《"互联网+"养老变革与供给侧结构性改革研究》,《改革与战略》2017 年第 1 期。

杨国军、刘素婷、孙彦东:《中低收入老年群体互助养老的实现与供给侧结构性改革》,《改革与战略》2017 年第 8 期。

杨军、李秋利:《体育产业结构现状与波及效应研究——基于产业关联角度》,《广州体育学院学报》2020 年第 6 期。

杨倩:《基于统计数据的我国体育产业结构及其效益分析》,《天津体育学院学报》2012 年第 1 期。

杨倩:《我国体育产业结构优化的灰色关联分析》,《上海体育学院学报》2011 年第 6 期。

姚卓顺:《供给侧改革背景下苏州服务业创新发展策略》,《商业经济研究》2019 年第 13 期。

叶宋忠:《体育与养老产业融合对体育产业结构升级影响的实证研究》,《武汉体育学院学报》2019 年第 5 期。

叶文平:《供给侧改革背景下我国冰雪运动产业结构的瓶颈及其优化策略》,《南京体育学院学报》(社会科学版)2017 年第 4 期。

易剑东、任慧涛:《体育产业纳入我国战略性新兴产业的可行性及其潜在进路》,《武汉体育学院学报》2015 年第 3 期。

尤来菊等:《苏州发展体育旅游供给侧改革路径探讨》,《广州体育学院学报》2017 年第 2 期。

余保星、屈建华:《知识经济时代国家体育产业结构调整刍议》,《武汉体育学院学报》2001年第6期。

原源、吴朝阳：《微笑的内容生产链——内容产业的特点及演化轨迹》，《经济问题》2016年第11期。

臧志彭：《数字创意产业全球价值链重构战略研究——基于内容、技术与制度三维协同创新》，《社会科学研究》2018年第2期。

张金桥等：《陕西省体育产业发展战略研究》，《中国体育科技》2008年第3期。

张金桥、王健：《论体育产业与文化产业的融合发展》，《上海体育学院学报》2012年第5期。

张俊珍等：《供给侧结构性改革背景下竞技体育资源配置与利用的实证研究》，《体育学研究》2020年第4期。

张康平：《全民健身公共服务供给侧结构性改革研究》，《体育文化导刊》2016年第11期。

张明志、余东华：《制造业低碳化导向的供给侧改革研究》，《财经科学》2016年第4期。

张培刚、罗小龙、刘宏燕：《基于供给侧结构性改革的乡镇总体规划变革响应》，《规划师》2017年第6期。

张秋珍、陈百强：《供给侧结构性改革视角下体育产业发展探讨》，《经济问题》2017年第11期。

张瑞林：《我国体育产业结构的优化研究》，《体育学刊》2011年第2期。

张盛：《生态、渠道、内容：电视体育传播的迭代与创新》，《上海体育学院学报》2019年第6期。

张卫星、王颖、孔垂辉：《筹办冬奥会促进北京国际体育中心城市建设效应及发展策略研究》，《北京体育大学学报》2018年第5期。

张伟、朱焱：《供给侧视角下辽宁省机关、企事业单位体育场地开放现状及致因分析》，《南京体育学院学报》（社会科学版）2017年第1期。

张文健等：《我国体育产业结构政策导向研究》，《成都体育学院学报》2012年第9期。

张小强、徐晓露：《从数字新媒体的社会学特征看数字出版策略选择》，《科技与出版》2014年第2期。

张燕中、李江、王静：《"中国制造2025"背景下体育用品制造业供给侧结构性改革思考》，《体育与科学》2017年第3期。

张振峰：《体育消费需求升级视角下体育产业转型发展路径》，《西安体育学院学报》2017年第4期。

张中江、田祖国：《新世纪调整我国体育产业结构的几点看法》，《体育学刊》2000年第6期。

赵富学、程传银、格桑卓玛：《"体育援藏"进程中西藏体育产业结构综合定量与优化研究》，《西安体育学院学报》2017年第1期。

赵继明：《我国体育产业结构优化的战略选择》，《统计与决策》2010年第4期。

赵力、孙春媛：《供给侧结构性改革视角下城市用地功能布局优化策略》，《规划师》2017年第6期。

赵耀、赵国胜、房泽兵：《金融支持供给侧结构性改革的基层实践——以神农架林区为例》，《武汉金融》2016年第8期。

赵轶龙、戴腾辉：《我国体育产业发展过程中的区域性特征分析——基于现有省际数据》，《中国体育科技》2019年第4期。

赵勇：《新时代中国体育产业发展战略路径和对策措施研究》，《体育文化导刊》2018年第3期。

郑丽、张勇：《农村公共体育服务供给侧改革协同治理路径研究》，《沈阳体育学院学报》2016年第3期。

周小洪等：《体育产业结构政策初探》，《武汉体育学院学报》1994年第1期。

周艳、龙思薇：《内容银行：从学术概念、框架到产业实践——内容银行七年研究综述》，《现代传播》（中国传媒大学学报）2016年第3期。

朱汉义:《从我国体育消费看体育产业结构的现实选择》,《中国体育科技》2006年第3期。

Aamatsu, K., "Historical pattern of economic Growth in Developing Coutries" *Developing Economies*, Vol. 1, No. 1, 1962, pp. 3 – 25.

Barney, J. B., "Firm Resource and Sustained Competitive Advantage" *Journal of Management*, 1991, 17 (1): 99 – 120.

Benoit, D. F., Coussement, et al., "A Bayesian approach for incorporating expert opinions into decision support systems: A case study of online consumer-satisfaction detection" *Decision Support Systems*, 2015. 79, 24 – 32.

Coates, D., Humphreys, B. R., "Ticket Prices, Concessions and Attendance at Professional Sporting Events" *International Journal of Sport Finance*, 2007, 2 (3): 161 – 170.

Demirkan, H., Delen, D., "Leveraging the capabilities of service-oriented decision support systems: Putting analytics and big data in cloud" *Decision Support Systems*, 2013, 55 (1): 412 – 421.

Drayer, J., Shapiro, S. L., Lee, S., "Dynamic Ticket Pricing in Sport: An Agenda for Research and Practice" *Sport Marketing Quarterly*, 2012, 21 (3): 184 – 194.

Dumais, G., G. Ellison, E. L. Glaeser, "Geographic Concentration as a Dynamic Process" *The Review of Economics and Statistics*, May 2002, No. 2.

Ellison, G. and E. L. Glaeser, "The Geographic Concentration of Industry: Does Natural Advantage Explain Agglomeration?" *The American Economic Review*, May 1999, No. 2.

Fishenden J, Thompson M., "Digital Government, Open Architecture, and Innovation: Why Public Sector IT Will Never be the Same Again" *Journal of Public Administration Research and Theory*, 2013. 22 (4):

977 – 1004.

Fort, R., "Inelastic sports pricing" *Managerial & Decision Economics*, 2004, 25 (2): 87 –94.

Ghauri, P., Lutz, C., Tesfom, G., "Using networks to solve export-marketing problems of small-and medium-sized firms from developing countries" *European Journal of Marketing*, 2003, 37 (5): 728 –752.

Gong, H., Watanabe, N. M., Soebbing, B. P., et al., "Do Consumer Perceptions of Tanking Impact Attendance at National Basketball Association Games? A Sentiment Analysis Approach" *Journal of Sport Management*, May 2021, 35 (3): 254 –265.

Hertog, Den P., "Knowledge-Intensive Business Services as Co-Producers of Innovation" *International Journal of Innovation Management*, 2000, 4 (4).

Kojimak., "The Flying Geese Model of Asian Economic Development: Origin, Theoretical Extensions and Regional Policy Implications" *Journal of Asian Economics*, 2000, (11).

Krugman, P., "Increaing Returns and Economic Geography" *Journal of Political Economy*, 1991, 99 (2): 483 –489.

Lmbs, J., and R. Wacziarg., "Stages of Diversi-fication" *The American Economic Review*, March 2003, No. 1.

Markides, C., "Disruptive Innovation: In Need of Better Theory" *Journal of Product Innovation Management*, 2006, 23 (1).

Nasehi, Far V, Amiri, M., Mobarakabadi, H., "Components of Human Resource Development of Small and Medium Enterprise (SMEs) to Improving Their performance" *Resn Hum Res Manag*. 2018; 10 (3): 1 –25.

Newell, S., Swan, J., "Professional Associations as Important Mediators of the Innovation Process" *Science Communication*, 1995, 16 (4).

Opresnik D., Taisch, M., "The value of Big Data in servitization" *International Journal of Production Economics, 2015, 165: 174 – 184.

Porter, M., "The Competitive Advantage of Nations" Harvard Businiess Review, 1990, (3).

Rascher, D. A., Mcevoy, C. D., Nagel, M. S., et al. "Variable Ticket Pricing in Major League Baseball" Mpra Paper, 2007, 21 (3): 407 – 437

Shapiro, S. L., Drayer, J., "A New Age of Demand-Based Pricing: An Examination of Dynamic Ticket Pricing and Secondary Market Prices in Major League Baseball" Journal of Sport Management, 2012, 26 (6): 532 – 546.

Sheth, J. N., Sharma, A., "Supplier relationships: Emerging issues and challenges" Industrial Marketing Management, 1997, 26 (2): 91 – 100.

Smith A C, Stemart B., "The special features of sport: A critical revisit" Sport Management Review, 2010. 13 (1): 1 – 13.

Vaccaro, I. G., Jansen, J., Bosch, F., et al., "Management Innovation and Leadership: The Moderating Role of Organizational Size" Journal of Management Studies, 2012, 49 (1).

Vidgen, R., Shaw, S., D. B. Grant., "Management challenges in creating value from business analytics" European Journal of Operational Research, 2017, 261 (2): 626 – 639.

Walker, R. M., "An Empirical Evaluation of Innovation Types and Organizational and Environmental Characteristics: Towards a Configuration Framework" Journal of Public Administration Research & Theory, 2008, 18 (4): 591 – 615 (25).

Yan, G., Watanabe, N. M., Shapiro, S. L., et al., "Unfolding the Twitter scene of the 2017 UEFA Champions League Final: social media networks and power dynamics" European Sport Management Quarterly, 2018: 1 – 18.

Zhan, Y., Tan, K. H., "An Analytic Infrastructure for Harvesting Big Data to Enhance Supply Chain Performance" European Journal of Operational Research, 2018.

二　著作类

曹立主编：《推动中国经济高质量发展》，人民出版社 2019 年版。

陈少峰、宋菲、王建平主编：《体育产业与足球产业报告 2019》，浙江工商大学出版社 2019 年版。

陈岩：《我国体育产业结构优化及其市场化运营研究》，中国水利水电出版社 2017 年版。

成会君：《信任与中国体育经济的可持续发展》，山东大学出版社 2012 年版。

崔乐泉主编：《体育史》，高等教育出版社 2018 年版。

党立、李怡达、彭程：《供给侧改革的探索与创新：欧美经济转型的历程与我国的策略布局》，人民邮电出版社 2017 年版。

董艳玲：《深化供给侧结构性改革》，中共中央党校出版社 2020 年版。

樊颜丽：《基于供给侧改革的文化产业发展模式研究》，中国商业出版社 2019 年版。

冯国友：《中国体育产业发展财政政策支持研究》，经济科学出版社 2018 年版。

冯利英、巩红禹主编：《内蒙古自治区体育产业发展报告》，经济管理出版社 2018 年版。

郭杰、于泽、张杰：《供给侧结构性改革的理论逻辑及实施路径》，中国社会科学出版社 2016 年版。

国家发展和改革委员会社会发展司、国家体育总局体育经济司编：《改革创新在路上——体育产业联系点发展典型案例汇编》，人民体育出版社 2018 年版。

国家发展和改革委员会社会发展司、国家体育总局体育经济司编：《〈国务院关于加快发展体育产业　促进体育消费的若干意见〉100 问》，人民体育出版社 2015 年版。

国家行政学院经济学教研部编著：《中国供给侧结构性改革》，人民出版社 2016 年版。

韩志勇：《消费与反哺：当代体育产业发展新思路》，经济管理出版社 2018 年版。

黄海燕主编：《长三角地区体育产业发展报告（2018~2019）》，社会科学文献出版社 2020 年版。

黄海燕主编：《上海体育产业发展报告（2017~2018）》，社会科学文献出版社 2019 年版。

贾康主编：《供给侧改革理论、实践与思考》，商务印书馆 2016 年版。

江小涓等：《体育产业的经济学分析 国际经验及中国案例》，中信出版社 2018 年版。

金碚：《供给侧结构性改革论纲》，广东经济出版社 2016 年版。

李颖川主编：《国家体育产业基地发展报告（2017—2018）》，社会科学文献出版社 2019 年版。

李颖川主编：《中国体育产业发展报告（2020）》，社会科学文献出版社 2021 年版。

李友梅等：《改革开放 40 年的产业结构变迁与展望》，社会科学文献出版社 2018 年版。

梁留科主编：《新时代背景下旅游供给侧改革研究》，科学出版社 2017 年版。

林毅夫等：《供给侧结构性改革》，民主与建设出版社 2016 年版。

卢政营：《供给侧改革：旅游文化资源创意机制研究》，旅游教育出版社 2017 年版。

吕风勇：《供给侧改革的逻辑与路径》，社会科学文献出版社 2016 年版。

马德浩：《人口结构转变下的中国体育发展策略研究》，上海交通大学出版社 2016 年版。

明庆忠等：《文旅产业供给侧结构性改革路径研究》，中国旅游出版社 2020 年版。

彭辉：《供给侧结构性改革与政府职能转变问题研究》，上海社会科学院出版社 2018 年版。

齐骥：《文化产业供给侧改革研究：理论与案例》，中国传媒大学出版社 2017 年版。

秦洪军：《文化产业融资平台供给侧建设——以天津市为例》，经济管理出版社 2018 年版。

商勇：《产业结构变迁与区域经济发展研究：以河南省为例》，经济管理出版社 2016 年版。

隋路：《中国体育经济政策研究》，人民出版社 2007 年版。

汪海波：《中国产业结构演变史（1949—2019）》，中国社会科学出版社 2020 年版。

汪剑：《"互联网 +" 背景下中国体育产业发展模式研究》，经济管理出版社 2019 年版。

王飞：《黑龙江体育产业创新发展研究》，黑龙江大学出版社、北京大学出版社 2018 年版。

王海东：《上海文化产业供给侧改革的制度研究》，上海社会科学院出版社 2018 年版。

王名：《社会组织论纲》，社会科学文献出版社 2013 年版。

王志光主编：《江苏省体育产业发展报告（2019~2020）》，社会科学文献出版社 2020 年版。

肖林鹏、靳厚忠主编：《中国高校体育产业创新创业报告（2020~2021）》，社会科学文献出版社 2021 年版。

徐德云：《产业结构优化理论之新解》，经济科学出版社 2019 年版。

许善达：《许善达说供给侧改革》，经济管理出版社 2017 年版。

闫俊周：《战略性新兴产业供给侧创新的机制与政策》，经济科学出版社 2020 年版。

杨伟中主编：《金融支持供给侧结构性改革研究》，经济管理出版社 2018 年版。

易建东等：《中国体育产业政策研究：总览与观点》，社会科学文献出版社2016年版。

喻丙梅：《现代体育产业的优化管理研究》，中国水利水电出版社2017年版。

袁富华等：《全要素生产率提升与供给侧结构性改革》，中国社会科学出版社2017年版。

袁富华、张平、刘霞辉：《中国供给侧结构性改革理论探索》，中国社会科学出版社2019年版。

曾宪奎：《新常态和供给侧结构性改革》，人民日报出版社2019年版。

湛军：《供给侧结构性改革背景下中国高端服务业创新发展研究》，上海交通大学出版社2019年版。

张春萍、李世民：《中国体育产业信息网站运营模式研究》，经济管理出版社2016年版。

张福彩：《体育产业发展的理论与实证研究》，中国纺织出版社2018年版。

张建勋：《"一带一路"倡议与产业结构升级》，中国商务出版社2020年版。

张立等：《中国数字内容产业市场格局与投资观察（2015）》，社会科学文献出版社2016年版。

张立等：《中国数字内容产业市场格局与投资观察（2017—2018）》，社会科学文献出版社2019年版。

张平、袁富华编：《深化供给侧结构性改革》，广东经济出版社2020年版。

张园：《供给侧改革视角下我国养老服务产业化模式与路径研究》，经济科学出版社2018年版。

赵立、杨铁黎主编：《中国体育产业导论》，北京体育大学出版社2001年版。

赵子忠：《内容产业论——数字新媒体的核心》，中国传媒大学出版社2005年版。

周志平：《媒体融合背景下数字内容产业创新发展研究》，浙江工商大学出版社2015年版。

朱红涛：《供给侧结构性改革下的市场决定资源配置》，经济管理出版社2018年版。

邹举：《电视内容产业的版权战略》，社会科学文献出版社2015年版。

［美］迈克尔·波特：《竞争战略》，陈小悦译，华夏出版社1997年版。

［美］罗伯特·阿特金森（Robert D. Atkinson）：《美国供给侧模式启示录：经济政策的破解之道》，杨晓、魏宁译，中国人民大学出版社2016年版。

Lusch, R. F., Vargo, S. L., *The service-dominant logic of marketing: Dialog, debate, and directions.* 2006.

Sanders, N. R., *Big Data Driven Supply Chain Management: A Framework for Implementing Analytics and Turning Information into Intelligence*, Pearson FT Press, 2014.

三 报纸类

丰佳佳：《国产体育品牌出征东京》，《中国体育报》2021年7月15日第7版。

丰佳佳：《体育产业紧跟时代不断向前》，《光明日报》2021年7月1日第7版。

傅潇雯：《冰雪产业借势冬奥蓄力腾飞》，《中国体育报》2021年5月11日第1版。

黄升民：《出路在于内容产业化》，《中华新闻报》2003年9月29日第T00版。

黄心豪、刘义清:《〈2020年广东省体育产业报告〉发布》,《中国体育报》2021年5月18日第2版。

贾海红、邓宇、李雯:《数字解读中国体育产业》,《中国体育报》2010年4月28日第1版。

贾康:《供给侧改革的三个问题》,《学习时报》2016年1月18日第A4版。

刘懿帆:《"国潮+奥运"体育新消费力量崛起》,《南国今报》2021年8月18日第11版。

柳霞:《砥砺前行的中国体育产业》,《光明日报》2010年10月19日第5版。

习近平:《高举中国特色社会主义伟大旗帜　为全面建设社会主义现代化国家而团结奋斗——在中国共产党第二十次全国代表大会上的报告》(2022年10月16日),《人民日报》2022年10月26日第1—5版。

殷俊海:《体育产业供给侧改革的方向》,《中国体育报》2016年4月22日第6版。

张占斌、杜庆昊:《把"需求侧管理"与供给侧结构性改革结合起来》,《光明日报》2021年1月5日第11版。